la force
de s'affranchir

Infographie : Louise Durocher
Illustrations : Jean-François Vachon

Catalogage avant publication de Bibliothèque et Archives Canada

Ouimette, Johanne

La force de s'affranchir

1. Violence entre conjoints. 2. Relations entre hommes et femmes. 3. Réalisation de soi. I. Titre.

HV6626.O94 2005 362.82'92 C2005-941674-2

Pour en savoir davantage sur nos publications, visitez notre site : **www.edhomme.com**
Autres sites à visiter : www.edjour.com
www.edtypo.com • www.edvlb.com
www.edhexagone.com • www.edutilis.com

Pour joindre l'auteur :
johanneouimette@sympatico.ca

10-05

Dépôt légal : 4e trimestre 2005
Bibliothèque nationale du Québec

ISBN 2-7619-2036-8

DISTRIBUTEURS EXCLUSIFS :

- Pour le Canada et les États-Unis :
  MESSAGERIES ADP*
  955, rue Amherst
  Montréal, Québec H2L 3K4
  Tél. : (514) 523-1182
  Télécopieur : (450) 674-6237
  * Filiale de Sogides ltée

- Pour la France et les autres pays :
  INTERFORUM
  Immeuble Paryseine, 3, Allée de la Seine
  94854 Ivry Cedex
  Tél. : 01 49 59 11 89/91
  Télécopieur : 01 49 59 11 96
  Commandes : Tél. : 02 38 32 71 00
  Télécopieur : 02 38 32 71 28

- Pour la Suisse :
  INTERFORUM SUISSE
  Case postale 69 - 1701 Fribourg - Suisse
  Tél. : (41-26) 460-80-60
  Télécopieur : (41-26) 460-80-68
  Internet : www.havas.ch
  Email : office@havas.ch
  DISTRIBUTION : OLF SA
  Z.I. 3, Corminbœuf
  Case postale 1061
  CH-1701 FRIBOURG
  Commandes : Tél. : (41-26) 467-53-33
  Télécopieur : (41-26) 467-54-66
  Email : commande@ofl.ch

- Pour la Belgique et le Luxembourg :
  INTERFORUM BENELUX
  Boulevard de l'Europe 117
  B-1301 Wavre
  Tél. : (010) 42-03-20
  Télécopieur : (010) 41-20-24
  http://www.vups.be
  Email : info@vups.be

Gouvernement du Québec – Programme de crédit d'impôt pour l'édition de livres – Gestion SODEC – www.sodec.gouv.qc.ca

L'Éditeur bénéficie du soutien de la Société de développement des entreprises culturelles du Québec pour son programme d'édition.

Conseil des Arts du Canada — Canada Council for the Arts

Nous remercions le Conseil des Arts du Canada de l'aide apportée à notre programme de publication.

Nous reconnaissons l'aide financière du gouvernement du Canada par l'entremise du Programme d'aide au développement de l'industrie de l'édition (PADIÉ) pour nos activités d'édition.

Johanne Ouimette

la force de s'affranchir

LES ÉDITIONS DE L'HOMME

À la mémoire de
Claudette, Barbara,
Judy, Sylvie...

que les anges ont guidées
vers la paix et la liberté
pour l'éternité.

Remerciements

Je remercie toutes les personnes qui ont eu la patience de m'accompagner au cours de ce périple : Jacques, ma famille (y compris Grand-mère Éva), mes amies et amis, et ma communauté qui par son intérêt soutenu m'a donné l'énergie voulue pour aller jusqu'au bout.

Je remercie également André Guitard, qui a été mon directeur dans deux lieux de travail. Grâce à son indéfectible confiance en moi, j'ai pu découvrir toutes les facettes de la problématique de la violence conjugale. Merci à Gylles pour sa complicité.

Pour sa part, Lyne Castonguay a déployé bien des efforts pour me lire. Ses commentaires ont contribué à la simplicité du texte. En mon nom et en celui de toutes les femmes, je la remercie sincèrement de son aide.

Je serai toujours reconnaissante envers toutes celles qui m'ont accordé leur confiance dans le passé et me l'accordent encore. Faire un bout de chemin avec elles a été et est toujours d'une richesse sans limite. Grâce à elles, j'ai pu écrire ce livre. Et c'est aussi pour elles que je l'ai écrit en espérant que, directement ou indirectement, il leur facilitera la vie. Merci à Caroline, Louise, Evelyne, Linda, Lynn, Jeannine, Francine… et à toutes celles qui m'ont offert leur appui.

Enfin, sans prétention, j'ai une petite pensée pour moi-même. Je crois vraiment que nous devons aller au bout de nos rêves…

Le papillon

Un petit garçon observait un papillon qui avait
de la difficulté à se défaire de son cocon. Il voulut l'aider
en le dégageant. Quelle ne fut pas sa surprise
lorsque, quelques mètres plus loin,
le papillon tomba au sol, mort.
Le père de l'enfant lui expliqua qu'on n'aide pas
le papillon en facilitant sa libération du cocon.
Il doit y parvenir lui-même, ce qui lui permet
de renforcer les muscles de ses ailes
pour pouvoir voler par la suite.

SOURCE INCONNUE

Introduction

Chère femme, je vous invite à entamer une démarche qui vous permettra de mieux vous connaître et de vous aimer, ce qui augmentera votre pouvoir personnel. Quels que soient l'âge, l'état physique et mental, l'orientation sexuelle, la nationalité, le statut social, le niveau d'éducation et les nombreuses autres caractéristiques de chacune, toutes peuvent faire ce voyage. Tout comme une chenille déjà belle, colorée, unique, vous ferez ainsi une pause, dans votre «cocon», afin de vous métamorphoser en un papillon capable de voltiger où bon lui semble...

Au cours de cette aventure, vous pourrez avancer à votre rythme. Cependant, je ne vous conseille pas une lecture rapide de ce livre, dont tous les chapitres sont reliés, car cela pourrait s'avérer aride, voire monotone. Au fil des pages, vous découvrirez des exercices à faire, des pensées et divers autres éléments dont le but est de vous aider à réfléchir à votre vie personnelle. Quant aux informations théoriques, elles visent à enrichir votre démarche. L'un des principaux objectifs est de vous permettre de trouver vos propres réponses, puisque, du fait que chacune est unique, une solution qui vaut pour une femme peut ne pas convenir à une autre.

À la fin de chaque chapitre, vous trouverez une section intitulée «Pour poursuivre la démarche», où je vous donnerai les références de mes livres préférés sur le sujet, accompagnées d'un bref commentaire. Ces ouvrages pourront vous être utiles si vous désirez creuser un peu plus la question. La majorité sont en français; je vous renvoie à des livres en anglais seulement quand il n'y a pas d'ouvrages comparables dans notre langue. Évidemment, il existe d'autres bons livres que je n'ai pas mentionnés.

Les exercices donnés dans cet ouvrage sont ceux que j'ai découverts au fil de mes lectures et que j'utilise dans ma pratique auprès des femmes victimes de violence conjugale. Ce livre se présente donc à la fois comme un recueil d'outils et comme le bilan de mes années d'expérience. Il comporte des témoignages, que j'ai signalés par la mention « Témoignage » au lieu d'attribuer à ces femmes un nom qui n'aurait pas été le leur.

Durant votre lecture, je vous conseille vivement d'avoir de quoi écrire à portée de la main : vous en aurez besoin pour faire quelques-uns des exercices proposés. Pourquoi ne pas vous procurer un cahier spécial pour l'occasion ? Si vous n'aimez pas écrire, vous pourrez y inscrire des mots ou des idées plutôt que des phrases, ou même dessiner ce qui pourrait être tout aussi révélateur. Si vous ne voulez pas du tout écrire, cela ne sera pas un obstacle à votre démarche. Vous pourrez utiliser une cassette (audio ou vidéo) ou simplement votre imagination.

La démarche que je vous propose vous amènera à effectuer des changements dans votre vie, qui seront plus ou moins importants selon votre situation. Cependant, lorsque vous aurez trouvé des réponses à certaines questions, vous n'aurez pas nécessairement à passer à l'action sur-le-champ. Ne pas agir dans l'immédiat est un choix en soi. De ce fait, il est important de comprendre que le changement est comparable à une spirale ascendante.

La spirale du changement

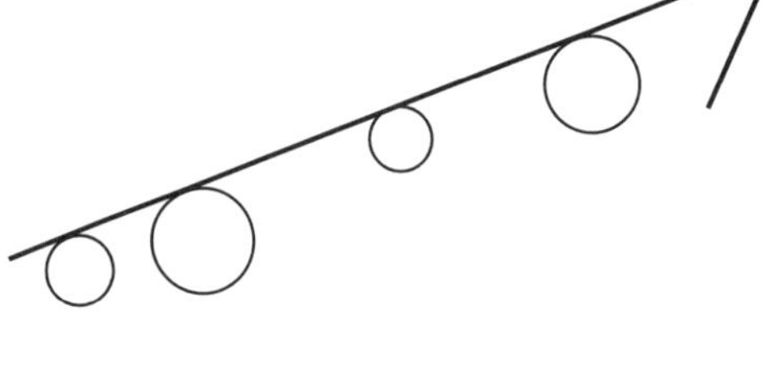

Nous cheminons vers le haut, puis survient une boucle, plus ou moins grosse selon l'ampleur de l'épreuve. Nous pouvons alors avoir l'impression de régresser, de revenir en arrière mais, lorsque nous en sortons, nous réalisons que nous avons progressé. Et ce qui est acquis l'est pour toujours : il est impossible de revenir au point de départ, à zéro. On peut oublier temporairement un acquis, certes, mais on ne peut pas le perdre.

Pour entrer dans ce livre, j'ai choisi la violence qui afflige les femmes, plus particulièrement la violence conjugale. Pourquoi ? Parce que, d'après 48 sondages effectués de par le monde, de 10 à 69 % des femmes auraient été agressées physiquement par un partenaire masculin à un moment de leur existence[1].

Au Canada, 29 % des femmes sont victimes de la violence de leur conjoint[2]. Dans 89 % des cas de violence conjugale, les femmes sont les victimes[3]. Et dans les autres cas, quand les hommes sont agressés, les sondages ne tiennent pas compte des situations où les femmes sont en état de légitime défense.

Aux États-Unis, une femme est battue par son mari ou son partenaire toutes les quinze secondes[4].

Dans l'Union européenne, au moins une femme sur cinq subit des actes de violence de la part de son/sa partenaire ; 95 % de ces actes ont lieu à la maison[5].

Au Canada, 51 % des femmes ont été victimes d'au moins un acte de violence physique ou sexuelle depuis l'âge de 16 ans. Parmi celles-ci, près de 60 % ont subi plus d'une fois de telles agressions[6].

En Europe, des milliers de femmes et de jeunes filles sont vendues chaque année pour être soumises à la prostitution ou à l'esclavage sexuel[7].

Bref, j'ai choisi de traiter de la violence parce qu'elle touche toutes les femmes, directement ou indirectement. Mon amie, ma sœur, ma tante, ma voisine, ma mère, ma grand-mère… et moi-même sommes susceptibles d'en être victimes. Si vous êtes actuellement engagée dans une relation problématique, ne lisez ce livre qu'en toute sécurité. Car votre partenaire n'appréciera sûrement pas de vous voir échapper à son emprise.

Alors, prête pour le voyage ? Voici la première question à laquelle je vous invite à réfléchir : « Maintenant, que vais-je faire de ce que les autres ont fait de moi[8] ? »

1
La violence conjugale

Lorsqu'on laisse entrer la vérité dans sa vie,
on permet à la force de s'installer et de grandir
pour remplacer la honte.
MICHELE WELDON[9]

DÉFINITION DE LA VIOLENCE ET TYPES D'ABUS

Qu'est-ce que la violence contre les femmes ? Selon Adams (1988)[10], il s'agit de « tout comportement qui force la femme à faire ce qu'elle ne veut pas faire ou qui l'empêche de faire ce qu'elle veut faire à titre d'adulte émancipée ». Le ministère des Services sociaux et communautaires de l'Ontario la définit quant à lui comme « le recours intentionnel et systématique à des tactiques qui visent à établir et à maintenir un pouvoir et un contrôle sur les pensées, croyances et actions d'une femme en provoquant chez elle la crainte ou la dépendance[11] ». Cette définition comporte plusieurs éléments. L'expression « recours intentionnel et systématique » veut dire qu'il s'agit d'un comportement choisi. L'emploi du mot « tactiques » révèle que la définition tient compte de toutes les formes d'abus. La proposition relative — « qui visent à établir et à maintenir un pouvoir et un contrôle » — indique le but de la violence ; « sur les pensées, croyances et actions d'une femme » signifie que cette violence peut s'exercer à plusieurs niveaux ; et « en provoquant chez elle la crainte ou la dépendance » évoque la manière dont la violence est exercée. Bref, la violence faite aux femmes est un *comportement appris et choisi qui a pour but d'intimider l'autre.*

Quelles sont les formes d'abus possibles ? Le nombre de catégories peut varier d'un auteur à l'autre, mais tout le monde s'entend sur les formes suivantes : violence verbale, psychologique, sexuelle, physique ; et abus financier.

La *violence physique* comprend notamment les actes suivants : contrainte, bousculade, coup de la main, du pied ou avec un objet, brûler avec une cigarette.

On parle de *violence sexuelle* quand une femme est dégradée sexuellement, par des paroles ou des actes. Elle se sent obligée de faire ou de subir des actes sexuels contre son gré. La contrainte peut être directe, sous forme verbale ou physique, mais elle peut aussi être indirecte, sous une subtile forme de chantage. « Les enfants ont besoin de vêtements d'hiver, non ? Tu sais que, lorsque je suis heureux, les autres le sont aussi. » La femme à qui ce message s'adresse ne sait que trop bien ce qu'il signifie…

L'*abus financier* est le fait de contrôler l'argent du ménage, y compris l'argent qui appartient à la femme. Certaines femmes pensent ne pas être victimes de cet abus, puisqu'elles ont l'argent en main et paient les factures. Or, lorsqu'on leur demande qui a le dernier mot à ce sujet, elles répondent : « Lui. » Et quand on cherche à savoir si elles ont de l'argent dont elles peuvent disposer comme bon leur semble sans avoir à demander l'avis de leur conjoint (ne serait-ce que pour s'offrir un café), elles répondent : « Non. » Dans un couple, il y a abus financier quand il existe un déséquilibre sur le plan du pouvoir : monsieur décide et madame exécute.

La *violence psychologique* comprend tous les gestes et les messages terrifiants que seule la femme peut vraiment saisir. Lorsqu'une femme voit son conjoint lancer des objets à toute volée ou cogner sur un mur, cela lui laisse entendre qu'il est capable d'une grande violence physique et qu'elle pourrait éventuellement en être la cible. S'il lève la main dans sa direction, ce geste peut en dire long sur ce qu'il pense. En public, un simple regard de l'homme peut facilement faire comprendre à sa conjointe qu'elle vient de faire une chose qu'il réprouve, ou même la laisser dans la crainte de ce qui se passera plus tard, à la maison. Et, s'il boude durant de longues périodes, c'est encore une façon subtile de transmettre un message à sa femme, mais aussi une très forte manifestation de rejet.

Si j'ai gardé la *violence verbale* pour la fin, c'est parce qu'il s'agit là d'un type d'abus encore mal connu, même des femmes qui en sont victimes. En effet, cette violence multiforme, souvent sournoise, se cache parfois sous un ton doux et « amoureux ». Dans son livre *The Verbally Abusive Relationship*, Patricia Evans[12] définit plusieurs types de violence verbale, dont voici des exemples :

— Le retrait et l'indifférence. L'abuseur choisit de ne rien partager avec sa conjointe. Il ne parle pas de lui et n'écoute pas ce qu'elle a à dire. Il est indifférent. Il peut prétendre l'écouter, mais il regarde la télévision ou lit pendant qu'elle parle.

— La contre-attaque. Puisque l'abuseur voit sa conjointe comme une adversaire qui l'attaque, il se sent agressé et réagit si promptement qu'elle n'a pas le temps de terminer sa phrase ou d'aller jusqu'au bout de son idée.

— Le discrédit. L'abuseur nie la réalité de sa partenaire en lui enlevant la valeur de l'expérience. Il peut lui dire, par exemple : « Tu es trop sensible » ; « Tu exagères tout le temps » ; « Tu cherches la chicane. »

— La blague. Blaguer est pour l'abuseur une manière de rabaisser sa conjointe. Si elle se fâche ou lui dit qu'elle ne trouve pas la plaisanterie bien drôle, il lui réplique sèchement qu'elle n'a pas le sens de l'humour. (Au lieu d'utiliser des mots, il peut aussi lui faire peur par des gestes, puis éclater de rire.)

— Le blocage et le détournement de la conversation. L'abuseur, par exemple, refuse de répondre à une question de sa conjointe. Pour bloquer la conversation, il dit : « Veux-tu cesser de me harceler ! » Elle lui fait remarquer qu'elle ne le harcèle pas, mais qu'elle essaie seulement de comprendre. Alors, afin de détourner la conversation, il lance : « Laisse-moi tranquille. Tu ne comprends jamais rien de toute façon. » Par cette tactique, il aura évité la discussion, mis un terme à la communication et gardé pour lui certaines informations. Résultat : le couple ne parlera plus du sujet abordé par la femme.

Voici un autre exemple de conversation illustrant ce type d'abus: « Nicole m'a dit que le chalet serait libre à la fin du mois, dit une femme à son conjoint. Nous pourrions aller y passer quelques jours.

— Quand as-tu vu Nicole ?

— Je lui ai parlé au téléphone aujourd'hui.

— C'est tout ce que tu fais de tes journées : parler au téléphone ! »

La femme ne saura jamais ce que son conjoint pense de l'idée d'aller passer quelques jours au chalet.

— Les accusations et les reproches. Projections de la colère, de la frustration ou du sentiment d'insécurité de l'abuseur, les accusations et les reproches tombent comme des couteaux et rendent toute discussion impossible.

— Le jugement et les critiques. Toutes les phrases qui commencent par « Ton problème, c'est… » ; « Tu es trop… » ; « Tu n'es pas assez… » ; « La prochaine fois, tu devrais… » traduisent un jugement ou une critique. Il en est de même pour les révélations faites à autrui par l'abuseur sur la vie privée de sa conjointe. Le ton est toujours mordant.

— La dévalorisation. C'est une forme de violence verbale très subtile, une façon de dire ou de laisser entendre que ce que la femme a fait ou exprimé est insignifiant. Par exemple :

« Tu te rends compte, dit une femme à son conjoint, j'ai réussi à faire huit lessives aujourd'hui !

— Tu es vraiment bonne, chérie, répond-il avec un sourire, c'est si difficile de mettre les vêtements dans la machine à laver, puis dans la sécheuse. »

— Les propos réducteurs. Ils visent à empêcher ou à étouffer l'intérêt ou l'enthousiasme. Par exemple :

« Quelle belle fleur !

— Une fleur, c'est une fleur. »

Les paroles visant à saboter une conversation, la déranger ou l'interrompre relèvent également de cette forme d'abus, que cette conversation soit dans le couple ou de la conjointe avec une autre personne.

— Les menaces. Elles comprennent les phrases comme : « Fais ce que je veux, sinon... » ; « Si tu..., je vais... »

— L'insulte. La plus évidente forme de la violence verbale.

— L'oubli ou le déni. Moyen utilisé par l'abuseur pour nier ce qui s'est produit. « Je ne me souviens pas d'avoir dit cela. » « Nous n'avons jamais parlé de cela. » « C'est ce soir que tu avais besoin de la voiture pour aller à ce rendez-vous si important ? Dommage ! »

— Les ordres. Lorsque le conjoint commande à sa partenaire, il nie sa valeur et son autonomie.

Isabelle Nazare-Aga[13] résume bien la situation : « Vous voilà dans des discussions stériles, puisque le débat sur le contenu n'est que la partie émergée de l'iceberg. Son objectif reste de vous calomnier, de vous culpabiliser, de vous faire perdre la notion du réel, de vous mettre en colère, de vous laisser sans voix, de créer un sentiment d'insécurité... vous déstabiliser. Ce processus permet au manipulateur de reprendre un semblant de contrôle sur la discussion. »

Mais, finalement, c'est une femme victime de violence verbale qui décrit le mieux son effet : « J'ai l'impression de devenir folle. »

EXERCICE : l'évaluation de la violence dans une relation amoureuse

Le premier exercice que je vous invite à faire est basé sur une liste d'abus établie par des hommes violents qui, dans le cadre d'un groupe d'intervention, ont décrit les actes qu'ils avaient commis pour intimider ou blesser leur conjointe. Cette liste a ensuite été retouchée par la *Coalition Against Family Violence* de Lanark County, en Ontario. En plus de nous révéler les astuces des hommes violents, elle nous prouve que la violence est un choix et que ce choix a un but. Un acte isolé peut ne pas constituer un abus, mais dès l'instant où il vise à blesser ou à contrôler la conjointe, il s'agit d'un abus.

Je vous propose d'utiliser la liste ci-après comme les femmes le font habituellement. Pensez à l'une de vos relations amoureuses et cochez chaque geste abusif que votre partenaire a eu envers vous. Une fois l'exercice terminé, vous aurez une bonne idée de la violence que comportait (ou comporte) votre relation avec cette personne. Vous pourrez refaire cet exercice en pensant à des partenaires différents.

Les différents types d'abus[14]

Un astérisque indique un acte criminel, ou qui pourrait l'être selon les circonstances.

Abus émotionnel – psychologique – verbal

- ❐ Pousser la femme à commettre des actes illégaux*.
- ❐ L'accuser faussement.
- ❐ L'injurier, la critiquer.
- ❐ La menacer verbalement.
- ❐ Crier contre elle.
- ❐ L'intimider.
- ❐ Lui faire croire qu'elle est folle ou stupide.
- ❐ Étouffer ses émotions.
- ❐ Ne pas la croire.
- ❐ Ressasser de vieilles histoires.
- ❐ Exprimer de la jalousie de façon inappropriée.
- ❐ Rabaisser la femme.
- ❐ Retourner une situation contre elle.
- ❐ Lui faire subir un véritable lavage de cerveau.
- ❐ Lui rire au nez.
- ❐ Rester volontairement muet face à elle.
- ❐ Refuser de faire quelque chose avec elle ou pour elle.
- ❐ Insister pour toujours tout avoir selon sa volonté.
- ❐ La talonner.
- ❐ La négliger.
- ❐ S'attendre à ce qu'elle joue un rôle.

- ❒ La tromper ou lui laisser entendre qu'on la trompe.
- ❒ La culpabiliser.
- ❒ Adopter certaines manières, comme claquer des doigts pour l'appeler.
- ❒ Menacer de se saouler ou de se droguer si elle ne fait pas telle chose.
- ❒ La manipuler.
- ❒ Lui chercher querelle.
- ❒ La priver d'affection.
- ❒ La punir en ne partageant pas les tâches ménagères.
- ❒ Ne jamais rien lui pardonner, garder de la rancune contre elle.
- ❒ Lui mentir.
- ❒ La traiter comme une enfant.
- ❒ Avoir des exigences ou des règles différentes en ce qui la concerne.
- ❒ Lui dire des choses ambiguës.
- ❒ Refuser de lui donner des responsabilités ou les lui ôter.
- ❒ Ne pas respecter ses engagements envers elle.
- ❒ Menacer de lui faire perdre son statut d'immigrante.
- ❒ Faire exprès des saletés pour qu'elle nettoie les dégâts.
- ❒ Lui enlever les enfants.
- ❒ Lui faire retirer des charges criminelles de violence envers elle qui pèsent contre lui.
- ❒ Lui raconter une blague humiliante qui traduit un mépris des femmes.
- ❒ Refuser de se pencher sur un problème.
- ❒ Minimiser le travail de la femme ou sa contribution à une tâche.
- ❒ L'obliger à rester à un endroit où l'on consomme de la drogue ou de l'alcool.
- ❒ Pousser la femme à prendre de la drogue ou de l'alcool.
- ❒ Ne pas rentrer à la maison.
- ❒ Rentrer ivre ou drogué.
- ❒ Encourager la femme à la violence physique.
- ❒ Entretenir des relations amicales avec des hommes violents ou chercher à obtenir leur soutien.

- ❒ Avoir des photos ou images qui démontrent de la haine ou de la violence envers les femmes.
- ❒ Exiger de la femme un compte rendu de son emploi du temps.
- ❒ Tirer avantage de ses peurs.
- ❒ La mettre sur un piédestal.
- ❒ Se moquer de ses préférences alimentaires.
- ❒ Menacer de se suicider si elle…

Abus émotionnel concernant la reproduction, la grossesse et la naissance

- ❒ Interdire à la femme un moyen contraceptif ou la forcer à en utiliser un.
- ❒ La forcer à se faire avorter.
- ❒ Refuser d'avoir une relation sexuelle avec elle sous prétexte qu'elle est laide quand elle est enceinte.
- ❒ Nier être le père de l'enfant qu'elle a mis au monde.
- ❒ Refuser de la soutenir durant l'accouchement.
- ❒ L'empêcher de s'approcher du nouveau-né.
- ❒ Ne pas l'aider lorsqu'elle revient à la maison avec le bébé.
- ❒ Exiger d'avoir une relation sexuelle peu de temps après l'accouchement.
- ❒ Lui reprocher d'avoir mis au monde une fille au lieu d'un garçon, ou l'inverse.
- ❒ Lui interdire de nourrir l'enfant au sein.
- ❒ L'amener à être gênée de passer du temps avec le bébé.
- ❒ Bouder parce qu'elle s'occupe de l'enfant.

Abus à la maison

- ❒ Faire mal aux animaux domestiques*.
- ❒ Déchirer des vêtements*.
- ❒ Verrouiller la porte pour empêcher la femme de sortir de la maison ou d'y entrer*.
- ❒ Lancer ou détruire les choses de la femme*.
- ❒ Claquer les portes.

- ❐ Lancer des objets ou de la nourriture.
- ❐ Faire des trous dans les murs.
- ❐ Empêcher la femme d'utiliser le téléphone.
- ❐ Passer la tondeuse sur ses platebandes.

Abus dans la voiture

- ❐ Conduire trop vite*.
- ❐ Conduire de façon dangereuse tout en cognant sur le volant*.
- ❐ Conduire en état d'ébriété*.
- ❐ Forcer la femme à monter dans la voiture*.
- ❐ La pousser hors de la voiture en marche*.
- ❐ Menacer de la tuer en fonçant droit sur les voitures venant en sens inverse*.
- ❐ La poursuivre ou la heurter avec la voiture*.
- ❐ La tuer ou la blesser en provoquant volontairement un accident*.
- ❐ La frapper pendant qu'elle conduit*.
- ❐ L'empêcher d'utiliser la voiture, en lui enlevant les clés, en modifiant la mécanique ou par tout autre moyen.
- ❐ Mettre un pied sur l'accélérateur, par-dessus le sien, pour la forcer à rouler plus vite.
- ❐ Agripper le volant pendant qu'elle conduit.

Abus social

- ❐ Contrôler ce que la femme fait, qui elle voit, à qui elle parle, ce qu'elle lit et où elle va.
- ❐ Ne pas lui transmettre ses messages.
- ❐ La rabaisser ou l'ignorer en public.
- ❐ Ne pas vouloir qu'elle ait des contacts avec ses proches, famille et amis, hommes ou femmes.
- ❐ Entraver ses relations avec ses proches.
- ❐ Être grossier avec ses proches.
- ❐ Lui dicter la façon dont elle doit se vêtir.
- ❐ Lui dicter la façon dont elle doit se comporter.
- ❐ Préférer être avec des amis, se livrer à diverses activités ou travailler plutôt que de passer un moment avec elle.

- ❒ Lui faire une scène en public.
- ❒ L'obliger à rendre des comptes.
- ❒ Lire son courrier.
- ❒ Contrôler ses lectures.
- ❒ La traiter comme une servante.
- ❒ Ne pas lui laisser d'espace ou d'intimité.
- ❒ Insister pour l'accompagner dans le bureau du médecin.
- ❒ Changer de personnalité en présence des autres.

Abus social impliquant les enfants

- ❒ Frapper la femme devant les enfants*.
- ❒ Formuler contre elle une fausse plainte d'abus d'enfant.
- ❒ L'obliger à demeurer à la maison avec les enfants.
- ❒ L'humilier devant les enfants.
- ❒ La rabaisser en critiquant ses compétences parentales.
- ❒ La menacer de kidnapper les enfants et lui dire qu'elle n'en aura jamais la garde.
- ❒ Enseigner aux enfants à la maltraiter en l'injuriant, en la frappant, etc.
- ❒ Ne pas partager les responsabilités parentales.

Abus social pendant la séparation ou le divorce

- ❒ Acheter l'affection des enfants en leur offrant des cadeaux coûteux.
- ❒ Ne pas être à l'heure pour venir chercher les enfants ou pour les ramener.
- ❒ Harceler les enfants pour obtenir des renseignements sur les amis de leur mère, etc.
- ❒ Dire aux enfants que c'est leur mère qui a brisé la famille.
- ❒ Utiliser les enfants pour transmettre des messages à leur mère.
- ❒ Interdire à la mère de s'approcher des enfants.
- ❒ Ne pas lui laisser le bon numéro de téléphone.

Abus financier

- ❒ Prendre l'argent de la femme*.
- ❒ Imiter sa signature*.

- ❒ Lui donner de faux reçus.
- ❒ Annuler ses assurances.
- ❒ Nuire à ses efforts d'atteindre une liberté économique.
- ❒ La forcer à prendre l'entière responsabilité des finances.
- ❒ Exercer des pressions sur elle quant au travail, ou contrôler ses conditions de travail.
- ❒ L'empêcher de se trouver un emploi.
- ❒ Retenir de l'argent.
- ❒ Dépenser de l'argent inconsidérément ou vivre au-dessus de ses moyens.
- ❒ Ne pas payer sa part des comptes.
- ❒ Ne pas dépenser d'argent lors d'occasions spéciales.
- ❒ Dépenser pour sa dépendance (au jeu, à l'alcool ou à la drogue) ou pour des services sexuels.
- ❒ Garder secrètes les finances familiales.

Abus par rituel

- ❒ Mutiler la femme*.
- ❒ La forcer au cannibalisme*.
- ❒ La forcer à être témoin de rituels.
- ❒ La forcer à participer à des rituels.
- ❒ Mutiler des animaux*.
- ❒ Faire des sacrifices humains*.
- ❒ Suggérer ou encourager le suicide.

Abus physique

- ❒ Faire subir à la femme tout contact physique contre son gré*.
- ❒ La frapper, la pincer*.
- ❒ La retenir ou la pousser*.
- ❒ La gifler ou la secouer*.
- ❒ La couper ou la brûler*.
- ❒ Lui tirer les cheveux*.
- ❒ Lui donner un coup de tête*.
- ❒ Lui serrer la main très fortement ou lui tordre le bras*.

- ❒ L'étouffer*.
- ❒ La nourrir de force*.
- ❒ Cracher sur elle*.
- ❒ La projeter par terre, contre le mur, ou lui lancer des objets*.
- ❒ La frapper avec un objet ou la fouetter*.
- ❒ Uriner sur elle*.
- ❒ Lui fracturer des os*.
- ❒ La poignarder ou tirer sur elle avec une arme à feu*.
- ❒ Menacer de la tuer ou de la blesser*.
- ❒ Ne pas tenir compte d'une maladie ou d'une blessure dont elle souffre.
- ❒ L'empêcher de se nourrir ou de boire comme elle le désire.
- ❒ La pousser à boire ou à se droguer, lui tendre un piège pour qu'elle le fasse.
- ❒ Se tenir trop près d'elle, l'intimider.
- ❒ Cacher ses médicaments ou l'empêcher d'y avoir accès.

Abus sexuel

- ❒ Forcer la femme à tout contact sexuel contre son gré*.
- ❒ La menacer ou la harceler pour une relation sexuelle.
- ❒ La forcer à des rapports sexuels*.
- ❒ La forcer à coucher avec d'autres partenaires*.
- ❒ La forcer à avoir une relation sexuelle avec des animaux*.
- ❒ Pincer, empoigner, piquer ou frapper ses seins ou ses organes génitaux*.
- ❒ La forcer à avoir une relation sexuelle lorsqu'elle est malade, ou bien après un accouchement ou une opération*.
- ❒ Lui transmettre volontairement une maladie sexuelle.
- ❒ La traiter comme une esclave sexuelle.
- ❒ La brutaliser.
- ❒ La forcer à poser pour des photos pornographiques.
- ❒ Étaler des images pornographiques qui la mettent mal à l'aise.
- ❒ Critiquer ses aptitudes sexuelles.
- ❒ Lui faire en public des attouchements sexuels contre son gré.
- ❒ L'injurier (la traiter de putain, de femme frigide ou de chienne).

- ❒ L'accuser d'avoir une relation extraconjugale.
- ❒ La rabaisser en critiquant des parties de son corps.
- ❒ Lui faire prendre une drogue ou de l'alcool pour abuser d'elle sexuellement.
- ❒ Exiger d'elle un rapport sexuel en échange de drogue ou d'alcool.
- ❒ Exiger un rapport sexuel en règlement de quelque chose.
- ❒ Examiner son corps afin de s'assurer qu'elle n'a pas eu de relation sexuelle.
- ❒ Ne pas se laver et exiger une relation sexuelle avec elle.
- ❒ Lui dire des blagues à connotation sexuelle ou lui faire des commentaires sur sa propre sexualité en public.
- ❒ Avoir plusieurs partenaires sexuelles.
- ❒ Utiliser la sexualité comme cause de querelle ou comme solution à une querelle.

Abus religieux

- ❒ Utiliser la religion pour justifier l'abus ou la domination de la femme.
- ❒ Utiliser des préceptes religieux pour avoir des rapports sexuels ou des faveurs.
- ❒ Abuser de la femme, puis lui demander pardon.
- ❒ L'empêcher de se rendre à l'église.
- ❒ Se moquer de ses croyances.
- ❒ Dépenser de façon excessive pour la religion.
- ❒ Interpréter la religion à sa façon.
- ❒ Exiger des actes sexuels ou l'utilisation de drogues comme actes religieux.

LE CYCLE DE LA VIOLENCE

On s'est aperçu que la violence conjugale correspond généralement à un modèle répétitif, qu'on appelle le «cycle de la violence». On peut le représenter de différentes façons, mais nous reproduirons le schéma le plus simple. Ce cycle se compose de trois phases: la tension; l'épisode de violence; la lune de miel, ou période de manipulation.

Le cycle de la violence

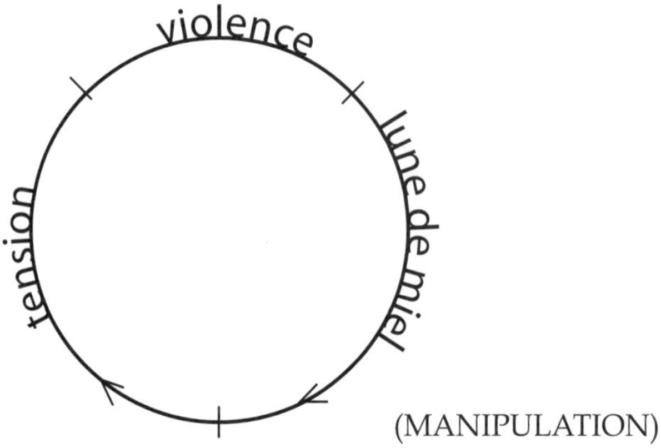

Durant la première phase, la *tension* monte dans la maison. La femme remarque que son conjoint devient impatient, qu'il crie de plus en plus. Ou, au contraire, qu'il se ferme et devient muet. Elle sait que la situation est en train de tourner au vinaigre. Par tous les moyens, elle essaie de plaire à son conjoint et de préserver la paix dans le ménage. S'ils ont des enfants, elle leur demande de jouer silencieusement pour ne pas déranger leur père. Elle marche sur des œufs, mais, à ce stade, quoi qu'elle fasse, la deuxième phase est inévitable.

Le conjoint veut se sentir mieux, ce qui signifie, pour lui, rabaisser quelqu'un pour se valoriser. Pour se justifier, il cherche des choses à reprocher à sa partenaire. N'importe quel élément, réel ou imaginaire, fera son affaire. Par exemple, un argument aussi farfelu que celui-ci : « Depuis le temps que nous nous connaissons, tu aurais dû savoir que je voulais manger du steak ce soir. » Une fois le prétexte trouvé commence la phase de la *violence.* Le conjoint se défoule sur sa conjointe et se sent mieux. Quant à la victime, elle se défend ou se protège de son mieux et fait de même pour les enfants.

Une fois l'orage passé, le couple entre dans la troisième phase du cycle : la *lune de miel*, ou *période de manipulation.* Le conjoint voit que sa violence pourrait être lourde de conséquences, qu'il pourrait perdre sa partenaire, par exemple. Alors il essaie de la reconquérir par des pleurs, des promesses, des cadeaux, des relations sexuelles passionnées, des sorties en famille. Cela redonne espoir à la femme, car elle retrouve alors l'homme dont elle est tombée amoureuse. Hélas, une fois que ce dernier pense avoir atteint son objectif, la tension monte de nouveau.

Le cycle de la violence est un éternel recommencement. Il existe cependant des moyens d'y mettre fin. Les deux principaux sont la séparation du couple et la thérapie de l'homme par un spécialiste dans le domaine de la violence faite aux femmes. La durée du cycle varie d'un couple à l'autre, mais elle diminue au fil du temps. Par exemple, si dans un couple le cycle complet dure au départ un an, il pourrait très bien, après cinq ans de vie commune, ne plus durer qu'un mois ou une semaine, voire une journée. Nous avons aussi remarqué qu'il y a une escalade en ce qui a trait à l'intensité de la violence. En effet, avec le temps, le type d'abus utilisé menace de plus en plus la vie de la femme. Au Canada, entre 1979 et 1998, 1468 femmes ont été tuées par leur mari[15]; et, ailleurs dans le monde, jusqu'à 70 % des femmes assassinées l'ont été par leur partenaire masculin[16].

J'AI EU DES FLEURS AUJOURD'HUI

J'ai eu des fleurs aujourd'hui.
Ce n'est pas ma fête
Ni une autre journée spéciale.
Nous avons eu notre première chicane
La nuit dernière
Et il m'a dit plein de mots cruels
Qui m'ont vraiment blessée.
Je sais qu'il est désolé
Et qu'il n'a pas réfléchi
Aux mots qu'il m'a dits
Parce qu'il m'a envoyé
Des fleurs aujourd'hui.

J'ai eu des fleurs aujourd'hui.
Ce n'est pas notre anniversaire
Ni une autre journée spéciale.
La nuit dernière
Il m'a projetée contre le mur
Et il a essayé de m'étouffer.
J'ai vécu un cauchemar !
Je ne pouvais croire
Que c'était vrai !
Je me suis réveillée ce matin
Tout en douleur et contusionnée.
Je sais qu'il doit être désolé
Parce qu'il m'a envoyé
Des fleurs aujourd'hui.

J'ai eu des fleurs aujourd'hui.
Et ce n'est pas la fête des Mères
Ni une journée spéciale.
La nuit dernière
Il m'a encore battue.
Et ç'a été pire
Que toutes les autres fois.
Si je le laisse
Qu'est-ce que je vais devenir ?
Comment vais-je prendre soin
De mes enfants ?
Et l'argent ?
J'ai peur de lui
Et je me méfie en partant.
Mais je sais qu'il doit être désolé
Parce qu'il m'a envoyé
Des fleurs aujourd'hui.

J'ai eu des fleurs aujourd'hui.
Aujourd'hui est vraiment
Une journée spéciale.
C'est le jour de mes funérailles.
La nuit dernière
Il a fini par me tuer.
Il m'a battue à mort.
Si seulement j'avais pu ramasser
Assez de courage et de volonté
Pour risquer de le laisser
Je n'aurais pas eu de fleurs aujourd'hui.
AUTEUR INCONNUE[17]

Quant à la lune de miel, elle s'écourte aussi avec le temps et peut même disparaître. Ainsi, elle finit par avoir l'effet contraire à celui escompté par l'homme, puisque la femme sait bien qu'il ne s'agit que d'un moment durant lequel son partenaire cherche à se faire pardonner pour mieux recommencer plus tard. Au début, cette lune de miel réveille l'espoir d'harmonie, mais à la longue elle démontre que le conjoint n'a pas l'intention de changer. Même les enfants s'en aperçoivent et disent : « Maman, puisque papa t'a battue hier soir, est-ce que ça veut dire que nous allons souper au restaurant ce soir ? »

LES CARACTÉRISTIQUES DE L'HOMME VIOLENT

Chaque être humain est unique et nous ne pouvons pas mettre tout le monde dans le même panier. Les hommes violents envers leur partenaire viennent de tous les milieux. Pamela Jayne, dans son livre *Ditch That Jerk: Dealing with Men Who Control and Hurt Women*[18], signale trois types d'hommes qui maltraitent leur conjointe : l'homme rigide et autoritaire qui utilise « seulement » l'abus verbal ; celui qui a l'impression que tout le monde est contre lui ; et celui qui est carrément violent. Qu'ils portent un complet ou des jeans, ces hommes ont des traits de personnalité assez semblables.

Par exemple, derrière une apparence d'homme fort et sûr de lui, l'homme violent cache une très grande *insécurité*. Il a peur de perdre « sa » femme. Par conséquent, il la contrôle pour mieux la *posséder*. Et il est très *jaloux*, notamment envers les autres hommes et les enfants.

Son *manque de confiance* en lui et en les autres est le résultat d'une *estime de soi-même déficiente*. Étant donné qu'il *n'assume pas la responsabilité de ses actes*, il *se dit* et *se sent* régulièrement *victime* du destin, mais surtout des femmes. C'est constamment la faute de l'autre ; on le provoque. En dépit des apparences, il est *incapable de s'affirmer*. De ce fait, on entend souvent dire que cet homme donnerait sa chemise pour les autres, puisqu'on le voit déneiger la cour de la voisine un soir, puis aider une connaissance à déménager le lendemain. Au lieu de s'affirmer face à sa partenaire, il la contrôle et l'intimide. Dans le couple, il devient vite *dépendant* de sa conjointe. Les femmes parlent souvent de cette situation en disant que l'homme est un enfant de plus dont elles doivent s'occuper.

L'abuseur a grandi dans un milieu où on lui a inculqué des *valeurs traditionnelles* quant au rôle de l'homme et de la femme. Dans ce modèle stéréotypé, la femme a moins de privilèges et de pouvoir que l'homme. Ce dernier doit être le maître du couple et le *chef de famille*. En outre, l'abuseur peut avoir été *victime de violence durant son enfance* ou témoin de la violence de son père à l'égard de sa mère (dans 40 à 60 % des cas[19]). Il peut avoir retenu que l'homme doit utiliser tous les moyens pour tout contrôler. Il peut aussi en être arrivé à ne pas respecter les femmes et même à les haïr. En d'autres termes, il est devenu plus ou moins *misogyne*.

À cause de ses valeurs et de son insécurité, l'abuseur a une *pensée rigide* : il voit tout sans nuances ; tout est noir ou blanc. Afin de tenir son rôle d'homme, il est *manipulateur*. Étant donné qu'il est charmant en public mais souvent désagréable en privé, sa conjointe le décrit comme un homme à la *personnalité double*. Et il peut se métamorphoser rapidement. Par exemple, enragé au moment où le téléphone sonne, il répond d'une voix calme et douce. Il va sans dire que cet homme *égocentrique* n'a aucune empathie. Incapable de s'imaginer à la place d'autrui, il cherche toujours à satisfaire d'abord ses besoins. J'appelle cela « avoir le nez dans le nombril ». Lorsqu'il accepte de faire quelque chose pour quelqu'un d'autre, il s'attend habituellement à obtenir un avantage. Cet homme *n'est pas en contact avec ses émotions*. Il n'en connaît généralement que deux : la sensation d'être bien (que je nomme « être au neutre ») et celle de ne pas être bien, qu'il accompagne automatiquement de colère. De ce fait, on pourrait croire que la solution au problème serait la gestion de la colère, mais la violence n'a nulle autre origine que la décision de l'abuseur d'y avoir recours. L'abuseur est violent à cause de ses valeurs et de ses croyances, et non pas à cause de sa colère, qui lui sert d'excuse.

Une mauvaise gestion de la colère se manifeste n'importe où et ressemble plus à une perte de contrôle, sans but ni bénéfice. Or, ce n'est pas le cas dans les situations de violence conjugale. On sait que l'abuseur attend le bon moment (c'est-à-dire d'être à la maison, en tête-à-tête avec sa conjointe, pendant que les enfants sont ailleurs), qu'il frappe habituellement là où les marques pourront être cachées (les bras, et du cou jusqu'au bas du ventre), qu'il utilise juste la force nécessaire pour transmettre son message et atteindre son but : faire peur à la femme. Si la colère causait la violence, dans quel monde vivrions-nous ?

Bancroft et Silverman[20], deux intervenants auprès d'hommes violents, les décrivent grosso modo ainsi : ils aiment tout contrôler ; ils pensent que le fait d'être des hommes leur confère certains droits et privilèges ; égoïstes et égocentriques, ils ont un sentiment de supériorité ; possessifs, ils mélangent amour et abus ; manipulateurs, ils ont un discours et des comportements contradictoires, et ils rejettent la responsabilité de l'abus sur autrui ; ils nient et minimisent tout, blâment leur victime ; ils abusent de plusieurs femmes au cours de leur existence. L'article reproduit ci-dessous illustre bien certains de ces traits[21].

MEURTRE DE GINETTE [redacted]

[redacted] se décrit comme une victime

SAINT-JEAN-SUR-RICHELIEU – Accusé du meurtre prémédité de sa femme, Marcel [redacted] s'est décrit comme une victime, hier, et a fait porter l'échec de son couple sur son épouse et le personnel de la maison d'hébergement Coup d'Elle.

MARC PIGEON

mpigeon@journalmtl.com

Voilà ce qu'il a déclaré au jury de six femmes et cinq hommes, hier, lorsqu'il a pris la parole pendant quatre heures et demie à son procès, au palais de justice de Saint-Jean-sur-Richelieu.

Il en veut terriblement à Ginette [redacted] d'avoir choisi de ne plus jamais revenir vivre avec lui, en juin 1999.

« Elle m'aurait arraché le cœur en entrant ses mains dans mon corps, ce n'aurait pas été pire ! », a illustré Samson.

Selon lui, Ginette [redacted] a changé du tout au tout lorsqu'elle a commencé à fréquenter la maison Coup d'Elle, en externe, en novembre 1998.

Une maison *« qui détruit les couples »*

Il a dit que c'était une maison « qui détruisait les couples ».

« Elle est devenue comme une Satan, dit [redacted]. Elle était agressive, disait que j'étais un zéro, que j'avais rien fait de *bin* depuis 22 ans. Elle ne me respectait pas. »

Quand Ginette lui a annoncé la nouvelle, le père de [redacted] lui aurait dit : « Y en a plein de femmes comme ça ! »

Aussi, c'est une question d'argent qui a ajouté à la rage de l'accusé lorsqu'il a reçu les papiers de divorce des mains de l'avocate de sa femme.

Image ATALANTE

L'ACCUSÉ, Marcel [redacted], a passé plus de quatre heures à la barre des témoins.

ses parents leur expliquer « comment elle me traitait ».

Des conditions

À un certain moment, Ginette avait posé quelques conditions à son retour, dont celle que [redacted] devait payer pour toutes les dépenses. La « faire vivre », comme il dit.

« Je lui ai dit : *Chu pas l'aide sociale !* Elle a compris. »

En contre-interrogatoire, la Couronne a tenté de dépeindre l'accusé comme un homme contrôlant, qui a vu son règne prendre fin lorsque Ginette s'est mise à fréquenter la maison pour femmes victimes de violence.

Il a indiqué que sa femme et lui faisaient presque tout ensemble. Et qu'au restaurant, c'est l'homme qui paie. Il a dit qu'il savait, lui, ce qui serait bon pour elle. Et que ce n'était certainement pas de demeurer à Coup d'Elle...

Il voulait enlever son épouse pour lui faire « la peur de sa vie »

SAINT-JEAN-SUR-RICHELIEU – Marcel [redacted] affirme n'avoir jamais eu l'intention de tuer son épouse en se rendant armé à la maison d'hébergement, mais voulait plutôt l'enlever et lui faire « la peur de sa vie ».

LE COMPORTEMENT DE L'ABUSEUR

Dans l'ensemble, les abuseurs se comportent tous de la même façon avec leur conjointe, suivent tous à peu près le même scénario, parce qu'ils partagent les mêmes *valeurs* et les mêmes *croyances* quant à la relation entre un homme et une femme. Pourquoi abusent-ils de ces femmes? Parce que, à leurs yeux, c'est ce qu'un homme doit faire... Les mots (et les gestes) employés peuvent être plus ou moins recherchés, mais le message est toujours le même. Dans le chapitre sur l'amour, vous trouverez un exemple de scénario relatif au début de la relation avec un abuseur; ici, je me contenterai d'en donner un résumé. Cet homme est charmant, attentionné et compréhensif jusqu'au moment où il sent qu'il a une certaine emprise sur sa partenaire. Dès lors, il l'isole pour mieux la contrôler sans qu'elle s'en aperçoive, puis il use de la violence verbale, sous ses formes les plus subtiles. « Il a tissé discrètement une toile d'araignée tout autour de moi », me disait une femme pour m'expliquer la situation. La raison invoquée par le conjoint est toujours la même: il agit ainsi par amour pour sa partenaire. Mais en réalité, il la rend dépendante de lui. Et il procède très rapidement, sans lui laisser la possibilité de prendre du recul.

Durant l'escalade qui s'ensuit, la violence verbale prend des formes de moins en moins subtiles. Si le conjoint passe aux actes, il recourt presque invariablement à une forme de violence verbale juste avant. Ce processus, appelé *dépersonnalisation*, a pour effet de transformer sa conjointe en femme-objet. Souvent, l'abuseur n'appelle pas sa partenaire par son prénom. Avant de la frapper, il la rabaisse et la traite de tous les noms: il est en effet plus « facile » de frapper la « grosse vache » que de frapper Micheline. Ensuite, il s'en remet à la manipulation (c'est la période de la lune de miel) pour empêcher sa partenaire de le quitter. Puis le cycle recommence, le *pattern* s'installe. L'escalade est attribuable au fait que l'abuseur veut toujours avoir le dessus sur sa partenaire, il veut gagner. Par exemple, quand il la frappe pour la première fois, celle-ci, sous le choc, peut ne pas réagir. Mais, au bout de quelques scènes de ce genre, elle pourrait se défendre, verbalement ou physiquement. Le cas échéant, son conjoint ira un peu plus loin afin de garder le contrôle sur elle. Il pourrait même finir par la tuer pour continuer à la posséder totalement. Contrairement à ce qu'on entend à la télévision et à ce qu'on lit dans les journaux, ces meurtres ne sont pas des crimes passionnels incontrôlables : c'est au contraire le choix du geste ultime affirmant la domination de l'homme.

L'idée que l'alcool engendre la violence est fort répandue. Mais nous savons que c'est faux : dans 49 % des cas de violence conjugale[22], l'alcool n'est pas en cause. Néanmoins, puisque l'alcool supprime les inhibitions, il peut favoriser le passage à l'acte. Ainsi, un homme verbalement et psychologiquement violent lorsqu'il est sobre peut user de violence physique quand il est en état d'ébriété. Plus tard, il invoquera l'alcool pour expliquer son comportement ou s'en excuser. S'il est physiquement violent lorsqu'il est sobre, ses attaques seront encore plus sauvages quand il aura bu. En résumé, l'alcool, ainsi que la drogue, ne peuvent pas créer ce qui n'est pas déjà au creux (la violence) de la personne, mais elles peuvent en faciliter l'expression. D'ailleurs, connaissez-vous des gens qui, ivres, ne sont absolument pas méchants ?

LA RÉACTION DE LA FEMME VICTIME DE VIOLENCE CONJUGALE

On peut se demander pourquoi une femme violentée reste avec son conjoint, mais, en abordant la question sous cet angle, on rejette sur la femme la responsabilité du problème au lieu de se demander pourquoi son conjoint n'arrête pas de la maltraiter. Peu importe leur classe sociale, leur âge et leur origine ethnique, qu'elles viennent d'un milieu violent ou d'une famille où l'amour régnait, toutes les femmes peuvent être victimes d'une relation abusive. Heureusement, beaucoup de ces femmes réussissent à s'en libérer rapidement. Dans les services sociaux, nous les rencontrons rarement, car les conséquences de la violence n'ont pas eu le temps de les marquer profondément. Souvent, elles sont parvenues à s'en tirer grâce au soutien et à l'aide de leur entourage, ou grâce à une estime de soi-même et à une confiance que l'abuseur n'est pas parvenu à détruire, et peut-être aussi grâce à une connaissance du phénomène de la violence conjugale qui leur a permis d'en reconnaître les signes dès le début de la relation. Mais toutes les femmes n'ont pas cette chance.

Étant donné que la violence s'installe graduellement et subtilement, les ressources de la femme (en elle-même et dans son entourage) sont souvent très ébranlées ou même disparues au moment où elle arrive à la percevoir. Piégée, elle doit surmonter nombre d'obstacles pour s'affranchir — ce sont les « obstacles à la séparation », dont vous trouverez la liste dans le chapitre sur les relations amoureuses. Le but de l'homme étant de contrôler sa conjointe, il érige autour d'elle des barrières à plusieurs niveaux grâce aux différentes formes d'abus. Elle en subit les répercussions dans tous les domaines : ses finances, sa sécurité, sa relation avec ses enfants, ses émotions, ses stratégies de survie (dont nous parlerons sous peu), son statut ou ses caractéristiques personnelles, ses croyances et ses valeurs, sa famille et ses amis, sa vie sociale, etc.

En raison de l'abus financier, même une femme ayant de très bons revenus dispose de peu d'argent, puisque son conjoint le contrôle pour elle. Parfois, il contracte tellement de dettes qu'elle ne pourra le quitter sans être en faillite personnelle.

On pourrait penser que la violence cesse dès qu'une femme met fin à une relation abusive, mais la plupart du temps il n'en est rien.

« Environ 80 % des victimes de harcèlement criminel, communément appelé *traquage*, étaient des femmes, et plus de la moitié des victimes de sexe féminin ont été traquées par des ex-maris ou des anciens partenaires[23]. »

Selon les statistiques de la police, 23 % des femmes tuées par leur conjoint étaient séparées et 3 %, divorcées[24]. Par expérience, nous savons aussi que le risque d'une agression sexuelle augmente considérablement au moment d'une rupture et même après.

Lorsque le couple a des enfants, le père les utilise lors des visites pour dominer la mère à distance et les braquer contre elle. Et le couple a presque toujours plusieurs enfants, car, pour un abuseur, faire des enfants (en violant sa conjointe ou en empêchant la contraception) est une façon de rendre la femme dépendante. De nombreuses femmes que je rencontre dans mon travail ont de trois à sept enfants. Il faut énormément de courage et d'organisation pour élever seule autant d'enfants ! Mais quand, en plus, ils ne cessent de reprocher à leur mère d'avoir quitté leur père, ou qu'ils insistent pour le voir, la mère finit quelquefois par réintégrer le domicile conjugal.

Ne pas payer la pension alimentaire est un abus financier. En agissant ainsi, le père s'assure que la femme aura des problèmes d'argent. Par ailleurs, en ne respectant pas les heures de visite ou d'appel, il l'empêche de reconstruire sa vie. En arrivant chez elle ou en l'appelant à l'improviste (sous prétexte de vouloir parler aux enfants), il peut savoir ce qu'elle fait et qui elle fréquente. Donc, très souvent, il continue de contrôler sa vie par divers moyens.

Lorsqu'une femme est maltraitée par son partenaire, elle éprouve toutes sortes de sentiments et d'émotions – peur, honte, culpabilité, colère, tristesse. Son estime de soi et sa confiance en elle et en autrui sont diminuées à un point tel qu'il peut lui sembler plus facile de rester avec son conjoint que de le quitter. En vivant avec lui, elle peut au moins juger de son humeur et réagir en conséquence, mais une fois séparée de lui elle perd ce moyen de protection.

L'entourage et les structures sociales peuvent faciliter la séparation, mais ils peuvent aussi l'entraver. La société n'offre pas une aide suffisante à la femme victime de violence conjugale qui veut repartir à zéro et offrir à ses enfants une existence décente. Elle ne la protège pas assez non plus, puisque la justice ne peut rien faire tant que l'homme n'a pas commis un acte criminel. Pour leur part, les religieux lui disent que le divorce est proscrit et qu'elle est responsable de l'harmonie du couple et du bien-être des enfants. Quant à sa famille et à ses amis, ils augmentent son sentiment de culpabilité s'ils lui demandent ce qu'elle a bien pu faire pour que son conjoint agisse ainsi. Dans le cadre de mon travail, j'ai connu une femme qui était mariée à un millionnaire. Elle portait des diamants et habitait une maison luxueuse. Les gens qui voyaient sa vie comme un véritable conte de fées voulaient-ils croire que son mari la violentait ? Les abuseurs laissent rarement des marques visibles de leur violence…

Lorsque la femme est âgée, handicapée ou malade, c'est souvent le conjoint qui lui fournit le minimum vital. Mais, si elle le quitte, qui s'occupera d'elle ?

Certaines personnes pensent que, si des femmes victimes de violence conjugale ne prennent pas la porte, c'est parce qu'elles ne le veulent pas ou, pire, parce qu'elles aiment se faire maltraiter. Mais *les conseilleurs ne sont pas les payeurs !* Au lieu de blâmer les femmes piégées dans une relation abusive, ne devrions-nous pas féliciter et soutenir celles qui sont parvenues à s'en libérer ? Pour arriver à surmonter tous les obstacles, elles ont besoin de beaucoup de force, d'un grand courage et… de notre aide.

LES TROIS TYPES DE RUPTURES

On a remarqué que les ruptures causées par la violence conjugale sont de trois types. Ginette Larouche, chercheur en violence conjugale, les a baptisés ainsi : rupture rapide, départ à contrecœur et rupture évolutive[25].

La *rupture rapide* se produit dès le premier signe ou incident de violence. Du fait que la relation a été plutôt brève, la femme a préservé ses ressources matérielles (argent, emploi, biens), sociales (parents et amis) et personnelles (estime de soi et confiance en soi). Les obstacles à la séparation étant peu nombreux, elle réussit à quitter définitivement son partenaire.

Le *départ à contrecœur* comprend la rupture planifiée longtemps à l'avance. L'échéancier dépend souvent des enfants. La femme prévoit partir quand ils iront à l'école, lorsqu'ils seront assez vieux ou qu'ils auront quitté le foyer. Sa démarche est graduelle. Elle commence par sortir de son isolement. Souvent, elle reprend ses études ou retourne sur le marché du travail. Elle fait des économies, habituellement à l'insu du conjoint. En général, elle entreprend une démarche de croissance personnelle ou thérapeutique. Durant cette période, elle retrouve en partie ses ressources. Puis, à une date prévue d'avance ou lors d'un épisode de violence, elle s'en va. Certaines femmes expliquent ainsi la rupture: «La séparation affective était faite depuis longtemps. Il restait à franchir le cap de la séparation physique.» Elles ne reviennent jamais vers leur conjoint, car elles ont l'impression d'avoir déjà tout fait pour sauver le couple et la famille, et elles n'ont plus aucun espoir d'y parvenir un jour.

La *rupture évolutive* comprend plusieurs séparations et réconciliations avant la rupture définitive. Apparemment, c'est le type de rupture que les gens ont le plus de mal à comprendre. Les séparations temporaires se produisent en général à un moment où la femme n'est pas vraiment prête à partir. Un jour, sentant qu'elle n'a plus le choix, elle quitte son conjoint lors d'un épisode de violence physique ou sous la pression de sa famille, d'une amie ou d'un organisme social. Mais, en fait, elle n'est pas prête à franchir cette étape de façon permanente, car elle a encore un faible espoir que les choses s'arrangeront. Nous parlons de rupture *évolutive* parce qu'à chaque séparation la femme acquiert des ressources, sort un peu plus de son isolement et renforce sa personnalité. Lorsqu'elle rencontre de trop grands obstacles hors du couple, la réconciliation lui apparaît comme une solution à court terme. «Pour l'instant, je suis retournée vivre avec lui», me disait une femme. Chaque séparation la rapproche de son but: quitter définitivement son conjoint.

LES STRATÉGIES DE SURVIE[26]

Lorsqu'une femme s'engage dans une relation amoureuse, son objectif est habituellement de faire tout son possible pour qu'elle soit harmonieuse. Si elle se marie, c'est pour le meilleur et pour le pire, «jusqu'à ce que la mort les sépare» (à mon avis, il faudrait ajouter un mot à cette formule: jusqu'à ce que la mort *naturelle* les sépare). Mais, dans ses tentatives d'assurer la bonne entente dans son couple, la femme violentée est constamment mise en échec par son conjoint, puisqu'il est le seul coupable de cette violence (bien qu'il rejette sur elle la responsabilité de ce qu'il fait et dit). En outre, elle se sent coupable de ne pas arriver à le changer (même si personne n'a le pouvoir de changer les autres). Par conséquent, elle redouble d'effort. Puisque la situation ne s'améliore pas ou qu'elle s'aggrave, la femme met au point des stratégies pour survivre à l'intérieur du couple, ou même en dehors quand la violence continue après la rupture. À court terme, ces tactiques pourront lui être utiles. Malheureusement, à long terme, certaines risqueront de se retourner contre elle, de lui nuire ou de devenir elles-mêmes un obstacle à la séparation. Pour survivre, une femme peut notamment:

Pour les enfants:

- punir ses enfants afin d'éviter que le père ne le fasse de façon abusive;
- les éloigner du foyer pour qu'ils ne voient pas une scène de violence;
- les inciter au mutisme pour qu'ils ne viennent pas aggraver la situation;
- les placer temporairement dans un autre milieu;
- quitter son conjoint, mais lui laisser les enfants pour qu'il réagisse moins fortement.

Face à son conjoint violent, elle peut:

- se défendre et le défier;
- lui plaire pour qu'il reste calme;
- taire ses comportements abusifs afin qu'il ne se fâche pas;
- lui demander de discuter avec elle de la situation;
- lui proposer d'entamer une thérapie conjugale ou individuelle;
- l'éviter en travaillant à des heures différentes des siennes;

- l'encourager à boire dans l'espoir qu'il tombera ivre mort et ne fera de mal à personne;
- boire ou se droguer avec lui pour le contenter;
- avoir avec lui des rapports sexuels sur demande (même après la séparation);
- rester avec lui pour l'avoir à l'œil;
- tenter d'améliorer les choses;
- s'affirmer face aux comportements abusifs;
- faire déclencher la crise qui est sur le point d'éclater pour qu'elle ait lieu avant que les enfants rentrent de l'école, par exemple.

À l'extérieur, la femme peut:
- mentir pour préserver une certaine stabilité et ne pas briser le secret;
- avoir une attitude agressive afin de garder les gens à distance;
- arrêter toute recherche d'aide ou implication par mesure de sécurité;
- développer une attitude sournoise;
- déménager, se cacher, changer d'identité;
- se déplacer sans cesse pour éviter que son ex-conjoint ne la retrouve.

Elle peut aussi:
- consommer de l'alcool, de la drogue ou des médicaments pour apaiser la douleur;
- se créer un monde imaginaire dans lequel elle peut se réfugier;
- surmonter les obstacles de la séparation dans l'espoir d'avoir une vie meilleure;
- refuser de quitter son conjoint ou retourner vivre avec lui afin de maintenir la paix, ou pour «le bien des enfants»;
- se suicider ou tenter de se suicider, se mutiler, sombrer dans la maladie;
- adopter d'autres comportements autodestructeurs.

Afin de comprendre les femmes victimes de violence conjugale, il est essentiel d'envisager les choses sous l'angle de la survie plutôt que de la personnalité. Il ne faut pas perdre de vue que c'est la violence qui explique l'attitude de ces femmes, et non l'inverse.

EXERCICE : Mes stratégies de survie

Quelles stratégies de survie avez-vous élaborées dans votre relation de couple (actuelle ou passée) ? Dressez-en une liste aussi complète que possible. Certaines de ces stratégies vous causent-elles des problèmes aujourd'hui ? Si oui, n'hésitez pas à solliciter une aide spécialisée.

LE PLAN DE SÉCURITÉ

Si vous vivez une relation abusive, ou si vous vous êtes récemment affranchie d'une telle relation, vous devez absolument mettre au point un plan de sécurité. Ce plan comportera essentiellement des mesures préventives qui vous permettront d'agir ou de réagir rapidement pour vous protéger (et protéger vos enfants) dès que vous sentirez que votre conjoint, ou ex-conjoint, est sur le point de s'en prendre à vous. Voici quelques idées pour assurer votre sécurité et celle de vos enfants.

Durant la vie en couple :
- vérifiez toutes les sorties possibles de la maison ;
- veillez à ce que votre voiture soit facilement accessible et prête à partir (le réservoir doit toujours être plein ou presque plein) ;
- cachez un trousseau de clés que vous pourrez saisir facilement ;
- ayez dans votre auto assez de pièces pour pouvoir téléphoner ;
- notez à plusieurs endroits vos numéros d'urgence (ne vous fiez pas seulement à la programmation de ces numéros dans votre appareil téléphonique) ;
- prenez garde aux nouvelles technologies (afficheur, recompo-

sition automatique du dernier numéro appelé, dossier «Historique» des pages Web consultées, etc.) si vous faites des démarches à l'insu de votre conjoint;

- assurez-vous que vos enfants sauront comment téléphoner et à qui réclamer de l'aide, ou qu'ils pourront aller chercher de l'aide à l'extérieur de la maison;
- apprenez aux enfants à se protéger et recommandez-leur de ne pas intervenir en cas de conflit (pour éviter les blessures);
- fiez-vous SURTOUT à votre intuition! Mieux vaut prévenir que guérir…

Au moment de la séparation:

- apporter les documents importants et vos objets précieux (cependant, si vous avez peu de temps devant vous, sauvez votre peau et celle de vos enfants avant de songer à toutes ces choses!);
- ne sous-estimez jamais ce dont votre conjoint est capable. Vous pourriez être désagréablement surprise par un trait de son caractère que vous n'aviez pas encore découvert.

Après la séparation:

- installez de bonnes fermetures à vos portes et fenêtres;
- gardez votre voiture verrouillée en tout temps;
- si votre ex-partenaire doit entrer chez vous (quand il vient chercher les enfants, par exemple), assurez-vous qu'il ne pourra pas emporter vos clés ou tout objet important;
- n'hésitez pas à dire à votre entourage (de confiance) que vous avez été victime de violence conjugale. Plus le nombre de personnes au courant sera grand, plus il y aura d'yeux pour vous surveiller;
- «donnez la permission» aux voisins d'appeler la police s'ils entendent des bruits inhabituels ou voient rôder votre ex-conjoint;
- s'il y a une ordonnance restrictive contre votre conjoint, c'est-à-dire s'il n'est pas autorisé à vous approcher, ayez toujours une

photocopie de ce document avec vous : le cas échéant, vous pourrez le montrer aux policiers. De plus, assurez-vous que la direction de l'école de vos enfants et que la police ont une copie de ce document dans leurs dossiers.

EXERCICE : Mon plan de sécurité

Prenez le temps d'établir un plan de sécurité adapté à vos besoins. N'oubliez pas que les suggestions faites précédemment ne sont que quelques idées parmi tant d'autres.

Nous venons de faire un bref survol de la violence conjugale. Comme il s'agit d'un sujet complexe, on aurait pu l'approfondir longuement. Cela dit, les chapitres qui suivent vous aideront à effectuer une démarche personnelle. Les problèmes abordés sont ceux que je constate régulièrement dans l'exercice de ma profession. Ils se rapportent aux questions suivantes, qui correspondent chacune à un chapitre : les émotions, l'amour, les relations amoureuses, les enfants (les enfants en général et celui que vous étiez), le passé sexuel, la sexualité, la solitude, et comment prendre soin de soi. Une fois ces sujets traités, je vous donnerai quelques conseils au cas où vous souhaiteriez consulter une personne spécialisée dans ce domaine.

À LA FENÊTRE DE MON CŒUR

À la fenêtre de mon cœur
Je me suis attardée
Accompagnée dans cette aventure
Vers une découverte d'envergure.

Patiemment j'ai jeté un regard
Sur ce qui me rongeait
Sur ce qui m'empêchait
De prendre un nouveau départ.

La route a été longue
Vers la paix intérieure
Surtout quand le doute ronge
Et revient nous faire peur.

Je me suis dévoilée peu à peu
Pour finalement me connaître mieux
Et entendre cette voix
Qui est là à l'intérieur de moi.

J'ai pris confiance en moi
Ensuite j'ai fait confiance à la vie
Maintenant tout m'est permis
L'amour, la santé et l'espérance d'une meilleure vie.

LOUISE LANDRIAULT

(Reproduit avec autorisation)

Pour poursuivre la démarche

ACTION ONTARIENNE CONTRE LA VIOLENCE FAITE AUX FEMMES. *C'est pas de l'amour, c'est du harcèlement ! Qu'est-ce que je peux faire ?* Ottawa, 2001, 40 p.

Cette brochure traite du harcèlement criminel sous toutes ses facettes. Elle aborde également les questions de la loi et du plan de sécurité. Bref, elle nous donne beaucoup de renseignements utiles.

Pour la commander : Action ontarienne contre la violence faite aux femmes
288, rue Dalhousie, pièce E
Ottawa (Ontario) K1N 7E6
Téléphone : (613) 241-8433
Télécopieur : (613) 241-8435
Courriel : aocvf@francofemmes.org
http://www.francofemmes.org/aocvf

ACTION ONTARIENNE CONTRE LA VIOLENCE FAITE AUX FEMMES. *Vivre dans un environnement plus sûr : Un outil pour aider les femmes à se créer un plan de sécurité,* Ottawa, 1999, 21 p.

Dans cette brochure, vous trouverez toute une série d'idées pour assurer votre sécurité si vous êtes piégée dans une relation abusive ou si vous venez de vous en libérer. Vous pourrez la commander à l'aide des coordonnées données ci-dessus.

BROOKS, TOBY. *Pat Lowther's Continent: Her Life and Work,* Charlottetown, Gynergy Books, 2000, 286 p.

Ce livre est une biographie de Pat Lowther, poète de la Colombie-Britannique qui a été violentée et tuée par son conjoint. Malgré la dureté de son existence, cette femme est parvenue à réaliser ses rêves. Cet ouvrage est un bel hommage à son talent et à son mérite. Le récit est entrecoupé de poésies et de photos.

JAYNE, PAMELA. *Ditch That Jerk: Dealing with Men Who Control and Hurt Women,* Californie, Hunter House Publishers, 2000, 226 p. (Recommandé aussi dans le chapitre sur les relations amoureuses.)

Ce livre, écrit pour les femmes par une intervenante qui coanime des groupes d'intervention destinés aux hommes violents, décrit les différents types d'abuseurs, aide à comprendre la personnalité de ces hommes et traite des possibilités de modifier leur comportement. Il est très utile aux femmes victimes de violence conjugale qui se demandent si elles veulent rester avec leur conjoint ou le quitter. Facile à lire, cet ouvrage est non seulement intéressant, mais aussi très original.

JONES, ANN ET SUSAN SCHECHTER. *Quand l'amour ne va plus : Échapper à l'emprise d'un conjoint manipulateur,* Montréal, Le Jour, 1994, 465 p.

À mon avis, ce livre est le plus complet pour aider les femmes victimes de violence conjugale. Il traite de sujets tels que le comportement de l'abuseur, les effets de la violence sur la victime, la situation des enfants et les ressources possibles. Il offre de très bonnes explications sur la dynamique de la violence et des outils pour aider les femmes à s'en sortir, aussi bien sur le plan émotionnel que sur le plan physique.

LAVALLÉE, GABRIELLE. Rescapée de la secte de Moïse. *L'Alliance de la brebis,* Chicoutimi, Les éditions JCL, 1993, 438 p. (Recommandé aussi dans le chapitre sur l'amour.)

Bien que l'histoire vraie racontée dans ce livre se passe dans un groupe (une secte du Québec), elle nous en dit long sur les caractéristiques de l'abuseur, sur les mécanismes de la violence (escalade de la violence, cycle de la violence, etc.) et sur ses effets sur les femmes (notamment le doute, la culpabilisation, la survalorisation de l'abuseur, le sentiment de ne plus se reconnaître ni se comprendre, la peur et la dépendance graduelle). Certains passages sont très durs en raison de la description de la violence, mais ce livre vaut vraiment la peine d'être lu.

NAZARE-AGA, ISABELLE. *Les manipulateurs sont parmi nous : Qui sont-ils ? Comment s'en protéger ?* Montréal, Les Éditions de l'Homme, 1997, 286 p. Offert aussi sur disque compact.

Cet ouvrage parle des manipulateurs dans toutes les sphères de la vie. Il est très instructif et donne des trucs utiles. Bien que ces derniers ne soient pas toujours applicables dans les situations de violence conjugale, ce livre mérite d'être lu.

VALLÉE, BRIAN. *Une femme en enfer : Le drame des femmes battues,* Paris, Presses de la Cité, 1988, 186 p.

Cette biographie relate la vie difficile de Jane Stafford, une résidente de la Nouvelle-Écosse qui a fini par tuer son conjoint violent parce que le système judiciaire n'avait pas pu la protéger. Certaines choses se sont améliorées depuis l'époque où ce drame a eu lieu, mais jusqu'à quel point ? Cet ouvrage porte à réfléchir sur le rôle de la société dans la dynamique de la violence conjugale.

Weldon, Michele. *J'ai fermé les yeux : Révélations d'une femme battue par son mari ; Reconstruire sa vie après la violence conjugale,* Montréal, Éditions Sciences et Culture, 2001, 281 p.

Journaliste américaine, issue d'une famille unie et respectueuse des autres, Michele Weldon s'est mariée à un avocat ayant grandi dans un milieu similaire. Les caractéristiques générales de ces deux personnes ne correspondent pas à celles observées habituellement chez les abuseurs et leurs victimes. Mais la violence conjugale que cette femme a connue a suivi l'escalade typique de ce genre de violence. Heureusement, avec beaucoup d'aide et de soutien moral, Michele Weldon et ses trois fils sont parvenus à s'en libérer. Ce livre est un message d'espoir. Profond et captivant, il nous prouve ceci : quelle que soit la personnalité de la victime, il lui est toujours difficile de se sortir d'une relation abusive. Il nous démontre aussi qu'en cas de violence conjugale la thérapie de couple comporte de nombreux dangers.

Ouvrages consultés

BANCROFT, LUNDY ET JAY G. SILVERMAN. *The Batterer as Parent: Addressing the Impact of Domestic Violence on Family Dynamics*, Californie, Sage Publications, 2002, 237 p.

BROUÉ, JACQUES ET CLÉMENT GUÈVREMONT. *Quand l'amour fait mal*, Montréal, Éditions Saint-Martin, 1989, 185 p.

DENAULT, MARISE. « Malgré la rupture, la violence persiste… La violence conjugale et le harcèlement criminel », *Reflets*, vol. 5, n° 1, printemps 1999, p. 208-225.

DUTTON, DONALD G. *The Abusive Personality: Violence and control in intimate relationships*, New York, The Guilford Press, 1998, 214 p.

EVANS, PATRICIA. *The Verbally Abusive Relationship: How to recognize it and how to respond*, Massachusetts, Bob Adams, 1992, 179 p.

JAYNE, PAMELA. *Ditch That Jerk: Dealing with Men Who Control and Hurt Women*, Californie, Hunter House Publishers, 2000, 226 p.

JONES, ANN ET SUSAN SCHECHTER. *Quand l'amour ne va plus : Échapper à l'emprise d'un conjoint manipulateur*, Montréal, Le Jour, 1994, 465 p.

LAROUCHE, GINETTE. *Agir contre la violence*, Montréal, Les éditions de la pleine lune, 1987, 549 p.

MINISTÈRE DES SERVICES SOCIAUX ET COMMUNAUTAIRES DE L'ONTARIO. *La violence faite aux femmes : Accroître la sécurité des femmes maltraitées et de leurs enfants*, 2000, 149 p.

NAZARE-AGA, ISABELLE. *Les manipulateurs sont parmi nous : Qui sont-ils ? Comment s'en protéger ?* Montréal, Les Éditions de l'Homme, 1997, 286 p.

NAZARE-AGA, ISABELLE. *Les manipulateurs et l'amour*, Montréal, Les Éditions de l'Homme, 2000, 212 p.

2
Les émotions : colère, peur, culpabilité et honte

Les émotions souffrantes nous contrôlent.
GABRIELLE LAVALLÉE[27]

LA COLÈRE

La socialisation

La colère est probablement l'émotion la moins bien comprise et, surtout, la plus crainte. La socialisation (ce qu'on inculque aux garçons et aux filles relativement aux relations sociales) et l'expérience des gens y sont pour quelque chose. Aujourd'hui encore, malgré une certaine évolution des idées sur l'éducation, on encourage souvent les filles à contenir leur colère. Lorsqu'elles sont exaspérées, on trouve apparemment plus correct qu'elles fondent en larmes. Quant aux garçons, on accepte qu'ils se fâchent, qu'ils expriment librement leur colère même lorsqu'ils ne le font pas de façon acceptable. On dit juste: « C'est un petit gars ! »

De ce fait, on a remarqué que les femmes ont de la difficulté à exprimer sainement leur colère. J'ajouterais que nombre d'entre elles ont même de la difficulté à ressentir cette émotion. Certaines se vantent de n'être jamais en colère ; mais c'est impossible, car l'être humain ne peut échapper à cette émotion, qui a d'ailleurs sur lui des effets très nuisibles s'il la réprime.

Il y a plusieurs raisons pour lesquelles les femmes cherchent à éviter la colère. D'abord, elles ont reçu le message, verbal ou non, que la colère est inacceptable chez la femme, que c'est une émotion masculine. On désigne des femmes (ou des petites filles) en furie et on leur dit: « Voici de quoi a l'air une femme qui se fâche ! » On tourne parfois même la colère des femmes en dérision en lançant des phrases comme: «Que tu es belle lorsque tu es fâchée!» Ou: «Toi, tu dois avoir tes menstruations en ce moment!» Ainsi, on leur enseigne, ou elles l'apprennent à leurs dépens, que les femmes qui expriment leur colère sont rejetées.

De plus, ayant constaté que la colère des hommes peut être destructrice, les femmes l'assimilent à un comportement violent. Comme elles ne veulent pas être violentes, elles répriment leur colère, surtout lorsqu'elles croient que cette colère est incontrôlable.

EXERCICE : Ce qu'est la colère pour moi

Que représente la colère pour vous? Quels messages avez-vous reçus à ce sujet? Ces messages peuvent avoir été énoncés clairement ou transmis par sous-entendus. Comment votre entourage réagissait-il devant sa colère? Et devant celle des autres? Pensez à votre père, à votre mère, à vos frères et sœurs, aux autres membres de votre famille, aux voisins, à vos professeurs…

EXERCICE : Manifestation de colère ou acte de violence ?

Pour chaque énoncé ci-après, indiquez s'il s'agit, à votre avis, d'un acte de violence ou d'une façon saine d'exprimer sa colère.

	Manifestation de colère	**Acte de violence**	**Autre**
1. Briser des objets appartenant à quelqu'un d'autre.			
2. Crier lorsqu'on est seule.			
3. Se faire empêcher de sortir d'une pièce.			
4. Insister pour éviter une relation sexuelle.			

5. Frapper sur le divan lorsqu'on est seule.			
6. Injurier quelqu'un.			
7. Frapper sur le divan en présence d'une autre personne afin de lui faire peur.			
8. Souhaiter (en silence) des malheurs à quelqu'un.			
9. Se faire dire qu'on ne connaît rien lorsqu'on exprime une opinion différente.			
10. Crier : « J'en ai assez ! »			
11. Dire à quelqu'un des choses méchantes, le sourire aux lèvres.			
12. D'un ton sec, répondre non à quelqu'un.			

Colère ou violence ?

Les énoncés 2, 4, 5, 8, 10 et 12 sont des manières acceptables d'exprimer sa colère, alors que les énoncés 1, 3, 6, 7, 9 et 11 sont des actes de violence (psychologique, verbale ou physique) dont le but est d'intimider l'autre.

QU'EST-CE QUE LA COLÈRE ?

La colère n'est pas différente des autres émotions ; elle est naturelle, elle est humaine. De surcroît, elle est d'une grande utilité : elle nous aide à nous protéger. « La capacité de ressentir la colère nous permet de survivre. La colère nous fait savoir que nous sommes blessés affectivement, que nous sommes traités injustement, que nous avons besoin de nous protéger, etc.[28] »

La colère est une alerte. Il est donc important de l'écouter et de ne pas la réprimer.

LES RÉACTIONS PHYSIQUES. Quand nous sommes fâchées, notre corps réagit : il se prépare à fuir à toutes jambes ou à combattre avec vigueur. Il se produit alors des changements sur tous les plans, notamment dans les systèmes respiratoire, circulatoire, musculaire et hormonal. Les fonctions habituelles de l'organisme sont ralenties au profit de celles sollicitées par l'alerte. Grâce à la libération d'adrénaline, nos perceptions sont plus aiguës et tout le corps est prêt à se défendre, à riposter ou à fuir. Si vous marchez dans la rue et que quelqu'un s'approche pour vous agresser, votre colère (et votre peur) sonne l'alerte et votre corps réagit de telle sorte que vous aurez une plus grande force physique que d'habitude pour combattre ou fuir. Sans la colère, vous seriez une victime sans défense…

AUTRES DÉFINITIONS. Les personnes redoutant la colère l'associent souvent à d'autres choses, notamment à la *violence*. Or, la violence est un comportement appris et choisi qui a pour but d'intimider l'autre. Par conséquent, la différence entre colère et violence est de taille : la colère est une *émotion,* c'est-à-dire une sensation affective, alors que la violence est un *comportement,* autrement dit un acte.

La colère est spécifique : elle est déclenchée par une situation précise, un événement particulier, par l'attitude de quelqu'un. Habituellement, elle est assez bien exprimée, puis elle disparaît pour permettre à la blessure de se cicatriser. Cependant, lorsqu'elle est longtemps refoulée, elle finit par engendrer de la *rage*. Comparativement à la colère, la rage est plus généralisée. C'est pourquoi il n'est pas rare d'entendre dire d'une personne qu'elle est enragée contre le monde entier. À la base, on retrouve souvent là du ressentiment.

L'*agressivité* est un peu plus difficile à définir, car les gens ne l'interprètent pas tous de la même façon. Disons que l'agressivité peut être négative ou positive. L'agressivité *négative* est proche de la violence, puisqu'elle se manifeste par une attaque verbale ou même physique. Par contre, l'agressivité *positive* est l'énergie créée par la colère ; elle est liée à l'effet mobilisateur de la colère. Grâce à elle, nous pouvons aussi bien défendre un point de vue avec conviction que travailler avec acharnement pour obtenir ce que nous voulons ou pour réaliser un rêve. Cette agressivité nous est utile sur le plan personnel et ne nuit pas à autrui, puisqu'elle nous permet d'agir conformément à nos valeurs, dans le respect de tous et toutes. Ainsi, nous pouvons utiliser cette énergie pour défendre nos droits sans pour autant malmener ni écraser qui que ce soit. Sans la colère et l'agressivité positive qu'elle génère, la majorité des femmes victimes de violence sexuelle n'auraient pas le courage ni la force nécessaires pour survivre dans notre système légal (qui est un processus difficile pour les victimes).

EXERCICE : Retour à l'exercice précédent

Maintenant que nous avons éclairci la question de la colère, revenez à l'exercice « Manifestation de colère ou acte de violence ? » et repassez vos réponses. Si vous refaisiez cet exercice, certaines réponses seraient-elles différentes ? N'oubliez pas que la violence a toujours pour objectif d'intimider l'autre personne, de la dominer, de la vaincre.

Les déclencheurs de la colère

« [La colère] constitue presque toujours une réaction au sentiment d'être blessé, déçu, exploité, insulté, frustré, trahi ou maltraité [29]. » Cependant, vu que les êtres humains n'ont pas tous la même sensibilité, ils ne ressentent pas tous la colère avec la même intensité selon les circonstances. La sensibilité peut être liée à la personnalité, mais très souvent elle est due à certaines expériences vécues, aux idées et aux attentes du sujet. C'est ce qu'on a remarqué chez les hommes qui usent de la violence dans leur couple.

Les abuseurs ayant des croyances et des attentes irréalistes à l'égard des femmes, ils éprouvent de la colère quand leur conjointe déçoit leurs espoirs. Toutefois, le problème n'est pas leur colère, mais plutôt ce qu'ils en font. Ils choisissent de l'exprimer par la violence afin de remettre leur partenaire « à sa place », là où ils croient qu'elle devrait être. En d'autres termes, ils décident d'agir ainsi pour imposer leur domination.

Lorsqu'une personne éprouve une colère trop faible ou trop forte par rapport à une situation, elle réagit la plupart du temps à un problème qu'elle n'a jamais réglé. Par exemple, si, dans une situation où il serait naturel de ressentir de la colère, une personne reste impassible, c'est souvent parce que, en raison d'expériences passées, elle a acquis une certaine crainte de la colère et a appris à la nier. Si elle ressent au contraire une colère si intense que cela perturbe longtemps sa vie, c'est habituellement parce que cette situation a rouvert une blessure encore vive, des problèmes jamais résolus. En pareil cas, il est en général utile d'entrer en contact avec son enfant intérieur pour panser les vieilles blessures (voir le chapitre « Les enfants en général et celui que j'étais »).

« La colère est un résultat direct de nos pensées à propos de quelque chose. Une personne, une situation ou une chose ne nous met pas en colère. Ce sont nos pensées à propos de cette personne, cette situation ou cette chose qui nous mettent en colère[30]. »

EXERCICE : Les déclencheurs de ma colère

Le but de l'exercice est de mieux vous connaître afin de mieux comprendre et gérer votre colère, que vous soyez une personne qui la refoule ou qui explose. Dressez la liste des situations ou des personnes qui suscitent de la colère en vous, en utilisant l'exemple suivant comme modèle. Soyez aussi précise que possible. « Je n'aime pas les gens qui abusent du pouvoir que leur confère leur statut (déclencheur). Je pense que tous et toutes sont égaux et doivent être traités en conséquence, quel que soit leur statut dans la société (attente). Par conséquent, je préfère me distancier de Michel et Josée (comportement, solution choisie), car, en leur présence, je dois rester aux aguets pour que mes droits soient respectés, et cela m'épuise (raison du choix). »

Deux sources de colère

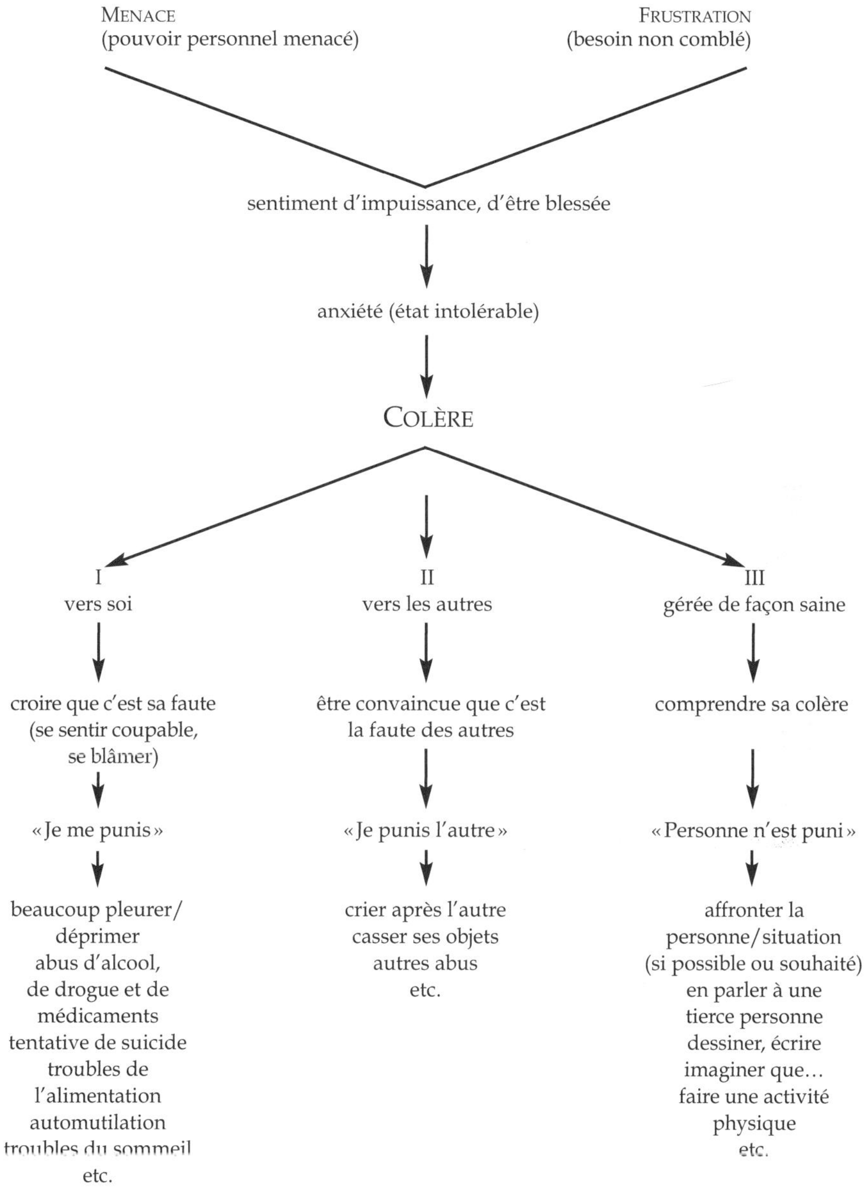

Source : Y.W.C.A. of Metropolitan Toronto, *Discovering Life Skills with Women (volume II)*, 1980, p. 20-21. (Adaptation de Johanne Ouimette, M.Ps.)

Dans l'ensemble, on peut dire qu'il existe deux types de situations susceptibles de déclencher la colère : 1) lorsque nous sentons que notre pouvoir personnel est menacé, c'est-à-dire quand nous perdons la possibilité de mener notre vie comme nous l'entendons ; 2) lorsque nous sentons que quelque chose nous empêche de combler nos besoins. Dans ces situations, nous nous sentons impuissantes et blessées, et ces sentiments engendrent de l'anxiété, puis l'anxiété se transforme en colère. Jusque-là, nous n'avons aucun contrôle sur le processus ; les étapes s'enchaînent naturellement. Mais, dès que la colère surgit, nous pouvons décider — ce qui signifie que nous contrôlons notre colère — de ce que nous allons en faire. Trois possibilités s'offrent à nous.

Premièrement (voir **colonne I** du schéma « Deux sources de colère »), nous retournons notre colère contre nous-mêmes. Nous pensons que ce qui s'est produit est notre faute. Nous nous adressons des reproches et nous nous sentons coupables. Sur le plan du comportement, nous agissons de façon à nous faire du mal, directement ou indirectement. On peut abuser d'une substance (nourriture, drogue, alcool, médicament) jusqu'à sombrer dans la dépendance ; se mutiler (se griffer, se couper, se brûler, tenter de se suicider, mal s'alimenter, se ronger les ongles au sang, etc.) ; priver son corps de ce qui est vital pour lui (nourriture, sommeil) ; se livrer à une activité jusqu'à l'épuisement (exercice, ménage) ; pleurer sans cesse (jusqu'à la dépression) ; refouler ses émotions au point que le corps tombe malade ; être en manque d'énergie de façon régulière ; saboter ses réussites possibles ; etc. Les choix présentés dans la colonne I sont malsains, car, en agissant ainsi, nous nous punissons.

Deuxièmement (voir **colonne II**), nous retournons notre colère contre les autres, parce que nous les croyons responsables de tout. Nous nous arrangeons pour les punir par des paroles et des actes abusifs. Ce choix est tout aussi malsain que le précédent.

Les seuls choix sains sont dans la **colonne III**. Pour bien gérer notre colère, nous devons d'abord chercher à la comprendre. Que se passe-t-il ? Pourquoi sommes-nous fâchées ? Par la suite, nous adoptons un comportement en fonction des réponses à nos questions. La règle est celle-ci : *Tout est acceptable si je ne me fais pas du mal* (colonne I) *et si je ne fais pas intentionnellement du mal à quelqu'un d'autre* (colonne II). J'attire votre attention sur le mot « intentionnellement ». Si je décline une invitation afin d'affirmer mon désir, mon interlocuteur aura peut-être « mal », mais mon intention n'est pas de le faire souffrir. Ce comportement s'apparente donc à ceux décrits dans la colonne III. Par contre, si je décline une invitation pour le simple plaisir de blesser l'autre, il s'agit d'un abus (voir colonne II).

Dans la colonne III, le choix idéal est de faire face à la personne ou à la situation afin de discuter, ou réfléchir, et de s'affirmer pour en arriver à résoudre le problème. Cependant, il est parfois impossible de le faire (si la personne contre qui nous sommes fâchées est morte ou si nous ne savons pas comment la joindre, par exemple), ou dangereux (si nous risquons de perdre notre emploi ou de subir un acte de violence). Parfois aussi, nous pouvons tout simplement décider que la situation ne mérite pas de tels efforts. Dans ces cas-là, toujours en tenant compte de la règle, nous agirons différemment. À ce sujet, je vous renvoie à la section « Exemples de façons saines de gérer la colère », plus loin dans le texte.

À cause de leur socialisation, les femmes ont tendance à opter pour la colonne I ; et les hommes, pour la colonne II. Certes, la grande majorité des hommes et des femmes oscillent entre les trois colonnes, mais leur choix le plus fréquent correspond à une colonne en particulier. Quoi qu'il en soit, nous devrions essayer de choisir le plus souvent possible un comportement présenté dans la colonne III. Voici comment réaliser cet objectif à l'aide de cette méthode.

Lorsque vous ressentez de la colère, faites une pause et demandez-vous dans quelle colonne vous vous trouvez à ce moment-là. Si vous êtes dans la colonne III, pas de problème, continuez sans modifier votre conduite. Par contre, si vous vous situez dans les colonnes I ou II, changez immédiatement de comportement pour un autre schématisé dans la colonne III. Enfin, si vous ne ressentez pas de colère dans une situation où vous estimez qu'il serait naturel d'en éprouver, c'est que vous êtes dans la colonne I, en train de la refouler.

Puisque la majorité des femmes se situent dans la colonne I, quand elles commencent à travailler sur leur colère, elles en prennent plus facilement conscience et, ne sachant que faire de cette émotion, elles peuvent alors se retrouver un peu plus souvent dans la colonne II. Comme le but est d'aller le plus vite possible dans la colonne III, je décris ce processus comme le fait de « se prendre les pieds dans la II en se rendant à la III ». Plus vous travaillerez avec cette méthode des colonnes, plus vous pourrez manœuvrer rapidement. Par expérience, je sais qu'il est utile à un grand nombre de femmes. Par exemple, voici de quelle manière il a aidé l'une d'elles : un jour, nous avons présenté cette méthode à un groupe de femmes victimes de violence conjugale. Lors de la rencontre suivante, une femme nous a expliqué ceci : « J'étais seule chez moi, des pilules dans la main. Je voulais en finir. Puis une question a surgi dans mon esprit : "Quelle colonne ?" C'est comme si je m'étais tout à coup réveillée et j'ai compris ce que j'étais en train de faire. La réponse m'est venue tout aussi vite : "La première !" Je me suis levée, j'ai tout jeté dans les toilettes et je suis sortie marcher. » Je n'oublierai jamais ce moment…

Cet exemple illustre un passage de la colonne I à la colonne III. En voici un autre qui montre comment passer de la colonne II à la colonne III. Vous êtes fâchée contre vos enfants. Tout va mal et vous leur criez des bêtises. Arrêtez-vous ! Quelle colonne ? La II. Comment passer à la III ? Allez dans la salle de bains, respirez profondément et, en plus, si vous le voulez, tordez une serviette de toutes vos forces afin de vous calmer. Une fois apaisée, dites-vous que ce ne sont que des enfants et qu'ils n'agissent pas ainsi pour vous irriter, puis sortez affronter la situation. Si vos enfants sont trop jeunes pour que vous les laissiez seuls quelques minutes, mettez-vous simplement un peu à l'écart, à l'autre bout de la pièce et créez une bulle imaginaire autour de vous en bloquant votre vue et les sons. Lorsque vous aurez rétabli le calme, demandez-vous si votre colère si vive ne serait pas plutôt causée par une autre situation non résolue. Il n'est pas rare de voir des femmes fâchées contre leur conjoint diriger cette colère contre leurs enfants, et ce, sans mauvaise intention.

EXERCICE : Moi face aux trois colonnes

Examinez le tableau des deux sources de colère. Dans quelle colonne vous retrouvez-vous le plus souvent ? Pourquoi ? Comment ce tableau peut-il vous aider ? Retournez à votre liste de déclencheurs. Comment pourriez-vous faire pour vous retrouver dans la colonne III le plus souvent possible ? N'oubliez pas ceci : la perfection n'est pas de ce monde ; personne n'est en permanence dans la colonne III.

La dépression (colonne I)

De façon générale, la **dépression** est un sentiment d'impuissance extrême qui a sa source dans la colère refoulée. Les gens dépressifs semblent penser que rien ne changera leur situation, quoi qu'ils fassent. L'épuisement les guette, car refouler la colère gruge beaucoup d'énergie. Naturellement, il faudrait vivre cette colère pour s'en débarrasser. La refouler, c'est comme essayer de descendre les escaliers à toute vitesse sans renverser une goutte du verre plein d'eau que vous tenez à la main...

Il est important de distinguer la dépression de la **déprime**. Tout le monde peut avoir un petit coup de déprime. Parfois, ces périodes nous permettent de nous arrêter un moment pour réfléchir et prendre un nouveau départ. Les gens confondent aussi la dépression et le **deuil**. Lorsqu'on perd un être cher, on éprouve un sentiment d'impuissance, voire de la colère (et de la peine). Pour arriver à faire le deuil d'un proche (ou d'un animal favori, d'une situation ou d'une chose), on doit passer par ces étapes. L'éviter ne fait que retarder le deuil. Or, il est important de le faire pour tourner la page pour de bon.

De nos jours existe une petite pilule pour toute situation difficile. Il y a donc de nombreuses possibilités d'abus. En ce qui a trait à la dépression, cet état est parfois causé par un déséquilibre chimique et, à court terme, un médicament peut aider la personne à reprendre un rythme de vie plus satisfaisant. Cependant, même si la chimie est rétablie, les difficultés demeurent. Si vous n'apprenez pas à vous familiariser avec vos émotions, notamment la colère, vous retomberez en dépression une fois la médication terminée. «Les médicaments changent votre biochimie mais ne résolvent pas vos problèmes[31].» Et puis, à long terme, ces médicaments ont d'importants effets secondaires physiques et psychologiques. L'idéal est de ne pas retarder votre démarche afin de vous rétablir rapidement, tout en respectant votre rythme, bien sûr.

Des exemples de façons saines de gérer la colère (colonne III)

Je vous rappelle la règle pour gérer positivement la colère: *Tout est acceptable si je ne me fais pas du mal* (colonne I) *et si je ne fais pas intentionnellement du mal à quelqu'un d'autre* (colonne II). Je vais vous suggérer des idées et voyez ce qui fonctionne POUR VOUS. Avoir une variété de moyens vous permet de vous adapter à toutes les situations. Par exemple, lorsque vous êtes seule, vous pouvez crier, mais au sein d'un groupe vous devriez utiliser un autre moyen! Puisque l'intensité de la colère varie selon les jours, le moyen de la gérer doit s'y adapter. Si vous souhaitez vous débarrasser d'une colère accumulée au fil des ans, vous aurez besoin de méthodes beaucoup plus puissantes. Par la suite, des méthodes plus douces seront suffisantes pour gérer la colère régulière. L'important est que vous soyez à l'aise avec vos choix.

— Affronter la personne ou la situation. Il s'agit de faire face et de s'exprimer franchement. Cependant, puisqu'il est irréaliste de faire cela chaque fois qu'on ressent de la colère, on peut choisir un autre moyen. Il s'agit d'utiliser cette méthode quand la situation est très importante pour vous.

— Vous confier à une personne digne de confiance. Cela peut vous permettre de vous défouler, de voir la situation d'un autre œil et peut-être même de lui trouver une solution.

— Vous procurer un crayon et du papier pour dessiner votre colère ou écrire la situation. L'énergie requise pour barbouiller un papier peut vous soulager. Décrivez votre colère, la personne ou la situation qui vous irrite, même sommairement et sans règles. Ensuite, détruisez ce papier. Vous pouvez rédiger une lettre QUE VOUS N'ENVERREZ PAS à la personne envers qui vous êtes en colère. Parlez-lui sans retenue de vos émotions, de vos expériences et de votre vie. Si vous choisissez d'écrire une telle lettre, assurez-vous de la terminer. Vous arrêter en cours de route pourrait favoriser l'expression de cette colère à tout moment de votre journée. Il est important que vous maîtrisiez le processus : vous choisissez quand commencer et vous saurez quand vous arrêter. Certaines femmes aiment tenir un journal qui leur permet de se défouler au besoin et d'éclaircir certaines situations.

— Créer. L'art peut vous aider à exprimer votre colère : la peinture, la sculpture, la poterie, etc.

— Recourir à l'imaginaire et au symbolique. Imaginer les « tortures » qu'on voudrait infliger à quelqu'un ne fait de mal à personne. Il ne s'agit évidemment pas de passer aux actes ! Jane Middelton-Moz[32] propose d'écrire les mots-clés d'une situation ou le nom de la personne en question sur la semelle de vos souliers pour vous permettre de « marcher dessus » toute la journée…

— Rire. L'humour aide à tout dédramatiser, à prendre du recul et à se libérer de l'émotion. Parfois, la relaxation créée par l'humour nous fait entrevoir des solutions. L'humour aide aussi à ne pas trop se prendre au sérieux. Si vous songez à un nom irrespectueux pour une personne, vous pouvez l'imaginer ainsi. Par exemple, vous pouvez la voir assise devant son ordinateur avec une « tête de cochon » !

— Crier. Lorsque vous êtes seule (ou avec quelqu'un qui vous soutient), vous pouvez crier à pleins poumons. Vous pouvez aussi gueuler des paroles. Cela peut être très libérateur pour une femme qui a l'habitude du silence. Ginette Larouche, chercheur en violence conjugale, dit : « Le cri est un geste qui va en l'encontre de la passivité. Crier peut l'aider [la femme violentée] à abandonner son attitude de repli sur soi et à briser, par le fait même, son silence[33]. »

Si vous êtes au volant d'une auto, garez-vous avant de crier. Chez vous, vous pouvez crier dans un oreiller pour assourdir le son. Vous pouvez aussi vous fabriquer une « boîte à crier » avec un carton rempli de papier journal. Découpez dans la boîte une ouverture de la grosseur d'un verre de plastique auquel vous aurez enlevé le fond. En insérant le verre dans cette ouverture, vous avez une espèce de cornet dans lequel vous pouvez crier. Le papier journal assourdira vos cris. Décorez votre boîte à votre goût. Si vous préférez grogner, vous pouvez imiter une lionne…

– Pratiquer une activité physique. Toute activité physique permet de libérer les émotions par l'énergie qu'elle nécessite. En y ajoutant votre imaginaire, cette méthode peut être très efficace. Par exemple, au tennis, vous pouvez donner un nom à la balle ou vous la représenter comme la situation qui vous embête. Vous avez sûrement remarqué qu'une simple promenade, quand on est fâché, se transforme en une marche rapide. Certaines tâches ménagères ou d'entretien extérieur entrent aussi dans cette catégorie. En plus de vous aider à vous défouler, l'activité physique est bonne pour la santé mentale et physique ; mais ne faites pas d'excès, car vous vous retrouveriez dans la colonne I.

– Créer un rituel, c'est-à-dire une série d'étapes à franchir avant d'atteindre le but. Par exemple, écrivez une lettre à votre père décédé qui vous a fait subir l'inceste. La lettre en main, rendez-vous à sa tombe. Dites-lui quelques paroles libératrices pour vous, puis mettez le feu à la lettre en répétant : « C'est fini, c'est fini. »

– Recourir à la musique, à la danse et au chant. La danse est une activité physique. La musique qui l'accompagne doit aider à libérer la colère et devrait donc être énergique plutôt que romantique. Chanter les mots ajoute à l'expérience.

– Appliquer la restructuration cognitive. Il s'agit de changer les pensées et les mots afin de dédramatiser la situation. Sachez si vous pensez en termes de « toujours » et « jamais ». Il est peu probable que cette situation ou cette personne soit toujours… ou jamais… L'idée n'est pas de minimiser votre colère, mais plutôt de voir la personne ou la situation comme elle est vraiment, sans rien exagérer ni rien minimiser.

— Se relaxer et méditer. Ces moyens ne doivent pas non plus être utilisés pour refouler la colère, mais plutôt pour la libérer. De profondes respirations abdominales peuvent vous permettre d'y parvenir. Vous pouvez prononcer quelques paroles, comme : « Relaxe. » Ou : « Calme-toi. »

— Malmener des objets. Vous pouvez tordre, frapper ou lancer tout objet qui ne se brisera pas ou qui ne vous fera pas de mal. (Souvenez-vous de la règle de la colonne III.) Seule, vous pouvez frapper le divan ou votre lit, à main nue ou à l'aide d'un oreiller ou d'un coussin. Vous pouvez tordre une serviette, déchirer de vieilles revues, des catalogues ou des journaux avant de les mettre au recyclage. Écrasez des cannettes vides. J'ai connu une femme qui s'était acheté un oreiller bon marché. Elle le gardait dans le placard et le sortait au besoin pour se défouler. Ces moyens sont surtout utiles pour la colère intense et accumulée.

— Pour d'autres méthodes, par exemple créer un lien avec la nature, voir le chapitre « Prendre soin de soi ».

Si votre colère est très problématique, une personne spécialisée peut vous aider à entreprendre une démarche productive et sécurisante.

Le volcan

Lorsque vous entreprenez une démarche pour liquider la colère accumulée depuis longtemps, son intensité risque d'être accrue. C'est pourquoi je vous conseille de progresser à votre rythme et de vous réserver des moments durant lesquels vous ne serez pas dérangée. La démarche ressemble à une cocotte-minute : vous laissez échapper de la vapeur par intermittence, graduellement. Tout ne sortira probablement pas d'un seul coup et c'est mieux ainsi. Si vous avez peur de votre colère qui bouillonne en vous depuis un certain temps, cette méthode vous permet de contrôler votre démarche à votre guise. À la fin de chaque séance, assurez-vous d'être redevenue calme avant de passer à autre chose. On veut éviter la colonne II…

Pleurer est un geste mal utilisé par beaucoup de femmes. Premièrement, pleurer libère la peine, et non pas la colère. Deuxièmement, cette colère refoulée peut causer une dépression. Si vous êtes fâchée, faites quelque chose pour gérer cette colère (colonne III). Vous verrez que, quand la colère sera libérée et que vous serez devenue plus calme, vous aurez parfois envie de pleurer. C'est l'effet du volcan.

Le volcan

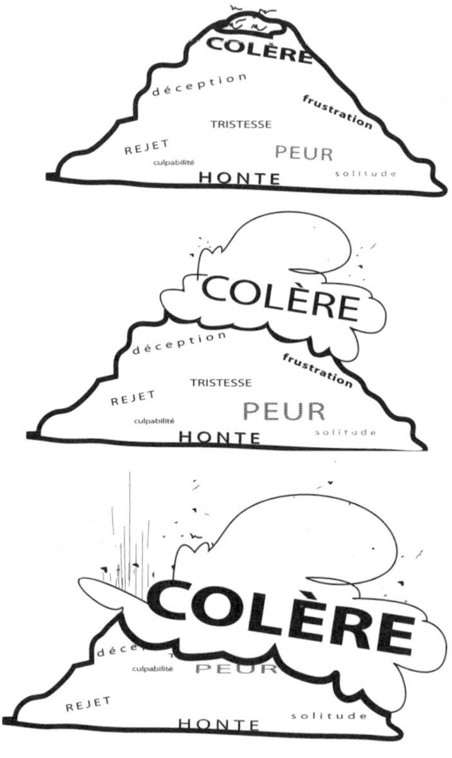

Adaptation d'une illustration dont l'auteur est inconnu.

Observez l'illustration ci-dessus. Vous remarquerez que la colère est l'émotion qui occupe le plus d'espace. Elle recouvre même les autres émotions. Une fois que vous aurez relâché une bonne partie de votre colère refoulée, vous aurez accès aux autres émotions (tristesse, déception, honte, etc.). Ces émotions peuvent être libérées par les pleurs, comme lors d'un deuil. L'effet du volcan explique aussi pourquoi la colère devrait être la première émotion abordée dans toute démarche personnelle. Elle ouvre la voie.

EXERCICE : Mon coffre d'outils pour la colère

Divisez une feuille en deux. À gauche, écrivez « Seule » ; et à droite, « En présence de gens ». Faites la liste des choses que vous pourriez faire pour transiger avec votre colère dans ces deux contextes. N'inscrivez que des moyens qui fonctionnent POUR VOUS.

LA PEUR

Qu'est-ce que la peur ?

La peur, « c'est un signal de survie qui ne résonne qu'en présence du danger[34] », et cette peur est « toujours liée à la douleur ou à la mort[35] ». C'est comme une petite voix qui nous dit de prendre garde. Sans qu'on s'en rende compte, notre corps est en contact constant avec ce qui nous entoure. Il est attentif à tout et cela constitue notre intuition. C'est comme un ordinateur qui accumule toutes sortes de données. Lorsqu'une menace se présente, cette intuition sonne l'alarme et la peur apparaît. Autrement dit, la peur est un signal qui nous dit que notre intuition a senti le danger. Une fois que nous en prenons conscience, cette peur disparaît afin de nous laisser agir en conséquence, selon la situation. La peur est donc temporaire. C'est comme un panneau de signalisation : avant une courbe abrupte, on nous signale de ralentir, d'être plus alerte et d'avancer prudemment.

Trop souvent, le mot « peur » est mal utilisé. On le confond avec d'autres concepts.

« Le signal intuitif le plus puissant et le plus pressant est la peur : en conséquence, il faut toujours en tenir compte. Un degré en dessous, et c'est l'appréhension, puis l'hésitation, le doute, le mauvais *feeling*, le soupçon, et enfin la curiosité[36]. »

Parfois, on prend aussi la peur pour de l'**inquiétude**. On peut craindre qu'il n'y ait pas assez d'argent pour payer les comptes, mais cela est une possibilité, et non pas un risque. S'inquiéter n'apporte pas plus d'argent, mais peut ruiner le sommeil et la santé, donc nous empêcher d'agir pour trouver de l'argent ou modifier son train de vie. Contrairement à la peur, l'inquiétude est un choix qui dépend des possibilités qui, elles, sont dans notre esprit, alors que la peur relève de ce qui se passe autour de nous. Inquiétude : je pourrais être agressée dans le stationnement (alors que, en réalité, il n'y a personne). Peur : je suis dans le stationnement et l'homme qui me suit décide de s'approcher. Attention !

Si on utilise constamment le mot « peur », on est toujours sur le qui-vive, de telle sorte qu'on ne sait plus reconnaître la vraie peur. Cela peut entraîner de graves conséquences.

Vivre dans ce qu'on perçoit comme de la peur, c'est paralysant. Paralysée par la peur, on est impuissante, on n'agit plus. On devient soumise, victime de ce que la vie nous réserve. Pourtant, la peur, quand on sait l'écouter, est un gage de survie. Le panneau de signalisation nous dit d'être prudente, et non pas de faire demi-tour pour rentrer chez nous !

RISQUER

Exposer ses idées, ses rêves,
c'est risquer d'être contredite, ridiculisée.

Oser, c'est risquer un échec.

Espérer, c'est risquer d'être déçue.

Exprimer ses sentiments,
c'est risquer de ne pas être prise au sérieux,
de ne pas être écoutée.

S'ouvrir, c'est risquer de dévoiler
qui je suis vraiment.

Pleurer, c'est risquer de paraître sentimentale.
Exprimer sa colère, c'est risquer le rejet.

Entrer en contact avec quelqu'un,
c'est risquer de s'attacher.

Aimer, c'est risquer de ne pas être aimée en retour,
et l'amour est le plus grand de tous les risques.

Car vivre pleinement,
c'est risquer la tristesse
face à un départ
face au grand départ.

Mais il est essentiel de risquer,
car le plus grand échec d'une vie
est de n'avoir rien risqué.

La personne qui ne risque rien
ne réalise rien,
ne se réalise pas.

Elle peut s'éviter peine et souffrance,
mais elle ne peut apprendre à grandir,
vibrer, aimer, vivre.

Son attitude est une prison
qui l'empêche de goûter vraiment à la vie.

Car seule une personne qui risque
est libre.

AUTEUR INCONNUE

Certaines personnes prétendent ne jamais ressentir la peur. En réalité, elles la minimisent et la nient, puisque tous les êtres humains ont parfois peur. Ne pas porter attention à notre peur, « c'est comme si on s'éveillait dans une maison pleine de fumée, qu'on ouvrait la fenêtre pour aérer et qu'on allait se recoucher[37] ».

EXERCICE : La peur dans ma vie

Prenez le temps de réfléchir (ou d'écrire) sur la place que la peur occupe dans votre vie. Est-ce vraiment de la peur ? Sinon, quel est le mot exact qui décrirait ce que vous ressentez ? Par rapport à quoi ? Dans quelles circonstances ? Et cette émotion vous a-t-elle déjà été utile ? Où, quand, comment... ? D'où vous vient votre façon de réagir à la peur ?

La dépendance à la peur

Quand on est régulièrement en état d'alerte, on dit qu'on « fonctionne sur l'adrénaline » (cette substance que notre corps produit pour nous permettre de dépasser nos limites habituelles). C'est le cas lorsqu'on vit avec une personne qui abuse de la drogue ou de l'alcool, ou avec une personne violente. Cet état d'alerte est souvent associé à la peur. Certaines personnes s'habituent tellement à cet état que par la suite elles auront du mal à vivre dans un environnement calme et serein. C'est comme si elles devenaient dépendantes de la peur. Pour se sortir de cette situation, il faut d'abord identifier le problème, ensuite il s'agit de se créer des « peurs positives », comme faire un tour de manège au parc d'attractions, sauter en parachute, voir des films d'horreur. Cette prise de conscience peut vous éviter de vous retrouver dans une autre situation de « stress négatif ».

La peur et l'enfant intérieur

Si vous êtes anxieuse et que vous croyez ressentir souvent la peur, assurez-vous que ce n'est pas votre enfant intérieure qui essaie de vous parler. Le fait de porter attention à ce qui vous arrive vous permettra de nommer les choses par leur nom et de mieux les comprendre. Par la suite, du travail en matière d'émotions vous aidera à vous en sortir (voir le chapitre « Les enfants en général et celui que j'étais »).

Se faire confiance

Pour calmer sa peur, il est important de se faire confiance en écoutant son intuition. Si vous y arrivez, vous pourrez mieux reconnaître la « vraie » peur lorsqu'elle vous avertira d'un danger, et votre vie en sera plus agréable. De plus, si vous avez peur de vous faire attaquer, par exemple, suivez des cours d'arts martiaux ou d'autodéfense et apprenez à reconnaître les signes avant-coureurs d'une agression. Si vous vivez avec un homme qui vous maltraite, ayez un bon plan de sécurité pour vous et, si tel est le cas, pour vos enfants. De plus, si vous avez quitté cet homme, faites en sorte de vous sentir en sécurité dans votre demeure, comme par exemple en mettant de bons verrous aux portes et aux fenêtres. Ensuite, faites-vous confiance. Si la peur vient vous avertir d'un danger, vous saurez comment réagir.

EXERCICE : Me faire confiance en cas d'urgence

Qu'avez-vous besoin de faire pour vous sentir en sécurité dans votre vie ? Considérez vos peurs physiques (par exemple : la crainte que quelqu'un entre chez vous) et émotives (peur de la solitude). Élaborez un plan d'action qui vous permettra de développer une plus grande confiance en vous-même. Il est important que cette confiance relève de vous. Par exemple, ne décidez pas d'aller habiter avec un homme pour vous sentir en sécurité.

Me libérer de la peur

Gavin De Becker[38], spécialiste de la prévention de la violence, suggère la démarche suivante : « Pour se libérer de la peur tout en continuant de recevoir ce qu'elle peut nous offrir, voici les trois buts auxquels il faut aspirer. Lorsque vous ressentez de la peur, écoutez-la. Lorsque vous ne ressentez pas de la peur, n'en fabriquez pas. Si vous vous retrouvez en train de fabriquer de l'inquiétude, demandez-vous pourquoi. »

LA CULPABILITÉ

La culpabilité est l'émotion la plus répandue chez les femmes. Elle est nécessaire pour que les gens puissent vivre en société, mais il faut faire la différence entre la culpabilité saine et la culpabilité nuisible. La culpabilité, c'est la petite voix intérieure qui nous dit que nous avons transgressé une règle ; elle rend les gens plus responsables de leurs décisions et de leurs actes. Sous cette forme, la culpabilité ne dure pas longtemps et nous permet d'apprendre de nos erreurs. « J'aurais aimé ne pas avoir fait cette erreur, mais je vais essayer de me corriger et de ne pas la refaire[39]. »

La culpabilité malsaine ou nuisible est celle qui relève plus de la personne que de son comportement. Elle dure plus longtemps et finit par susciter la honte. « Je n'aurais pas dû commettre cette erreur, mais parce que je l'ai faite je devrais me condamner et me damner[40]. » C'est cette forme de culpabilité que nous allons examiner.

D'abord, il faut savoir que nous vivons dans une société culpabilisante. Plusieurs institutions, l'école, l'Église, la famille, le travail, parfois même le couple, cherchent à contrôler les gens en les accablant d'une culpabilité malsaine. Certaines personnes, comme un conjoint violent, utilisent le même stratagème.

« Les personnes infantilisantes ne donnent jamais la parole, n'invitent jamais l'autre à s'exprimer, ne donnent pas d'informations, ne tiennent compte d'aucun avis extérieur, ne délèguent pas, n'écoutent pas, n'entendent pas, ne donnent pas de réponses. Les personnes qui ne reconnaissent jamais l'autre dans ses réussites, ses erreurs, ses doutes, sa différence sont infantilisantes[41]. »

Les personnes qui traitent les adultes en enfants sont culpabilisantes. Mais, pour arriver à leurs fins, ces personnes doivent nous dominer. Parfois, nous attribuons ce pouvoir à l'autre, par exemple quand nous sommes sous l'emprise de la peur. Parfois, la culpabilité permet à tort de croire que nous pouvons maîtriser une situation.

« Lorsque survient un événement qui nous éprouve émotivement, pour ne pas souffrir et pour avoir la situation bien en main, nous en assumons la faute. Ce mécanisme déclenche un sentiment de culpabilité chez les femmes qui aiment trop. En nous accrochant à l'espoir de trouver ce qui ne va pas, afin d'y apporter les corrections nécessaires, nous contrôlons la situation et évitons de souffrir[42]. »

De plus, une femme victime de violence croira moins souffrir en se blâmant plutôt qu'en s'avouant que la personne aimée la traite mal. Plus on se sent coupable et on s'abaisse, plus les autres peuvent faire de même. D'où le cercle vicieux de la honte qui n'en finit plus. Il est important de comprendre que, tant que nous nous sentirons coupables, nous ne pourrons pas vraiment passer à l'action. Souvenez-vous que nous ne pouvons pas changer l'autre, mais nous pouvons nous changer nous-mêmes.

EXERCICE : Quelle place occupe la culpabilité dans ma vie ?[43]

Écrivez et complétez, autant de fois que vous le voulez, les trois phrases suivantes :

« Je me sens coupable à propos de… »

« Je me sens coupable parce que… »

« Je me sens coupable lorsque… »

Pour s'en libérer

Pour se libérer de la culpabilité nuisible, il suffit de passer à la responsabilisation. La seule utilité de la culpabilité est de nous prévenir que nous avons enfreint nos principes et nos valeurs. Une personne qui ne ressent jamais de culpabilité est une personne souvent dangereuse, qui exploite les autres. Ce n'est pas notre but !

Comme dans toute chose, l'équilibre est la clé. Je vous propose la démarche suivante qui compte cinq étapes.

1. Faire l'inventaire de vos peurs

EXERCICE : J'ai peur de quoi ?

La culpabilité cache souvent des peurs. Dressez la liste de celles que vous éprouvez, par exemple la peur de l'autorité, la peur de ne pas agir comme il le faut, etc. Parfois, ces peurs prennent la forme d'interdits. Dans ce cas, la phrase commence souvent par : « Il ne faut pas… » Il ne faut pas que l'autre pense ceci, il ne faut pas que je fasse une seule erreur, etc. Vous pouvez mettre votre liste de côté et y retourner chaque fois qu'une nouvelle idée mérite d'y être ajoutée.

2. L'estime de soi

Pour se libérer de la culpabilité, travailler sur son estime de soi-même est utile. Prendre soin de soi l'est tout autant (voir le chapitre 9). Plus on pense qu'on est une personne valable et qu'on mérite de bien se traiter, moins on s'acharne sur soi pour se punir de ses erreurs.

3. Remontez dans le temps au besoin

Au moment d'agir, on croit faire pour le mieux, selon ce qu'on sait **à ce moment-là**. Plus tard, on peut constater que la décision prise n'était pas la meilleure. Or, rien ne sert de s'en affliger : on a cru bien agir. Alors lorsque vous repensez à une décision prise dans le passé, assurez-vous de ne pas oublier tout le contexte qui s'y rattache.

4. Le changement de rôle

Si vous étiez avec votre meilleure amie et qu'elle vous parlait de votre erreur comme si c'était la sienne, que lui diriez-vous ? Si ces (bonnes) paroles sont utiles pour elle, pourquoi ne le seraient-elles pas pour vous ?

5. Pardonnez-vous

EXERCICE : Je me pardonne[44]

Écrivez aussi souvent que nécessaire : « Je me pardonne d'avoir… parce que… » Ensuite, relisez ces phrases plusieurs fois par jour jusqu'à ce qu'elles perdent leur charge émotive.

Me blâmer/Reconnaître mes erreurs

Me blâmer :	**Reconnaître mes erreurs :**
c'est une chose	c'en est une autre
est inutile	est utile
me déprime et bloque mon énergie pour m'améliorer	permet de m'améliorer
c'est regarder vers le passé	c'est regarder vers le futur
c'est le remords	c'est un sain regret
c'est être à l'écoute de ma « programmation »	c'est être attentive à ma « boussole » intérieure
c'est me dire que « j'aurais dû… »	c'est me dire que j'ai fait de mon mieux selon ce que je savais
c'est me dire que la prochaine fois, il faudra que…	c'est me dire que la prochaine fois, je veux que…
c'est faire l'équation entre mon comportement et ma personne	c'est faire la différence entre mon comportement et ma personne
c'est croire que je ne vaux rien	c'est continuer à croire que je vaux quelque chose
c'est m'abuser	c'est me respecter dans mes faiblesses
incite les autres à abuser de moi	amène les autres à me respecter
c'est me mettre à genoux	c'est me tenir debout
fait de moi une victime	me redonne mon pouvoir
me rend vulnérable aux manipulations des autres	m'aide à résister aux manipulations des autres
me rend désagréable et agressive	me rend compréhensive
me rend impitoyable envers les erreurs des autres	m'aide à donner aux autres le droit à l'erreur
c'est remarquer toutes les erreurs des autres	c'est remarquer les réussites des autres

apprend aux enfants à se dévaloriser	apprend aux enfants à reconnaître leurs erreurs
c'est l'épuisement	c'est la relaxation
c'est la tempête	c'est le calme
me rend toxique	me rend nourrissante
c'est me replier sur moi-même	c'est m'ouvrir aux autres
c'est fermer la porte	c'est ouvrir la fenêtre
éloigne les autres	attire les autres
c'est stagner	c'est grandir
c'est me détruire	c'est renaître
c'est mourir lentement	c'est s'ouvrir à la vie
c'est dessécher	c'est fleurir
c'est de l'orgueil	c'est être guidée par la vérité
c'est me traiter comme m'aurait traitée un parent culpabilisant	c'est me traiter comme m'aurait traitée un parent nourrissant
c'est entrer en guerre avec moi-même	c'est être en paix avec moi-même
c'est me détester	c'est m'aimer
m'apprend à condamner les autres	m'apprend à aimer les autres
c'est la noirceur	c'est la lumière

Et si je découvre que j'ai fait jusqu'ici l'erreur de me blâmer… de grâce, ne pas me blâmer pour cette erreur!

Françoise Breault[45]

(Reproduit avec autorisation)

Pour certaines personnes, surtout les femmes, la culpabilité et la honte ont tendance à se produire au même moment, car l'erreur est la preuve de leur valeur limitée comme être humain. Puisque la culpabilité est moins taboue que la honte dans notre société, ces femmes se concentrent alors sur leur culpabilité, laissant la honte les dévaster en silence.

Tableau comparatif de la culpabilité et de la honte[46]

	Culpabilité	Honte
Est en lien avec…	faire	être
Lorsque je ressens…	je sens que j'ai fait une erreur	je sens que je suis une erreur
Sentiment de…	regret	remords
Menace…	de punition	d'abandon
Pour réparer…	s'excuser et réparer les dommages	on ne peut rien faire pour apaiser la douleur
Encourage à…	avouer la faute	cacher, dissimuler
Remède…	pardonner	la réponse qui aide à guérir est l'acceptation de la personne, en dépit de ses faiblesses, erreurs et échecs

LA HONTE

La honte amène les gens à croire qu'ils ne valent rien, quoi qu'ils fassent. Cette honte vient souvent des relations de l'enfance. Chez les femmes, la honte est double, car, par surcroît, notre société y contribue. Une femme qui a du pouvoir est mal vue, mais une femme qui n'en a pas l'est tout autant. La société blâme encore souvent les victimes au lieu de tenir les agresseurs responsables de leurs actes, ce qui est défavorable aux femmes. Par exemple, la mode révèle beaucoup le corps des femmes, mais, si une femme est agressée sexuellement, on lui dira qu'elle a provoqué par son habillement.

Je me voyais toute petite
Mais pas encore assez à mon goût
Car j'aurais voulu disparaître
Entrer dans le plancher.
Je ne voyais pas de sortie
Un grand tourbillon m'entraînait.

LOUISE LANDRIAULT

(Reproduit avec autorisation)

La honte existe sous différentes formes. Le sentiment d'être inadéquate, se sentir inférieure, embarrassée, désappointée, blessée ou confuse. C'est aussi la gêne, la conscience exagérée de soi, la peur d'échouer, le perfectionnisme, l'arrogance, la modestie excessive, l'envie... Et la honte engendre la honte.

Pourquoi bois-tu ? lui demanda le petit prince.
Pour oublier, répondit le buveur.
Pour oublier quoi ? s'enquit le petit prince qui déjà le plaignait.
Pour oublier que j'ai honte, avoua le buveur en baissant la tête.
Honte de quoi ? s'informa le petit prince
qui désirait le secourir.
Honte de boire ! acheva le buveur
qui s'enferma définitivement dans le silence[47].

Selon Christine Evans Brautigam psychothérapeute et auteur[48], les femmes enclines à la honte :

- se sentent brisées, bonnes à rien ;
- n'ont pas l'espoir de se rétablir ;
- se critiquent constamment ;
- cachent leur vraie identité, jusqu'à ne plus savoir ce qu'elles ressentent, aiment, veulent ou ont besoin ;
- montrent une façade au monde extérieur et ont peur que quelqu'un les découvre ;
- n'aiment pas leur corps ;
- se sentent victimes des circonstances de leur vie ;
- ont le besoin constant de contrôler ;
- ont des relations interpersonnelles difficiles et se blâment pour ce fait.

EXERCICE :
Quelle place occupe la honte dans ma vie[49] ?

	Habituellement	Souvent	Parfois	Rarement	Jamais
Je me sens brisée, bonne à rien.	4	3	2	1	0
Je n'ai aucun sentiment d'appartenance.	4	3	2	1	0
Je suis déprimée, anxieuse.	4	3	2	1	0
J'ai une petite voix intérieure très forte, qui critique tout.	4	3	2	1	0
Je me dis souvent qu'il aurait fallu que…	4	3	2	1	0
Ma peur de l'échec m'empêche de trouver un emploi satisfaisant, d'aller à l'école ou de me faire des amis.	4	3	2	1	0
J'ai de la difficulté à savourer mes succès.	4	3	2	1	0
J'ai peur de dire ce que je pense.	4	3	2	1	0
J'étouffe mes émotions.	4	3	2	1	0
J'ignore mes besoins.	4	3	2	1	0
Je nie ce que je veux.	4	3	2	1	0
Je retarde mes rêves.	4	3	2	1	0
Je ne pense pas par moi-même.	4	3	2	1	0
Je me sens fausse et j'ai peur que les gens le découvrent.	4	3	2	1	0
J'ai de la difficulté à être moi-même.	4	3	2	1	0
Je déteste commettre une erreur.	4	3	2	1	0
Je n'aime pas mon corps.	4	3	2	1	0
Je ne suis pas à l'aise avec ma sexualité.	4	3	2	1	0
Je me sens victime.	4	3	2	1	0
Je crois les autres responsables de mon bonheur.	4	3	2	1	0
J'ai besoin de « réparer » les autres.	4	3	2	1	0
Je suis gênée, embarrassée, très consciente de ma personne.	4	3	2	1	0
J'essaie de faire les choses à la perfection.	4	3	2	1	0
J'ai du mal à nouer et à entretenir une relation amoureuse.	4	3	2	1	0
J'ai peur de m'approcher des gens.	4	3	2	1	0

Faites le compte. Si vous avez moins de 20 points, vous auriez avantage à développer plus d'humilité ou de honte saine. De 20 à 40 points, vous parvenez à ne pas vous attribuer plus de honte qu'il ne le faut. Bravo ! Si votre score est de 40 points ou plus, vous êtes accablée d'une honte injustifiée. Vous devriez entreprendre une démarche pour vous en libérer. Comment ?

Pour s'en libérer

Christine Evans Brautigam[50] nous propose une démarche en onze points :

- Nommez la honte.
- Sachez d'où elle vient.
- Examinez votre passé pour comprendre comment il influence votre présent.
- Ressentez la honte qui se cache au fond de vous.
- Reprenez contact avec votre petite fille intérieure.
- Soyez compréhensive envers vous-même.
- Prenez soin de vous.
- Évaluez le coût de vos moyens de survie développés dans le passé. Vous sont-ils encore utiles ? Avez-vous encore besoin de vous défendre de cette façon ?
- Attendez-vous à affronter des obstacles au cours de votre démarche. Des gens autour de vous pourraient ne pas aimer vous voir changer.
- Partagez votre vécu avec d'autres et vous verrez que vous n'êtes pas la seule à…
- Passez à une nouvelle étape de votre vie.

EXERCICE : Comment se fait-il que… ?

Votre score de l'exercice sur la honte vous satisfait-il ? Sinon, repassez vos plus mauvaises réponses (les 3 et les 4). D'où vous viennent ces idées sur vous-même ? Comment pouvez-vous être ainsi aujourd'hui ? Analysez votre passé et tentez de découvrir ce qui affecte votre valeur personnelle aujourd'hui, c'est-à-dire la valeur que vous vous attribuez.

EXERCICE : Du négatif au positif

Sur une feuille, tracez deux colonnes. À gauche, faites la liste de vos plus mauvaises réponses de l'exercice sur la honte. Dans la colonne de droite, récrivez chacune d'elles, mais de façon positive. Par exemple : « J'essaie de faire les choses à la perfection » peut devenir : « La perfection n'est pas de ce monde. Je m'engage donc à faire de mon mieux. » Relisez cette liste régulièrement, jusqu'au moment où ces nouvelles affirmations feront partie de vous.

Pour poursuivre la démarche

BRADSHAW, JOHN. *S'affranchir de la honte,* Montréal, Le Jour, 1993, 353 p.

Ce livre fait le tour de la question de la honte. Certaines sections traitent du Programme en 12 étapes des Alcooliques Anonymes et de la spiritualité. Le langage utilisé est d'une difficulté moyenne.

BRAUTIGAM, CHRISTINE EVANS. *Breaking Free of the Shame Trap: How Women Get Into It, How Women Get Out Of It,* New York, Ballantine Books, 1994, 315 p.

Cet ouvrage traite de la honte en tenant compte de la réalité propre aux femmes. Je le recommande vivement, mais, hélas, il est difficile à trouver aujourd'hui.

DE BECKER, GAVIN. *La peur qui vous sauve : Comment reconnaître et prévenir la violence,* Paris, J.-C. Lattès, 1998, 360 p.

Gavin De Becker a le chic pour nous parler de situations effrayantes en nous donnant confiance. Ce livre, unique en son genre, nous aide à reconnaître les vrais dangers et à ne plus avoir peur de devenir victimes. Il nous permet aussi de différencier la peur véritable (qui est utile) de celle nourrie sans raison, principalement à cause des fausses informations qui nous sont constamment transmises.

FAMERY, SARAH. *Arrêter de culpabiliser,* Paris, Éditions d'Organisation, 2001, 153 p.

Sarah Famery nous propose d'effectuer une démarche en profondeur, mais pas compliquée du tout. Les résumés et les tableaux simplifient la lecture de l'ouvrage. Les exemples apportés sont surtout issus du milieu du travail. Mais attention ! les tests proposés sont un peu trompeurs.

MIDDELTON-MOZ, JANE. *Boiling Point: The Workbook,* Floride, Health Communications Inc., 2000, 192 p.

Ce livre de travail offre une démarche globale qui est facile à comprendre et à suivre. Il traite de la colère dans son ensemble tout en abordant divers autres sujets, comme la honte, le sentiment d'impuissance et même notre place dans notre communauté. La démarche proposée, originale et complète, vise l'atteinte d'un équilibre dans notre existence.

ROSELLINI, GAYLE ET MARK WORDEN. *La colère et vous : Un guide pour mieux composer avec les émotions issues de l'abus de substances,* Montréal, Éditions Sciences et Culture, 1999, 218 p.

De lecture facile et d'un grand intérêt, cet ouvrage est basé sur le Programme en 12 étapes. Il est axé sur le discours intérieur et les attentes. Les auteurs s'adressent tantôt à la personne ayant développé une dépendance à une substance, tantôt aux membres de son proche entourage. Que vous soyez touchée ou non par l'abus de substances, ce livre peut vous être utile.

RUBEN, DOUGLAS H. *Le sentiment de culpabilité : Dix étapes pour s'en libérer,* Saint-Jean-de-Braye, Éditions Dangles, 1996, 240 p.

L'auteur nous présente dans ce livre un programme qui, étape par étape, nous aide à penser et à agir différemment.

RUBIN, THEODORE ISAAC. *The Angry Book,* New York, Macmillan Publishing Company, 1993, 198 p.

Ce livre, facile à lire, décrit la colère sous toutes ses formes. Il est utile pour voir où nous nous situons face à notre propre colère.

Ouvrages consultés

ADDITIONAL NEEDS NET. *Anger Management Course,* [En ligne], 2001. [www.additionalneeds.net]

BACH, GEORGE R. ET HERB GOLDBERG. *L'agressivité créatrice,* Montréal, Le Jour, 2002, 441 p.

BILODEAU, LORRAINE. *The Anger Workbook,* Minnesota, Hazelden Educational Materials, 1992, 114 p.

BORCHERDT, BILL. *Think Straight! Feel Great! 21 Guides to Emotional Self-Control,* Floride, Professional Resource Exchange, 1989, 166 p.

BRADSHAW, JOHN. *S'affranchir de la honte,* Montréal, Le Jour, 1993, 353 p.

BRAUTIGAM, CHRISTINE EVANS. *Breaking Free of the Shame Trap: How Women Get Into It, How Women Get Out Of It,* New York, Ballantine Books, 1994, 315 p.

CARRIÈRE, ANNIE-MICHÈLE. « Les bienfaits psychologiques de l'activité physique », *Psychologie Québec,* vol. 20, nº 4, juillet 2003, p. 15-17.

DE BECKER, GAVIN. *La peur qui vous sauve : Comment reconnaître et prévenir la violence,* Paris, J.-C. Lattès, 1998, 360 p.

DOWRICK, STEPHANIE. *The Intimacy and Solitude Workbook: Self-Therapy for Lasting Change,* New York, W.W. Norton, 1994, 271 p.

FAMERY, SARAH. *Arrêter de culpabiliser,* Paris, Éditions d'Organisation, 2001, 153 p.

HALPERN, HOWARD M. *Choisir qui on aime : De la dépendance à l'autonomie,* Montréal, Le Jour, 1994, 312 p.

HARPER, JAMES M. ET MARGARET H. HOOPES. *Uncovering Shame: An Approach Integrating Individuals and Their Family Systems,* New York, W. W. Norton & Company, 1990, 329 p.

LAROUCHE, GINETTE. *Agir contre la violence,* Montréal, Les éditions de la pleine lune, 1987, 549 p.

LAROUCHE, GINETTE. *Aux formatrices en intervention auprès des femmes violentées,* Montréal, Éditions Wilson & Lafleur, 1993, 556 p.

MIDDELTON-MOZ, JANE. *Boiling Point: The High Cost of Unhealthy Anger to Individuals and Society,* Floride, Health Communication, 1999, 299 p.

MIDDELTON-MOZ, JANE. *Boiling Point: The Workbook,* Floride, Health Communications, 2000, 192 p.

NORWOOD, ROBIN. *Ces femmes qui aiment trop : La radioscopie des amours excessives,* Montréal, Les éditions internationales Alain Stanké, 1986, 303 pages.

SCHROEDER, RUTH ET JOEL. *Putting Anger to Work For You!,* Kansas, Skillpath Publications, 1995, 75 p.

THOELE, SUE PATTON. *The Courage To Be Yourself: A Woman's Guide to Growing Beyond Emotional Dependence,* Californie, Conari Press, 1988, 1991, 207 p.

WEGSCHEIDER-CRUSE, SHARON. *Apprendre à s'aimer : Développer son estime de soi,* Montréal, Éditions Sciences et Culture, 2004, 158 p.

WILLIAMS, MARY BETH ET SOILI POIJULA. *The PTSD Workbook: Simple, Effective Techniques for Overcoming Traumatic Stress Symptoms,* Californie, New Harbinger Publications, 2002, 229 p.

3
L'amour des autres et l'amour de soi

J'ai le cœur qui grandit
Qui a arrêté de subir
Qui fait face à la vie
Puis qui ne veut plus s'enfuir
NICOLA CICCONE

SCÉNARIO

La première fois que Marie-Hélène rencontre Paul, celui-ci se montre aimable et charmant, plein d'attentions pour elle. Tout ce qu'il dit correspond à ce qu'elle recherche chez un homme et ils passent des soirées entières à parler. Il l'écoute et la comprend. Ils se voient souvent, puis rapidement il encourage fortement une cohabitation. Toujours ensemble, ils ne peuvent se passer l'un de l'autre. Une fois installé chez Marie-Hélène, ou vice versa, Paul commence à la critiquer doucement, mais c'est pour son bien, dit-il. Puis survient la première dispute. Il a été abusif envers elle, mais elle lui pardonne, car il pleure et promet de ne plus le refaire. Il l'aime tant… Elle ne comprend pas ce qui s'est passé, mais c'est sans importance et elle oublie tout. Hélas, ça recommence, et c'est pire. Chaque fois qu'elle veut en discuter avec lui, il se fâche et dit qu'elle lui cherche querelle. Pourquoi doit-elle revenir sur ce sujet puisqu'il s'est excusé ? Est-elle si rancunière ? Elle ne comprend plus rien et se sent dépourvue. Que doit-elle faire ? Elle se sent prise au piège.

SÉDUCTION ET MANIPULATION

Lorsque nous rencontrons une personne pour la première fois, nous voulons la séduire et nous nous montrons sous notre meilleur jour. Selon la situation, nous allons peut-être porter nos plus beaux vêtements et soigner notre apparence. Malgré cela, nous restons nous-mêmes et n'aurons pas d'autre but que celui de faire bonne impression. C'est la séduction naturelle chez les êtres humains.

La « séduction » par manipulation est différente : la personne manipulatrice poursuit un but précis et elle est prête à tout pour l'atteindre. Elle sait dire ce que l'autre personne souhaite entendre, et en même temps elle cache des aspects de sa personnalité.

Dans son livre *L'Alliance de la brebis*, Gabrielle Lavallée[51] (une rescapée de la secte de Moïse) montre bien comment Roch Thériault, alias Moïse, homme très intelligent et violent, parvenait à séduire ses victimes. Le recrutement des membres de la secte passait par une manipulation réfléchie et efficace. Rien ne laissait croire aux recrues qu'un homme si calme et accueillant pouvait être si cruel. Vous vous demandez peut-être comment on peut se laisser séduire par de tels hommes. Gabrielle Lavallée[52], une femme de carrière, nous explique que ceux-ci s'adressent d'abord à l'émotivité et non à l'intelligence, et qu'elle-même, sur le plan émotionnel, n'était qu'une « femme-enfant » malgré son intelligence et sa débrouillardise. Il va sans dire que les femmes qui connaissent la dynamique de la violence dans les relations amoureuses et qui ont une bonne estime de soi sont mieux armées que les autres pour lutter contre de tels prédateurs.

SECOND REGARD SUR LE SCÉNARIO

Maintenant, examinons d'un autre œil la situation (très simplifiée) de Marie-Hélène et de Paul. Rappelez-vous les caractéristiques d'un abuseur (voir chapitres 1 et 5) : il a besoin d'une femme qu'il pourra dominer, mais il sait bien qu'il ne peut pas montrer « son jeu » dès le début. Donc, lorsqu'il repère une femme qui pourrait lui convenir, il essaie de la séduire. L'image qu'il projette est celle d'un homme généreux, empathique, qui sait écouter l'autre. En réalité, il s'emploie à découvrir les points vulnérables de cette femme. Par exemple, si elle parle de l'égalité des sexes, il dira qu'il respecte les femmes, qu'il croit au partage des tâches et à l'autonomie de la femme. Si elle lui révèle qu'elle a été abusée durant son enfance, il réagira rapidement en trouvant cela scandaleux, mais qu'avec lui une telle horreur ne risque pas de se produire.

Si elle lui plaît toujours (ce qui est habituellement le cas), il doit s'assurer de ne pas la perdre. Alors, sans tarder il propose d'autres rencontres dans un très court délai. De cette façon, il poursuit son entreprise de séduction en empêchant la femme de réfléchir à la situation ou d'en parler avec des amies. En la maintenant dans un tel tourbillon, il arrive à tisser sa toile autour d'elle. Évidemment, il n'aime pas qu'elle veuille passer du temps sans lui, car il dit que ça leur enlève du temps pour leur couple. Et puis, comme ils sont si bien ensemble, ils n'ont pas besoin de voir d'autres personnes, dit-il. Entre les rencontres, il l'appelle souvent, même au travail, sous prétexte qu'il s'ennuie d'elle. En réalité, l'auteur Nazare-Aga[53] dirait qu'il surveille sa proie pour ne pas qu'elle lui échappe.

Cet homme est prêt à passer rapidement à une autre étape de leur relation: la vie commune. Il n'est pas rare de le voir débarquer chez elle avec ses affaires quelques jours après leur première rencontre. Ils peuvent aussi se marier au bout de quelques mois seulement. Si elle va habiter chez lui, elle délaissera, par le fait même, une grande partie de son autonomie financière. Plus la femme s'engage dans cette relation, plus il peut se permettre de montrer son vrai visage. De plus en plus isolée, elle devient dépendante de lui et ses ressources personnelles s'effritent. C'est le but poursuivi par cet individu. La violence verbale et psychologique s'installe graduellement, alors que l'estime de soi et la confiance de la femme diminuent. Elle ne comprend plus ce qui lui arrive. Elle reconnaît de moins en moins cet homme, car il change. Les obstacles à la séparation deviennent plus nombreux et son sentiment d'impuissance augmente. La dépression est proche. Plus elle aura investi dans cette relation, plus son sentiment d'échec sera grand. De plus, la honte se manifeste, car la femme a du mal à concevoir que l'homme qu'elle a choisi puisse la traiter ainsi. Elle est sous son emprise.

Une telle relation a des conséquences néfastes pour Marie-Hélène, qui finit par douter d'elle-même et des autres et par se sentir coupable. De moins en moins capable de prendre des décisions, elle s'empêche même parfois de parler ou d'agir pour éviter les critiques de Paul. La colère et la frustration montent, car ses besoins ne sont plus comblés et elle a perdu la maîtrise de sa vie. Son corps peut réagir en développant des malaises. Elle est déstabilisée, il la possède. Elle est « sa » femme.

Le soir de mes noces, mon mari m'a dit : « Maintenant, tu m'appartiens. » Et ce fut le début d'une longue série de viols…

TÉMOIGNAGE

C'est ça, l'amour ?

LA DÉPENDANCE ET L'AMOUR

Qu'est-ce que la dépendance amoureuse ?

« […] c'est quand vous devenez obsédée par un homme et que cette obsession s'empare de vos émotions, vous dicte votre comportement et va jusqu'à mettre en danger votre santé et votre bien-être, et que malgré tout vous êtes incapable de rompre[54]. »

Je voudrais cependant nuancer cette définition. Pour une femme, une relation avec un homme qui abuse d'elle engendre automatiquement une dépendance par l'isolement que celui-ci crée chez elle et par la perte de confiance et de pouvoir personnel qu'elle subit à la suite de différentes formes d'abus. De plus, la dépendance, dans un tel contexte, englobe beaucoup plus que la « simple » dépendance amoureuse. Par conséquent, les ruptures sont plus difficiles.

Cela dit, revenons à la dépendance amoureuse. Dans une telle situation, la femme semble incapable de se fier à ses émotions pour savoir si une chose ou une personne est bonne ou non pour elle. Ce genre de relation se compare souvent à des montagnes russes : on passe d'un état extrême à un autre, de la passion au drame, de l'inquiétude à l'amour intense, des rires aux pleurs. C'est enivrant et déboussolant. Malgré la souffrance, la femme dit souvent qu'elle se sent vivre, avant de se rendre compte qu'une partie de sa personnalité a fini par mourir : elle ne peut plus être elle-même… L'erreur commise dans ce cas-ci est de confondre la dépendance et l'obsession avec l'amour véritable.

DÉSIR INTENSE

Ces belles paroles que tu m'as récitées
En moi un faux espoir s'est éveillé
De ton amour un essentiel besoin
De ton refus ce pénible chagrin.

De ton image mes pensées sont hantées
De ta personne je ne fais que rêver
Dans tes bras le désir d'être enlacée
À tout jamais et pour l'éternité.

Sentiment d'abandon s'empare de moi
C'est ton nom que je crie à haute voix
Je suis prise avec l'envie de mourir
Seulement ton amour peut me secourir.

DOMINIQUE PELLAND[55]

QU'EST-CE QUE L'AMOUR VÉRITABLE ?

Aimer et être aimée stimule ce qu'il y a de meilleur en soi. Cet amour nous permet de grandir, l'un avec l'autre. Nous devenons des êtres plus forts au sein d'un couple, grâce à l'amour qui nous unit. Nous sommes heureux, ensemble ou séparés. Le temps passé chacun de son côté enrichit notre vie commune. Chacun sait qu'il peut vivre sans l'autre. Être ensemble est alors un choix agréable qui nous apporte beaucoup.

C'est ce que Ginny NiCarthy[56] appelle l'amour nourrissant, qui est le contraire de l'amour de dépendance. L'amour nourrissant est basé sur ce que l'autre veut, et non pas sur ce qu'il (ou elle) a besoin. Par exemple, si mon ou ma partenaire possède une qualité que j'admire, comme la sociabilité, je vais essayer de l'acquérir au lieu de dépendre de cette personne.

Ce genre d'amour maintient la vie, encourage la croissance et augmente le niveau d'énergie. Cet amour n'est pas possessif; il grandit par l'appréciation des qualités de l'autre sans avoir à minimiser ses défauts. L'amour véritable est un amour réel.

POURQUOI L'AMOUR EST-IL DIFFICILE POUR CERTAINES FEMMES ?

Prendre soin des autres

Peu de temps après leur naissance, les petites filles apprennent à prendre soin des autres. On leur donne une poupée qu'elles doivent aimer, cajoler, nourrir, etc. Parfois, on s'attend à ce que l'aînée de la famille prenne soin de ses frères et sœurs, qu'elle prêche par l'exemple et partage tout, qu'elle soit raisonnable. C'est le stéréotype traditionnel féminin qui malheureusement est encore très répandu. Si on ne néglige pas ses besoins et qu'elle a accès aux mêmes avantages que les garçons, on peut s'attendre à ce qu'une femme adulte soit capable de donner et de recevoir, mais trop souvent les femmes sont « déséquilibrées » : elles donnent sans cesse et ne se permettent pas de recevoir ou de demander quoi que ce soit.

Ces femmes ont vite appris que les hommes ont du pouvoir et des privilèges. Tout en respectant leur rôle traditionnel de femmes, elles se contentent de vivre « à travers leur homme ». Ne dit-on pas que derrière chaque grand homme se cache une femme ? Elles apprennent aussi que les hommes ont des droits, alors qu'elles doivent gagner tout ce qu'elles veulent avoir, y compris l'amour des autres. Pour ces femmes, il ne s'agit pas d'« être » pour recevoir de l'amour, mais elles pensent avoir à faire quelque chose pour le mériter. Dans ces circonstances, prendre soin des autres est la clé du bonheur.

Comme tout trait de personnalité, nombre de qualités qu'on attribue aux femmes peuvent, dans un contexte excessif, se retourner contre elles. Les exemple suivants[57] ont pour but la réflexion personnelle et non de condamner. Par exemple, se sacrifier pour l'autre est louable, mais, à l'extrême, cette qualité peut engendrer de la frustration, car les besoins de la personne qui se sacrifie ne sont jamais comblés.

La tolérance est une autre belle qualité qui favorise l'harmonie. Néanmoins, tolérer des gens qui nous causent du tort peut être une attitude destructive.

S'adapter sans cesse aux autres peut engendrer de l'humiliation et un sentiment de soumission.

Être trop travaillante peut causer l'épuisement et un sentiment de vide intérieur. La compétence est souhaitable, certes, mais à condition qu'elle ne rabaisse pas les autres ou qu'elle ne les maintient pas dans la dépendance. Par ailleurs, une personne compétente peut devenir le jouet des paresseux ou des profiteurs.

Toujours se montrer courageuse et forte peut faire croire aux autres qu'on n'a jamais besoin d'aide. Éventuellement, on peut se sentir isolée.

Une personne qui pardonne tout, tout le temps, s'illusionne, car le vrai pardon n'est possible qu'après une certaine démarche plus ou moins longue selon la situation. (Plus loin, vous trouverez des réflexions sur le pardon.) Vivre ce « mensonge » ne fait que tourmenter la personne et a un effet néfaste sur l'estime d'elle-même.

Être sage et sensée sont deux belles qualités. Or, si je dois faire des choses contre ma volonté, sous prétexte d'aider quelqu'un, suis-je vraiment sensée ?

La capacité de donner de l'amour est une qualité extraordinaire. Mais la personne qui donne sans arrêt peut finir par trouver les autres ingrats. Par le fait même, l'autre peut se sentir « étouffé » par cet amour.

Puisque les femmes constatent souvent qu'elles ont peu de pouvoir dans notre société, elles tiennent parfois des rôles traditionnels qui leur apportent une certaine reconnaissance et leur permettent de combler certains besoins, comme celui d'être aimées. Dans ce cas, nous allons parler d'un jeu[58].

Jouer la mère dans un contexte inapproprié peut avoir des conséquences néfastes. Par exemple, dans une relation amicale ou amoureuse, il n'y a pas de place pour un rôle de mère. Cela déstabilise la relation et nuit à l'égalité entre les personnes. De plus, si quelqu'un consent à prendre toutes les responsabilités, pourquoi les autres en prendraient-ils ? Si une femme dit qu'elle doit laver « sa » vaisselle, pourquoi les autres le feraient-ils? Et, s'ils le font, ils croient faire une faveur à la femme ! Ces femmes-là risquent donc de se retrouver avec un homme qui veut qu'on prenne soin de lui (et avec des enfants qui refusent de faire leur part). Plusieurs femmes s'étonnent aussi de leur vie sexuelle peu satisfaisante avec leur partenaire ; mais est-ce une chose surprenante si c'est une relation mère-fils ? L'intention est louable, mais les conséquences sont désastreuses.

Puisque certaines femmes sentent qu'elles ne peuvent rien demander, elles vont « jouer à la victime ou à la martyre ». Évidemment, ici nous parlons d'un rôle que la personne incarne, et non pas d'une situation réelle où elle est victime. C'est une attitude contrôlante, car les autres peuvent se sentir coupables. Par exemple, une femme dresse les couverts avant le repas, puis, sans avoir rien demandé à personne, elle dit aux enfants en soupirant : « Laissez faire, j'ai mis la table. Je suis habituée. »

Se servir d'une maladie réelle ou imaginaire pour attirer l'attention et la pitié des autres est une tactique qui peut fonctionner à court terme, mais à long terme les gens finissent par se lasser ou par profiter de la situation. De plus, est-ce que ça vaut la peine de « se garder malade » ?

Tout critiquer constamment et afficher votre mauvaise humeur peut pousser les gens à vous donner ce que vous voulez, mais vous perdez leur respect et, à long terme, ils vous abandonneront peut-être.

La femme-enfant a besoin d'être protégée, soignée, soutenue et dirigée. Elle n'a pas grandi, de peur de perdre l'amour. Elle a fini par se croire aimable, dans la mesure où elle se garde « moins que » les autres (moins responsable, moins compétente, etc.). Malheureusement, ses chances de vivre une relation amoureuse égalitaire et saine sont presque nulles. Elle est, par le fait même, très vulnérable aux hommes dominants et abusifs.

Bon nombre de femmes dépenseront donc beaucoup d'énergie pour être aimées. Pour elles, la perfection est le seul but ; et le don de soi, la meilleure preuve d'amour. Qu'en retirent-elles vraiment, et à quel prix ? Examinons le tableau suivant. Pour une femme qui fait le don de soi, qui est toujours là pour les autres sans jamais se soucier d'elle-même, qu'est-ce qu'il en coûte ? Quels sont les inconvénients pour elle ? Et quels bénéfices en retire-t-elle ?

Le don de soi : coûts et bénéfices

Coûts	**Bénéfices**
Stressée	Se sentir aimée
Surmenage/ épuisement	Se sentir importante
Problèmes de santé	Se sentir désirée
Déprimée (sentiment d'impuissance)	Approbation des autres
Ne s'arrête pas pour ressentir les choses et analyser sa vie (par exemple, la peur de ne pas être aimée, d'être abandonnée, d'être rejetée, d'affronter les autres)	Ne s'arrête pas pour ressentir les choses et analyser sa vie (par exemple, la peur de ne pas être aimée, d'être abandonnée, d'être rejetée, d'affronter les autres)
Besoins négligés	Preuve d'amour aux autres ?
Vue comme dominante ou soumise	Pouvoir parfois obtenir ce qu'elle veut
Les gens profitent d'elle, ne la respectent plus	Les gens pensent à elle
Tenue pour acquise	
Perte de son identité : elle n'existe plus par elle-même	
Doit refouler sa colère	

EXERCICE : Coûts et bénéfices (partie 1)

Faites votre tableau personnel des coûts et des bénéfices engendrés par le fait de faire passer les autres avant vous (si c'est votre cas). Soyez honnête. Personne d'autre ne lira cette liste…

L'ESTIME DE SOI

Le modèle traditionnel qu'on propose aux femmes favorise très peu le développement de l'estime de soi. En effet, en apprenant à donner, les femmes apprennent très peu à recevoir. Et puis, si je suis aimable seulement parce que je donne, je ne dois pas valoir grand-chose comme personne. Ici nous nous retrouvons devant une situation du style « l'œuf ou la poule ». Est-ce la piètre estime de soi qui encourage le don de soi ou l'inverse ?

Être généreux et serviable sont de belles qualités humaines. Si, comme dit Gilda Carle[59], vous donnez le surplus et non l'essentiel, c'est un choix convenable, mais le problème survient lorsqu'une personne a besoin de donner pour se sentir aimée et appréciée. Dans ces circonstances, le don devient conditionnel : il faut que la personne reçoive en retour, sinon elle sera en péril sur le plan émotif. Elle entre alors dans un jeu où elle doit constamment prouver, à elle-même et aux autres, sa valeur comme personne. Ce comportement est en soi une preuve d'une pauvre estime personnelle. Une personne qui a une bonne estime n'a rien à prouver à personne. Elle connaît sa propre valeur et cela lui suffit. De plus, soyons réalistes : il est impossible de se faire aimer par tout le monde (ni même d'aimer tout le monde).

Les espoirs cachés du don de soi conditionnel sont très grands : si on donne, on doit recevoir de la reconnaissance et de l'amour. Sinon, la déception et la frustration s'installent, voire le ressentiment. C'est à ce moment qu'on entend la phrase : « Après tout ce que j'ai fait pour toi ! »

Ces femmes ne croient pas qu'on puisse les aimer pour ce qu'elles sont, mais plutôt pour ce qu'elles font. Si quelqu'un leur témoigne de l'attention ou de l'affection, elles doutent de la sincérité de cette personne. Elles se disent: «Si elle savait qui je suis vraiment…» Si elles se surprennent à aimer ce qu'elles reçoivent, elles se disent qu'elles n'ont «rien fait pour mériter cela». Si, malgré tout, elles poursuivent cette relation, il peut y avoir un danger de dépendance. En amour ou en amitié, c'est l'idée: j'ai trouvé quelqu'un, alors je dois «tout faire» pour ne pas perdre cette personne.

C'est votre cas si vous[60]:
- êtes tout le temps celle qui appelle;
- êtes tout le temps celle qui suggère de faire quelque chose ensemble;
- voulez discuter de votre relation beaucoup plus souvent que l'autre personne;
- vous sentez anxieuse lorsque vous n'êtes pas avec lui ou elle;
- vous sentez malheureuse de voir que l'autre personne semble satisfaite et heureuse sans vous;
- voulez savoir tout ce que l'autre fait, pense et ressent;
- vous attribuez une responsabilité disproportionnée quant à la bonne marche de la relation;
- sentez que les désirs et les besoins de l'autre sont plus importants que les vôtres;
- sentez que vous ne pourriez pas survivre seule, sans cette personne.

AMOUR ET SEXE

De nombreuses femmes sont blessées parce qu'elles confondent amour et sexe. Par ailleurs, pour la majorité des hommes, ces distinctions sont très nettes. La situation difficile que je veux aborder est la suivante: un soir, une femme rencontre un homme, et plus tard elle accepte d'avoir une relation sexuelle avec lui. Dans cet exemple, c'est l'homme qui fait la demande, sinon cela ne cause pas de problème (les définitions sont généralement claires pour les femmes qui font des avances sexuelles). Le lendemain matin, ils se quittent. Si la femme a accepté la proposition, c'est probablement parce qu'elle est attirée par l'homme. Donc, elle s'attend à ce qu'il l'invite de nouveau, ce qu'il ne fait habituellement pas. Pourquoi ? Parce que, pour lui, il s'agissait d'une « partie de fesses », alors qu'elle se croyait à la naissance d'un amour. Comme les attentes de chacun sont différentes, un grave problème apparaît : la femme se sent rejetée, trahie, souillée.

Si elle décide de le revoir, il ne comprendra pas pourquoi, car leur « aventure » est terminée. Le problème, pour eux, n'est donc pas d'avoir eu une relation sexuelle sans lendemain, mais plutôt de ne pas s'être entendus dès le début sur la signification de ce choix.

Amour et sexe sont donc deux choses différentes, qui peuvent aller ensemble, mais pas toujours. Si vous vous retrouvez dans une telle situation, apprenez les différences entre ces deux notions (voir les chapitres sur la sexualité). La prochaine fois, écoutez votre intuition et discutez de la situation dès le départ. Si vous êtes bien et honnête avec vous-même, votre expérience a toutes les chances d'être positive, que vous acceptiez ou non l'invitation.

DE LA DÉPENDANCE À L'AMOUR

EXERCICE : Coûts et bénéfices (partie 2)

Reprenez votre tableau de l'exercice « Coûts et bénéfices (partie 1) ». À côté de chacun des éléments, écrivez ce que vous pourriez faire pour atteindre le même objectif (le bénéfice) sans avoir à vous acquitter des coûts. Par exemple, pour me sentir aimée, je peux essayer d'accepter plus facilement ce qu'on me donne (comme un cadeau d'anniversaire) et me redire chaque jour les qualités que j'admire chez moi. C'est un exercice qui peut être difficile. Vous choisirez peut-être d'y revenir, après le chapitre « Prendre soin de soi », ou d'autres…

Les besoins et les désirs

Les gens confondent souvent ces deux concepts. Si je ne comble pas mes *besoins*, à la limite je peux en mourir : ils sont à la base de tout. Les *désirs*, eux, sont du surplus. Je *désire* un cinéma-maison, mais je n'en ai pas *besoin*. Je ne mourrai pas si je ne l'ai pas. En somme, les besoins sont souvent liés à la survie (physique et émotive) ; et les désirs, à un surcroît de vie agréable.

Enfant, on a besoin des autres. On est dépendant de nos parents (ou autres adultes) pour se nourrir, se loger et se vêtir. Une fois adulte, tout est différent : on dépend de soi-même ; les autres, on peut dire que c'est le surplus. Donc, je peux vouloir être en couple (désir), mais je peux très bien survivre seule (besoin).

Ces notions sont fondamentales pour bien comprendre le sens de nos actions, émotions, attitudes et croyances. Évidemment, ce qui est un besoin pour soi peut être un désir pour les autres, et vice versa. Une personne malade peut avoir besoin de manger une heure ou deux après un repas. Une amie peut alors désirer prendre une collation pour l'accompagner.

EXERCICE : Mes besoins et mes désirs

Sur une feuille de papier, tracez deux colonnes : *Mes besoins* et *Mes désirs*. Remplissez RAPIDEMENT ces colonnes, puis examinez votre travail. Y a-t-il des éléments qui, d'après vous, devraient changer de colonne ? Si oui, que pouvez-vous faire et que voulez-vous faire pour y parvenir ?

EXERCICE : Besoins et désirs dans mon langage

Chaque fois que vous parlez d'un besoin ou d'un désir, demandez-vous si vous utilisez le bon mot, si vous exprimez vraiment ce que vous pensez et ressentez.

Revenons à l'amour. L'expression « tomber amoureuse » exprime d'une certaine manière un sentiment d'impuissance. On n'y peut rien: on « tombe ». Mais si cet amour est nuisible pour soi, que peut-on faire ? Si on en a besoin, la réponse est : « Rien. » Mais si cette relation était un choix (donc un désir), on peut s'en éloigner. N'oubliez pas qu'il est possible de ne pas vivre avec la personne qu'on aime… et survivre.

« Je sais qu'il peut sembler paradoxal de dire que le meilleur moyen d'avoir une relation amoureuse heureuse est de savoir qu'on peut vivre sans relation[61]. »

On revient à la notion d'estime de soi. Lorsqu'on est la personne la plus importante pour soi-même, on prend la décision qui est la meilleure pour soi. Comme disait une femme dans un de nos groupes : « Pour moi, maintenant, un homme, c'est comme une cerise sur ma crème glacée. Ça ajoute une touche agréable. Mais, sans cerise, ma crème glacée est tout aussi bonne. »

Les attentes

Nos attentes, ce sont nos espoirs envers une situation, une personne, la vie, soi. On est impuissante face à ce qui est à l'extérieur de soi, mais on peut choisir ce qu'on attend. Autrement dit, ON A DU POUVOIR SUR SOI, MAIS NON SUR LES AUTRES. On peut être blessée par des attentes parfois irréalistes qui ne se concrétisent pas. Les attentes sont très proches des valeurs.

Par exemple, si l'une de mes valeurs est le respect dans le couple, je m'attends à être respectée. Si ce n'est pas le cas, ce n'est pas nécessairement parce que mes attentes sont exagérées, mais peut-être parce que cette relation n'est pas adéquate pour moi. Comme le respect est une de mes valeurs primordiales, je ne suis pas prête à trouver un compromis. Je dois donc passer à l'action pour assurer mon bonheur. Autre exemple : je m'attends à passer une soirée par semaine en tête-à-tête avec mon conjoint. Or, si celui-ci est comptable, je ne le verrai sans doute pas beaucoup durant la saison des impôts. De ce fait, mes attentes ne sont pas réalistes. Heureusement, comme c'est un désir et non un besoin, je suis prête à faire un compromis.

EXERCICE : Mes attentes

La prochaine fois que vous vivrez un conflit intérieur, analysez vos attentes. Sont-elles irréalistes ? Si oui, pourquoi entretenez-vous tant d'espoirs ? Que pouvez-vous faire, dès maintenant, pour améliorer votre sort ? Si vos attentes sont réalistes et importantes pour vous, mais impossibles dans un certain contexte, que pouvez-vous faire pour vous sentir mieux ? La solution est habituellement de passer des autres vers soi. Au lieu d'attendre une solution qui viendrait d'ailleurs, regarder en soi apporte la lumière et révèle ce qui est bon pour soi. Ne faites pas l'erreur de renoncer à toutes attentes dans l'espoir de ne plus jamais être déçue.

EXERCICE : Guetter à la fenêtre[62]

S'il vous arrive fréquemment de perdre votre temps à guetter quelqu'un à la fenêtre, faites l'exercice suivant, sur cassette ou par écrit. Concentrez-vous sur vous-même et écrivez tout ce qui vous passe par la tête. Le plus difficile, dans cet exercice, est de penser à vous, sans vous demander : « Pourquoi me fait-il ça ? » Demandez-vous plutôt : « Pourquoi j'endure ça ? » Le but n'est pas non plus de vous rendre coupable de la situation, mais plutôt de vous faire voir où vous en êtes dans votre vie. Laissez-vous aller et vous pourriez apprendre des choses sur vous. C'est aussi une bonne occasion de reprendre le contrôle de votre temps. Il s'agit de passer de l'extérieur à l'intérieur, de l'autre à soi.

Le pardon

Le pardon est difficile à aborder, car il existe à ce sujet de nombreuses idées contradictoires. Je peux tout de même vous parler de ce que j'ai vu dans mon travail auprès des femmes. Trop souvent, celles-ci ont tendance à pardonner rapidement, du moins à dire qu'elles ont pardonné. C'est ce que la religion et souvent les familles leur ont enseigné. De plus, si une femme vit avec un homme abusif, c'est ce qu'il attend d'elle : « Tu me pardonnes et tu oublies tout. » Or, en creusant un peu, on constate que ce genre de pardon est intellectuel, ou rationnel, et non pas émotionnel, ou viscéral. En d'autres termes, ces femmes disent avoir pardonné, mais en fait elles ont nié et refoulé leurs émotions. La peine et la douleur liées à l'événement sont encore très vives. On s'aperçoit alors que ce qui a été appelé « pardon » n'a été en réalité que la négation de l'événement. On l'étouffe et on fait semblant de l'oublier. « Il est donc important d'avoir fait un travail préalable sur la colère et les ressentiments, car un pardon prématuré reviendrait à renier tout ce qui s'est passé, et à éviter ainsi la confrontation. Le véritable pardon est en réalité la dernière étape[63]. »

Certaines femmes, au contraire, refusent de pardonner, car, pour elles, ce serait dire à la personne fautive que ce qu'elle a fait est sans importance. Malheureusement, elles traînent leur souffrance et se détruisent peu à peu.

Quel est alors le compromis acceptable ? C'est quand le pardon est pour soi et non pour les autres. On ne répétera jamais assez que TOUT COMMENCE PAR SOI. Une fois que le travail sur les émotions a été fait, l'étape suivante appartient à la personne blessée. Pardonner à l'autre est un choix. Cependant, n'oublions pas que de garder rancune à quelqu'un équivaut à lui accorder du pouvoir sur notre vie. Ce qui est crucial, c'est de se pardonner à soi-même. Non parce qu'on a fait quelque chose de mal, mais plutôt pour devenir en paix avec l'idée qu'il n'y a plus rien qu'on puisse faire à ce qui nous est arrivé.

« Pardonner n'est pas oublier. C'est se rappeler, puis lâcher prise[64]. »

Alors, la situation devient comme une cicatrice. Ce n'est que lorsque quelqu'un en parle que je me souviens que j'ai une cicatrice ici et une autre là. C'est alors une preuve qu'on a pardonné et qu'on est en paix avec soi-même. L'événement est résolu sur tous les plans.

Une femme m'a dit un jour, au sujet du mal que son ex-conjoint lui avait fait : « Pour guérir, je lui ai PAR-DONNÉ : je lui ai remis ce qui lui appartient… »

Le soutien

Une autre définition que j'aimerais éclaircir est la notion d'aide ou de soutien. Quelle différence y a-t-il entre ces deux termes ? La différence est dans la quantité et dans l'attitude de la personne « aidante ». Certaines en font trop, veulent porter ma peine pour la guérir. Mon problème devient ce qui est le plus important pour ces personnes, donc je deviens plus importante qu'elles.

Le vrai soutien est celui d'une personne qui accorde de l'importance à ma peine, certes, mais qui a assez confiance en moi pour me permettre d'y trouver des solutions. À ma demande, elle peut m'aider à envisager diverses hypothèses, mais la décision finale me revient. L'idée n'est pas de « faire à sa place », mais plutôt de « faire avec ». Pour arriver à aider quelqu'un de cette manière, on doit préserver ce qu'on est, intimement, et ne laisser personne devenir plus important que soi.

EXERCICE : Savoir passer en premier[65]

Divisez une feuille en deux colonnes. Dans celle de gauche, avec la main dont vous vous servez pour écrire, écrivez : « Je passe en premier. » Puis, dans la colonne de droite, avec l'autre main, écrivez ce qui vous vient à l'esprit.

Répétez ces étapes jusqu'au moment où vous serez à court d'idées. Qu'avez-vous appris sur vous-même ?

AMOUR INCONDITIONNEL ET AMOUR CONDITIONNEL

L'amour d'un parent pour son enfant devrait être inconditionnel. Peu importe ce que l'enfant fait, le parent l'aime. Bien sûr, le parent peut ne pas aimer un certain comportement, mais cela n'affecte pas son amour pour l'enfant. L'amour envers soi, comme adulte, est aussi inconditionnel. Peu importe ce qu'on fait, on doit continuer de s'aimer. Qu'on le veuille ou non, on est la personne avec qui on passera le plus de temps, de la naissance à la mort ! C'est pourquoi on doit bien se traiter. Par contre, notre amour pour un autre adulte est conditionnel, c'est-à-dire que c'est un privilège de lui offrir l'amour. Mais, si le fait d'aimer cette personne me détruit, j'ai des choix qui s'offrent à moi. Nous revenons à l'idée que nul n'est impuissant devant l'amour.

En résumé, Ellen Sue Stern[66] suggère dix étapes à suivre pour être heureuse :

1. Voyez votre vie telle qu'elle est.
2. Prenez-vous en charge.
3. Révisez vos pensées, croyances et valeurs.
4. Reconnaissez vos sentiments.
5. Identifiez vos besoins.
6. Simplifiez votre vie.
7. Demandez de l'aide.
8. Cessez de vous sentir coupable.
9. Retrouvez votre sens de l'humour.
10. Élaborez des objectifs réalistes.

Et, j'ajouterais : acquérez l'indépendance financière.

Pourquoi ne pas compter sur soi pour son bonheur ? Si d'autres nous procurent de la joie, c'est du surplus et c'est très agréable. Par contre, si on est dans une période où on ne voit pas beaucoup de monde, ce n'est pas grave, car on est bien toute seule. Voilà donc la différence entre besoin et désir ; impuissance et pouvoir personnel ; dépendance et autonomie ; attente du bonheur et… bonheur. Et, face aux autres, pourquoi ne pas chercher à se faire respecter plutôt qu'à se faire aimer ?

TROP AIMER

Trop aimer, c'est souffrir
C'est vivre un martyre
Connaître des souffrances
Depuis sa tendre enfance
Ne jamais prendre sa place
Ne jamais laisser sa trace
Savoir comment consoler les autres
Souvent penser que tout est notre faute
Tout donner
Sans rien espérer
S'inquiéter de son prochain
En passant l'éponge sur son chagrin
Ne jamais vous déranger
Se faire arracher sa liberté
Savoir toujours se maîtriser
Pour pouvoir toujours vous aider
Ne jamais paniquer
Pour être capable de vous guider
Ne jamais se plaindre de rien
Vous faire croire que tout va bien
Ne jamais vous paraître épuisée
Encore bien moins découragée
Avoir le dos large
Savoir toujours tourner la page
Ne jamais rien demander
Ne jamais rien refuser
Savoir si bien partager
Sans jamais rien retirer
Se faire ridiculiser
Lorsqu'on se fait prendre à prier
Ne pas avoir souvent envie de rire

Toujours avoir le sourire
Ne jamais oser parler
Lorsqu'on a envie de hurler
Ne jamais se laisser aller
Par peur d'être jugée
Souvent penser à mourir
Tout en vous donnant le goût de vivre
Toujours se sacrifier
Surtout ne jamais se complimenter
Écrire tout ça sur papier
Sans même se donner le droit de pleurer
Se priver de tout
Pour vous plaire à vous
En avoir assez
Et de vous le cacher
Toujours essayer de vous protéger
Pour ne pas vous voir pleurer
Toujours vous avoir dans mon cœur
Même si vous me faites tous si peur
Toujours retenir ses larmes
Pour ne pas faire de drame
Vivre tous les jours
Avec un cœur tellement lourd
Pour en finir
Je dois vous dire
Que jamais je n'ai mérité
D'avoir été si profondément blessée
Et qu'en d'autres mots
Je vous aime trop

LYNNE DANIS[67]

Pour poursuivre la démarche

BEATTIE, MELODY. *Vaincre la codépendance : Comment cesser de voler au secours des autres en sacrifiant votre épanouissement,* Montréal, Éditions Sciences et Culture, 1994, 308 p.

Ce livre est d'un grand intérêt pour effectuer une démarche personnelle et se retrouver.

BEATTIE, MELODY. *Au-delà de la codépendance : Comment se refaire une vie nouvelle et riche,* Montréal, Éditions Sciences et Culture, 1995, 326 p.

Voilà un ouvrage très utile pour poursuivre la démarche au-delà de la relation amoureuse.

CARLE, GILDA. *Ne misez pas sur le prince charmant : À trop rêver au prince charmant, on se réveille dans le lit d'un crapaud !,* Montréal, Les Éditions Logiques, 1999, 351 p.

Bien que je ne sois pas toujours d'accord avec la façon dont certains sujets (notamment la sexualité) sont abordés, je pense que ce livre peut aider les femmes à s'affirmer et à ne pas tout donner à leur bien-aimé. On y retrouve des vérités qui méritaient d'être rappelées.

LAVALLÉE, GABRIELLE. Rescapée de la secte de Moïse. *L'Alliance de la brebis,* Chicoutimi, Les éditions JCL, 1993, 438 p.

Je vous ai déjà recommandé la lecture de ce livre dans la section « Pour poursuivre la démarche », à la fin du premier chapitre. Vous trouverez donc mes commentaires à son sujet à la page 50.

MILLER, ANGELYN. *The Enabler: When Helping Hurts The Ones You Love,* Californie, Hunter House, 1988, 126 p.

En nous décrivant son expérience vécue aux côtés d'un mari dépressif et d'un fils bipolaire, l'auteur nous amène à voir comment tout faire pour quelqu'un est nocif à la fois pour cette personne et pour soi. Afin de nous aider, le cas échéant, à changer de comportement, elle nous propose une démarche basée sur le Programme en 12 étapes.

NORWOOD, ROBIN. *Ces femmes qui aiment trop : La radioscopie des amours excessives,* Montréal, Les éditions internationales Alain Stanké, 1986, 303 p. (En anglais, *Women Who Love Too Much* est aussi offert sur cassette audio.)

La lecture de ce livre peut être utile à toutes les femmes.

STERN, ELLEN SUE. *La femme indispensable,* Montréal, Les Éditions de l'Homme, 1989, 295 p.

De lecture facile mais qui fait réfléchir, cet ouvrage traite de l'épuisement et de la « remise en forme » à tous les niveaux.

Ouvrages consultés

BLACK, CLAUDIA. *It's Never Too Late to Have a Happy Childhood: Inspirations for Adult Children,* Toronto, Random House, 1989, pages non numérotées.

CARLE, GILDA. *Ne misez pas sur le prince charmant : À trop rêver au prince charmant, on se réveille dans le lit d'un crapaud !,* Montréal, Les Éditions Logiques, 1999, 351 p.

HALL, LINDSEY ET LEIGH COHN. *L'estime de soi, un bien précieux,* Barret-le-Bas, Le Souffle d'or, 1994, 149 p.

LAVALLÉE, GABRIELLE. Rescapée de la secte de Moïse. *L'Alliance de la brebis,* Chicoutimi, Les éditions JCL, 1993, 438 p.

MILLER, ANGELYN. *The Enabler: When Helping Hurts The Ones You Love,* Californie, Hunter House, 1988, 126 p.

NAZARE-AGA, ISABELLE. *Les manipulateurs et l'amour,* Montréal, Les Éditions de l'Homme, 2000, 212 p.

NICARTHY, GINNY. *Getting Free: You Can End Abuse and Take Back Your Life,* Washington, Seal Press, 1997, 316 p.

NORWOOD, ROBIN. *Ces femmes qui aiment trop : La radioscopie des amours excessives,* Montréal, Les éditions internationales Alain Stanké, 1986, 303 p.

RUSSIANOFF, PENELOPE. *Pourquoi certaines femmes ne peuvent s'imaginer vivre sans un homme ?,* Montréal, Les Éditions Transmonde, 1988, 201 p.

STERN, ELLEN SUE. *La femme indispensable,* Montréal, Les Éditions de l'Homme, 1989, 295 p.

THOELE, SUE PATTON. *The Courage To Be Yourself: A Woman's Guide to Growing Beyond Emotional Dependence,* Californie, Conari Press, 1991, 207 p.

WEGSCHEIDER-CRUSE, SHARON. *Apprendre à s'aimer : Développer son estime de soi,* Montréal, Éditions Sciences et Culture, 2004, 158 p.

4

Les relations amoureuses : les analyser pour les améliorer

On va toujours chercher ailleurs,
ce qu'on ne se donne pas soi-même.
GABRIELLE LAVALLÉE [68]

Autrefois, les relations de couple étaient simples. Il n'existait qu'un modèle et une voie à suivre. C'était rassurant de connaître ce que la vie nous réservait, mais étouffant si elle ne correspondait pas à nos désirs et besoins. De nos jours, il existe toute une gamme d'arrangements possibles : le couple marié religieusement, marié civilement, en union libre, exclusif ou non exclusif (où chacun habite à une courte distance de l'autre), exclusif ou non exclusif (où les partenaires vivent une relation à distance), etc. Les partenaires peuvent être de sexes différents ou non.

Le fait de ne plus avoir qu'un modèle incite les gens à se poser des questions, car ils se sentent parfois égarés. « Qu'est-ce qu'un couple sain ? » Même si la situation est plus angoissante, les possibilités presque illimitées offrent une liberté intéressante et permettent à chacun et à chacune d'adopter le mode de vie qui lui convient.

Le texte qui suit abordera le couple. Il vous permettra d'évaluer votre relation actuelle, si tel est votre cas. Il vous encouragera à vous demander ce que représente le couple pour vous ; ce que vous voulez et ce dont vous avez besoin sur ce plan. Nous ferons un détour par l'enfance, cette période qui détermine en grande partie les choix que nous faisons à l'âge adulte. Si vous amorcez une nouvelle relation, il vous guidera dans une réflexion sur la qualité de votre engagement.

VOTRE RELATION ACTUELLE

EXERCICE : Évaluer ma relation de couple

Si vous êtes en couple actuellement, êtes-vous satisfaite ? Comment va cette relation ? Qu'aimez-vous le plus chez votre partenaire ?

Qu'aimez-vous le moins ? Pour vous aider, je vous suggère de répondre au questionnaire suivant.

Les degrés de satisfaction de la relation[69]

Pour chaque élément, encerclez le chiffre qui représente le mieux votre niveau de satisfaction.

	Très élevé	Élevé	Moyen	Bas	Très bas
1. Satisfaction affective générale	5	4	3	2	1
2. Communication	5	4	3	2	1
3. Complicité	5	4	3	2	1
4. Intérêts communs	5	4	3	2	1
5. Soutien pratique	5	4	3	2	1
6. Soutien affectif	5	4	3	2	1
7. Soutien de croissance personnelle	5	4	3	2	1
8. Sentiment d'être aimée	5	4	3	2	1
9. Sentiment d'aimer l'autre	5	4	3	2	1
10. Sentiment de respect pour l'autre	5	4	3	2	1
11. Sentiment d'être respectée	5	4	3	2	1
12. Sentiment de confiance envers l'autre	5	4	3	2	1
13. Sentiment que l'autre a confiance en moi	5	4	3	2	1
14. Sentiment d'être enrichie par l'autre	5	4	3	2	1
15. Sentiment d'enrichir l'autre	5	4	3	2	1
16. Plaisir d'être ensemble	5	4	3	2	1
17. Chaleur	5	4	3	2	1
18. Satisfaction sexuelle	5	4	3	2	1
19. Sentiment d'estime de soi dans la relation	5	4	3	2	1
20. Désir de passer du temps avec l'autre	5	4	3	2	1

Examinez ensuite chaque réponse et évaluez l'importance relative qu'elle a pour vous dans une relation de couple. Par exemple, la satisfaction sexuelle : si pour vous la sexualité est très importante et que votre degré de satisfaction est bas ou très bas, ce sera beaucoup plus significatif que pour une personne qui n'est pas satisfaite, mais qui accorde peu d'importance à la sexualité. Y a-t-il des aspects de votre vie de couple qui n'ont pas été abordés dans le questionnaire ?

Pourquoi êtes-vous en couple ? Est-ce par choix, par besoin, par « obligation sociale » ? Comme on le sait, le couple est encore à la mode et fortement valorisé. Malgré cela, l'important est de comprendre ce qu'une telle relation représente pour vous, ce que vous voulez et ne voulez pas.

Parfois, des femmes vivent en couple sans savoir pourquoi. Par ailleurs, si vous êtes en couple et que vous vous y sentez bien, il n'est peut-être pas avantageux de tout analyser. Appréciez votre situation et profitez-en. Par contre, si vous vous sentez mal, il serait sans doute utile de mettre en question votre relation.

Selon Barbara DeAngelis[70], il existerait sept mauvaises raisons pour vivre en couple :

- La pression causée par l'âge, la famille, les amis, etc.
- La solitude et le désespoir.
- L'appétit sexuel.
- Le besoin de vous distraire de votre propre vie.
- L'envie de rester une « petite fille » et d'avoir quelqu'un qui prend soin de vous.
- La culpabilité : « Je ne peux pas le quitter après tout ce qu'il a fait pour moi. »
- Le besoin de combler un vide émotif ou spirituel.

Qu'en pensez-vous ? Se séparer est inconcevable pour un certain nombre de femmes qui sont malheureuses en couple. En effet, c'est un acte lourd de conséquences ; nous y reviendrons. Sachant que ce serait la solution, mais ne voulant pas y faire face, certaines femmes développent des moyens de survie. Elles peuvent :

- rationaliser. Il s'agit d'invoquer des explications qui nous confortent dans notre interprétation de la réalité. Par exemple, même quand on lui prouve que son conjoint fréquente les bars de danseuses nues et qu'il la trompe, une femme peut objecter que ce sont ses copains qui le forcent à aller à cet endroit et qui payent pour tout, même les filles. Une autre rationalisation serait de prétendre que « tous les hommes font ça ».

- idéaliser. Cela consiste à déformer la situation en magnifiant les côtés positifs au détriment des côtés négatifs. Une femme peut dire que son mari est romantique, car il lui a acheté des fleurs pour son anniversaire. Mais elle oublie de dire qu'elle a dû lui rappeler le matin même que c'était sa fête, et que le fleuriste a appelé plus tard pour dire que le chèque était sans provision. Résultat : elle a elle-même payé ses fleurs !
- se créer des espoirs sans fondement. Par exemple, une femme mariée depuis quinze ans croit encore que son conjoint arrêtera de boire et qu'ils seront enfin heureux.
- persister dans leurs illusions. Une femme dit : « Nous sommes si heureux », alors que tout cloche : ils sont rarement ensemble et, quand ils le sont, ils se disputent continuellement ; elle prend du poids ; elle s'isole de plus en plus ; etc.

Regarder la réalité en face s'avère parfois très difficile, car on sait d'avance que l'étape suivante sera l'action, pour laquelle on n'est pas toujours prête.

Rester ou partir ?

Une fois que vous avez évalué votre relation, une décision s'impose : rester ou partir ? Il y a évidemment des avantages et des inconvénients aux deux possibilités. Qu'en est-il pour vous ?

EXERCICE : Rester ou partir – les avantages

Sur une feuille, tracez deux colonnes. À gauche, indiquez les avantages que vous avez à poursuivre votre relation de couple actuelle. Méfiez-vous des « moyens de survie » abordés plus haut, que vous auriez pu développer au fil des ans. À droite, écrivez les avantages que vous auriez à quitter votre conjoint. Quelle colonne semble la plus lourde dans la balance ?

EXERCICE : Rester ou partir – les inconvénients

Sur une feuille, tracez deux colonnes. À gauche, indiquez les inconvénients qu'il y aurait à poursuivre votre relation actuelle. Songez aux répercussions financières, émotives, mentales et physiques, etc. Passez en revue tous les aspects de votre personne et de votre vie. À droite, indiquez les inconvénients que vous subiriez si vous mettiez un terme à cette relation. Quel côté l'emporte ? Que pouvez-vous en conclure ? Ensuite, comparez avec la liste de l'exercice précédent.

Les obstacles à la séparation

Même lorsque la décision de partir est prise, des obstacles peuvent vous empêcher de passer à l'action. Parfois, ces obstacles sont créés à cause d'éléments reliés à qui nous sommes. Certains obstacles sont créés par d'autres personnes, comme le conjoint ou les enfants, tandis que la société crée elle-même des obstacles pour les femmes. Nous allons identifier des obstacles qui peuvent empêcher une femme de mettre un terme à une relation de couple. Pour ce faire, nous partirons d'une relation abusive, car c'est habituellement la plus difficile à briser. Dans un tel couple, l'homme refuse de renoncer à la domination qu'il exerce sur sa conjointe. Il invente alors des scénarios et crée de nombreux obstacles pour empêcher la femme de le quitter. En fait, plus la dynamique de violence est enracinée dans le couple, plus les obstacles sont nombreux. Quels obstacles de la liste suivante s'appliquent-ils à votre situation ?

L'aspect financier

- Manque de revenus personnels.
- Dettes contractées par le conjoint.
- Manque de logements abordables.
- Manque de places abordables en garderie.
- Retour aux études problématique.
- Manque d'emplois à temps plein à salaire décent.

L'aspect sécuritaire

- Réaction violente du conjoint.
- Harcèlement et menaces (antérieures ou présentes) du conjoint, surtout des menaces de suicide, de mort, ou de la perte de la garde des enfants.
- Risque d'agression sexuelle ou de meurtre qui augmente considérablement lors de la séparation.
- Absence de lois qui assureraient la sécurité des femmes et des enfants, et qui rendraient les abuseurs responsables de leur violence.
- Manque de places sécuritaires en maison d'hébergement.

Les enfants

- Obligation de les élever seule.
- Crainte qu'ils s'ennuient de leur père.
- Peur d'un enlèvement, surtout lors des visites.
- Devoir les laisser avec le père sans qu'elle puisse les surveiller ou les protéger.
- Désir des enfants de retrouver leurs choses, leurs animaux ou leurs amis qu'ils ont dû abandonner en quittant leur domicile.
- Refus d'imposer un divorce à ses enfants, elle qui a subi celui de ses parents quand elle était jeune.

Les sentiments

- Honte d'avoir choisi cet homme et que les gens apprennent leur histoire.
- Culpabilité face aux enfants qui ont dû vivre dans un tel milieu.
- Espoir d'un changement.
- Peur de l'inconnu, de la violence, etc.
- Insécurité personnelle.
- Impuissance.
- Ambivalence face à cet homme et à leur vie commune.
- Échec de ne pas avoir réussi à changer cet homme et à préserver la famille.
- Amour encore ressenti pour lui.
- Pitié ressentie en le voyant agir.

Les moyens de survie ou autres conséquences de l'abus

- Usage excessif d'alcool, de drogue, de médicaments.
- Problèmes de santé physique.
- Problèmes de santé mentale.
- Dépression.
- Méfiance face au monde extérieur.

Le statut de la femme

- Immigrante.
- Lesbienne.
- Analphabète.
- Qui a un handicap.
- Vivant en milieu rural.
- Qui ne parle pas la langue courante.

Les croyances et valeurs

- Sentiment d'être responsable de la violence.
- Croyance qu'on peut changer l'autre.
- Obéissance à la religion qui encourage le pardon et le mariage.
- Croyance que le rôle de la femme est de faire réussir le mariage et de rendre heureux les membres de la famille.

Les aspects extérieurs

- Manque d'aide spécialisée.
- Pression de la famille ou autres.
- Jugement ou blâme de l'entourage.
- Démarches juridiques longues, difficiles et coûteuses.

EXERCICE : Mes obstacles (partie 1)

Dans la longue liste précédente, certains obstacles s'appliquent sans doute à vous. Quels autres obstacles vous empêchent-ils de mettre fin à votre relation actuelle ? Pourquoi poursuivez-vous cette relation ? Faites votre propre liste et mettez-la de côté pour y revenir plus tard.

La probabilité de changement

Y a-t-il des chances que votre partenaire change ce que vous n'aimez pas ou n'acceptez pas chez lui ? Tout changement de comportement obéit à une série d'étapes : 1) il faut reconnaître qu'on a un problème ; 2) on doit constater les effets néfastes de ce problème sur soi et les autres ; 3) on doit passer à l'action parfois en envisageant de demander de l'aide à quelqu'un ; 4) la volonté de ne plus manifester ce comportement répréhensible est essentielle. Si par malheur il resurgissait, le fautif devrait s'en excuser **de façon authentique** pour démontrer le sérieux de sa démarche. Ces rechutes doivent être peu fréquentes, sinon on peut mettre en doute la sincérité de l'individu.

Il est plutôt rare de voir un homme abusif aller volontairement chercher de l'aide pour modifier son comportement. S'il y va, c'est souvent parce que sa conjointe est partie ou qu'elle est sur le point de le quitter. Il assiste aux rencontres jusqu'à ce qu'elle change d'avis, puis il n'y va plus. Aussi, il préférera aller en thérapie pour une cause générale (comme la dépression) plutôt que de se rendre à un endroit où le sujet abordé sera directement la violence conjugale. Parfois, il voudrait entendre que sa conjointe le provoque et qu'elle est responsable de tout. Cela dit, il est intéressant de constater que les groupes d'intervention pour hommes abusifs sont constitués d'une majorité d'individus qui ont été contraints par la cour d'y assister.

Selon Pamela Jayne, intervenante auprès de ces hommes : « Vous blâmer, avoir l'air décontracté et trop confiant, refuser de discuter de son comportement ou se fâcher lorsque vous le critiquez sont de mauvais signes qui, dans la plupart des cas, indiquent un manque de volonté de changement de sa part[71]. »

Toujours d'après Jayne[72], les hommes violents qui sont peu susceptibles de changer :

- n'assument pas les responsabilités de leurs actes ;
- ont le cœur dur ;
- n'ont ni remords ni compassion ;
- sont calculateurs, méthodiques ou sadiques ;

- haïssent les femmes ;
- abusent des femmes lorsqu'ils boivent et refusent d'arrêter de boire ;
- maltraitent les animaux ;
- sont violents souvent et un peu partout ;
- ne se soucient guère de leur comportement.

Lorsqu'on évalue un changement, il faut s'assurer que l'ancien comportement n'existe pas sous une forme plus subtile. Par exemple, un homme peut cesser d'être violent physiquement, mais sa violence verbale et psychologique augmente, et cette violence-là, tout aussi destructrice, est plus difficile à détecter. On observe souvent cette situation quand l'homme va chercher de l'aide, mais que sa motivation est douteuse, ou quand on n'intervient pas directement sur sa violence, ses valeurs et les croyances qui s'y rattachent.

Voilà pourquoi le meilleur baromètre est votre intuition. Si l'homme va chercher de l'aide et modifie certains comportements, mais que vous ne vous sentez pas mieux, il y a quelque chose qui cloche.

La thérapie de couple, familiale, individuelle

Si votre vie conjugale va mal et si vous avez un peu d'espoir de voir les choses s'améliorer, vous pourriez suivre une thérapie de couple. Cependant, si c'est vous qui abordez toujours ce sujet, qui proposez des solutions, qui entreprenez les démarches, posez-vous des questions au sujet de la motivation de votre conjoint. Il en va de même pour la thérapie familiale. Pour convaincre la famille de consulter un thérapeute, vous pourriez dire : « Puisque nous avons des difficultés à vivre ensemble, nous allons y aller ensemble pour trouver une façon plus positive d'être en relation les uns avec les autres. » Il faut éviter de stigmatiser un membre de la famille en particulier. Si quelqu'un éprouve de plus grandes difficultés que les autres, le ou la spécialiste le décèlera.

ATTENTION : si votre conjoint est contrôlant et abusif, vous ne devriez pas aller en thérapie avec lui, et ce, pour plusieurs raisons. (Les mêmes réserves s'appliquent autant pour la thérapie familiale que celle en couple.) La responsabilité de la violence appartient à la personne abusive, et c'est donc elle en particulier qui doit questionner son comportement. Consulter en couple fait porter la responsabilité aux deux personnes. De plus, puisque l'homme violent accuse toujours sa conjointe de tout, la thérapie de couple ne fait qu'augmenter la culpabilité de cette dernière et, jusqu'à un certain point, peut donner raison à l'abuseur. Et puis, si la conjointe ose parler et révéler des secrets, les conséquences hors de la salle de thérapie peuvent être graves pour elle, voire fatales. Par contre, si elle a peur de parler, elle ne semblera pas motivée...

Souvent, des femmes me racontent que leur conjoint leur disait d'avance quoi dire et ne pas dire au thérapeute. Durant la rencontre, si elles n'étaient pas certaines de ce qu'elles devaient dire, elles devaient regarder le conjoint qui, d'un signe, les dirigeaient. Dans un tel contexte, la thérapie est tout à fait inefficace !

La thérapie de couple se fonde sur la responsabilité de deux partenaires égaux, et elle analyse la communication sous toutes ses formes. Donc, s'il y a un déséquilibre dans le couple et que l'homme domine la femme (comme dans une situation de violence conjugale), cette thérapie est inutile. De plus, la violence n'est pas un problème de communication : l'homme sait quoi dire, au bon moment, et à la bonne personne, lorsque cela lui convient...

Ces femmes qui croient aux thérapies de couple, mais qui y subissent un nouvel échec, en assument souvent la responsabilité, ce qui affaiblit davantage leur estime de soi.

« Ce n'est pas une mauvaise relation qui cause la violence, mais la violence qui cause une mauvaise relation[73]. » La première étape est donc de faire cesser la violence. Pour y parvenir, la meilleure méthode, sécuritaire et reconnue, est la participation à un groupe pour hommes abuseurs.

Finalement, lorsqu'il y a de la violence, une thérapie individuelle pour la femme peut être son meilleur choix, surtout que les organismes spécialisés mettent l'accent sur la sécurité et la confidentialité des « victimes ».

Reportez-vous à la conclusion du livre pour savoir comment trouver la bonne personne.

EXERCICE : Mes obstacles (partie 2)

« Reprenez la liste de l'exercice Mes obstacles (partie 1) ». Pour chacun de vos obstacles, écrivez toutes les choses que vous pourriez faire (pas nécessairement celles que vous voudriez faire) pour les abolir. Par exemple, pour remédier à de faibles revenus, vous pourriez chercher un bon emploi, retourner aux études, prendre un second emploi, consulter un avocat ou une avocate pour savoir ce à quoi vous auriez droit une fois séparée, ou, si vous restez à la maison avec les enfants, vérifier ce que l'aide sociale pourrait vous offrir. Si vous avez déjà choisi de vous séparer, encerclez les solutions que vous êtes prête à mettre en œuvre. Cette nouvelle liste représente maintenant ce que vous devez faire pour atteindre votre but. C'est votre plan d'action, qui peut aussi vous aider à déterminer combien de temps vous aurez besoin. N'oubliez surtout pas de planifier votre sécurité personnelle, et celle de vos enfants s'il y a lieu.

LA CROISSANCE PERSONNELLE (DANS UN COUPLE OU NON)

Cette section vous permettra de réfléchir sur la nature de vos relations et sur ce que vous recherchez dans une relation de couple.

EXERCICE : Les caractéristiques des hommes avec qui j'ai été en relation[74]

Le but de l'exercice est d'écrire le nom de tous les hommes de qui vous avez été amoureuse ou qui ont eu de l'importance dans votre vie (même si c'est un homme que vous avez vu une seule fois). Vous pouvez commencer par le dernier et remonter jusqu'au premier, ou l'inverse. Décrivez chacun de ces hommes, son physique, sa personnalité, ses côtés positifs et négatifs. Par exemple, Pierre : grand, beau, travailleur, alcoolique, entêté, beau sourire, etc. Faites une colonne pour chaque personne. Si vous avez aussi aimé des femmes, ajoutez leurs noms à votre liste, dans l'ordre chronologique, c'est-à-dire à l'époque où cela s'est produit. Par exemple : Geneviève, entre Pierre et Laurent, etc. Vous utiliserez cette liste plus tard.

EXERCICE : Les caractéristiques familiales[75]

Sur une feuille, faites trois colonnes intitulées : 1) *Moi* ; 2) *Ma mère* ; 3) *Mon père*. Sous chacun de ces titres, dressez la liste des caractéristiques de cette personne. Si vous n'avez pas grandi avec vos parents naturels, pensez à ceux qui les ont remplacés. Si vous avez vécu avec vos parents une partie de votre enfance seulement, décrivez-les quand même. Si vous avez grandi avec votre mère sans avoir beaucoup de contacts avec votre père, mais que vous savez quel genre d'homme il est, décrivez-le. Vous pourriez alors avoir plus d'une personne dans les colonnes mère et père (parent naturel et substitut). Faites l'exercice comme il vous plaira.

EXERCICE : Le bilan des hommes de ma vie

Reprenez les listes des deux exercices précédents sur les caractéristiques des hommes et de la famille. Considérez les hommes de votre vie. Ont-ils des caractéristiques communes ? Divergentes ? Comment expliquez-vous cela ? Si vous avez vécu une relation positive, mais qui n'a pas duré, qu'est-il arrivé ? Comparez la description des hommes et celle de votre père. Sont-elles différentes ou semblables ? Et par rapport à votre mère ? Comparez la relation de vos parents à votre relation avec chacun des hommes (ou des femmes). Que pouvez-vous en dire ? Posez-vous toutes les questions nécessaires pour essayer de comprendre pourquoi vous avez eu ces relations.

Les mots exacts pour décrire une personne

Parfois, dans notre désir d'idéaliser une personne chère, nous la voyons meilleure qu'elle est. Howard M. Halpern[76] donne de bons exemples de ce phénomène.

Est-ce vraiment une personne	N'est-elle pas plutôt
indépendante	peu généreuse
cool	insensible
solide	méchante
décontractée	paresseuse
aimante	possessive
perspicace	difficile à satisfaire
ayant une abondance d'estime personnelle	narcissique
non conformiste	irresponsable
sensible	irritable
qui sait ce qu'elle veut	égoïste
etc.	etc.

EXERCICE : Le mot juste

Révisez les listes des exercices précédents sur les caractéristiques des hommes et de la famille. Assurez-vous d'avoir utilisé le mot juste pour décrire ces personnes. Si vous voulez faire des corrections, encerclez le mot à changer et ajoutez le mot plus juste à côté. Cela change-t-il quelque chose à l'exercice intitulé « Bilan des hommes de ma vie » ? Si oui, comment ? Sinon, pourquoi ?

Les traits qui attirent

Certains traits de caractère nous attirent chez les autres, mais parfois ces caractéristiques peuvent se retourner contre nous. Par exemple, j'aime un homme qui est prêt à se battre pour moi, mais celui-ci peut finir par me frapper au lieu de me protéger. S'il est enclin à la violence, je pourrais un jour en être victime. Autre exemple : un homme qui aime l'action peut consommer drogue et alcool et passer son temps à faire la fête. Ce même trait de caractère peut se retrouver chez un parachutiste. À long terme, vous seriez peut-être plus heureuse avec le second. L'idée ici est de vous aider à faire des choix plus éclairés.

EXERCICE : Ce qui m'attire chez un homme

En vous basant sur les exercices que vous avez faits dans cette section, dressez la liste de tout ce qui vous attire chez un homme. Ensuite, examinez chaque caractéristique pour voir si elle a des répercussions positives ou négatives sur vous. Indiquez si vous croyez pouvoir éviter les traits négatifs à l'avenir ou si vous essayerez plutôt de les retrouver sous une forme positive. La liste finale devrait contenir les particularités de votre homme idéal.

Passer d'une relation de dépendance à une relation satisfaisante

Si vous êtes dépendante de votre partenaire et que cette relation vous pèse, vous aurez à franchir plusieurs étapes pour changer la situation. Plus vous en êtes consciente, plus vous pouvez avoir un certain contrôle sur ce que vous vivez. La connaissance, c'est le pouvoir. Un des spécialistes de ce domaine, Howard M. Halpern[77], a défini cette transition en dix étapes :

1. Difficilement sans doute, vous mettrez fin à cette relation malsaine.
2. Vous souffrirez, songerez à y retourner et vivrez un deuil. Accrochez-vous ! Vous finirez par aller mieux.
3. Par la suite, vous découvrirez probablement que vous êtes encore attirée par ce même genre de personnes, celles qui vous entraînent dans des relations insatisfaisantes ou destructrices (physiquement et psychologiquement).
4. Vous finirez par comprendre comment votre passé et vos besoins ont influencé votre choix de relation.

5. Vous vous éloignerez alors de ces personnes, même si elles vous attirent toujours.
6. Après un certain temps, vous vous demanderez ce qui a bien pu vous attirer chez ces gens. Certaines femmes en arrivent même à éprouver de la répulsion.
7. Vous vous efforcerez de vous rapprocher de personnes avec qui vous aurez plus de chances de construire une relation valorisante et satisfaisante.
8. Malheureusement, ces gens ne vous exciteront peut-être pas, ou vous serez incapable d'en être amoureuse.
9. Dans votre recherche personnelle, vous arriverez à comprendre pourquoi c'est ainsi.
10. Vous finirez par considérer plus positivement ces personnes. Vous serez alors prête à nouer une relation amoureuse enrichissante.

Le piège de la séparation

Ce que j'appelle le piège de la séparation, c'est le deuxième point de la liste précédente. Voici en quoi cela consiste. Un certain temps après la séparation, quand le calme est revenu, on commence à oublier les raisons pour lesquelles on a mis fin à cette relation ; on ne se souvient que des belles choses, celles que, malheureusement, on a perdues en même temps que les mauvaises. On se met alors à s'ennuyer de la personne qu'on a quittée. Plusieurs femmes pensent avoir commis une erreur et reprennent contact avec le même homme pour comprendre peu après qu'elles sont tombées dans le piège (c'est le même homme, il n'a pas changé). La situation se sera peut-être même aggravée et les femmes se sentiront coupables de ce nouvel échec. Il faudra revivre une séparation pénible.

Heureusement, on peut éviter ce piège. D'abord, il s'agit d'en être avertie. Il faut aussi élaborer dès aujourd'hui un plan d'action qui vous sera utile si vous tombez dans ce piège. Conservez la liste de toutes les raisons pour lesquelles vous vouliez cette séparation. Si les bons moments vous manquent, relisez cette liste et vous vous rappellerez tous les désagréments de votre vie passée. Oui, vous aimiez aller au cinéma en couple, mais c'était toujours lui qui choisissait le film et vous finissiez immanquablement par vous sentir frustrée. Si l'envie de téléphoner à votre ancien partenaire est trop forte, appelez plutôt votre meilleure amie, qui se chargera de vous ramener dans la réalité. Certaines femmes collent des mots sur l'appareil téléphonique ou ailleurs pour se rappeler de ne pas reprendre contact avec cette personne.

Toutefois, malgré votre bonne volonté, si vous lui téléphonez – et si votre petite voix intérieure vous dit que c'est une erreur –, ne vous engagez pas trop rapidement. Si vous ne faites que sortir avec lui à l'occasion, vous pourrez le quitter plus facilement si c'est votre choix. De plus, évitez qu'il aille chez vous pour ne pas «contaminer» votre espace. Je m'explique. Ce qui aide un deuil est de ne pas toujours avoir les souvenirs de l'autre personne autour de soi, comme dans un nouvel appartement. Or, si cet homme entre dans votre espace et que par la suite vous vous séparez, vous aurez alors des souvenirs de lui sur votre divan, dans votre lit, etc.

Demandez-vous si vous avez absolument BESOIN d'un homme dans votre vie ou si c'est un choix. Durant les séances de thérapie, je pose cette question aux femmes et certaines me répondent: «J'ai besoin d'un homme pour changer les ampoules, entretenir l'auto ou au cas où quelque chose briserait.» Sont-ce là des raisons valables? Une femme ne peut-elle pas s'occuper elle-même de ces choses?

Elle peut développer son indépendance en apprenant à faire les choses dites masculines. Ou, comme plusieurs hommes font eux-mêmes, apporter l'auto chez le garagiste…

L'amitié

L'amitié se noue entre deux personnes qui partagent sentiments, besoins, désirs, peurs et activités. C'est un échange plein de chaleur, souvent plus durable qu'une relation amoureuse.

Certaines femmes disent ne pas avoir besoin d'autre ami que leur conjoint. Évidemment, être amis en plus d'être amants, c'est merveilleux; cependant il ne faut pas mettre tous ses œufs dans le même panier, car la femme peut se retrouver très isolée si la relation amoureuse prend fin abruptement. Il ne faut peut-être pas non plus s'attendre à ce qu'une seule personne comble tous nos besoins. Chaque amitié enrichit différentes facettes de notre personnalité.

Une relation d'amitié entre un homme et une femme n'est pas tout à fait semblable à une amitié entre personnes de même sexe. Dans le premier cas, chacun peut apprendre et grandir dans les domaines définis comme féminins et masculins : les émotions, l'activité physique, l'ouverture à l'autre, etc. Les deux amis se rejoignent dans la sphère de l'un, puis de l'autre. L'aspect qui semble causer des difficultés est le sexe. Certains hommes pensent qu'ils doivent toujours essayer de séduire une femme, et nombre de femmes croient que tous les hommes ne pensent qu'au sexe. Certaines femmes semblent avoir besoin de se sentir désirées. Elles regardent donc chaque homme comme un amoureux potentiel. Tout cela diminue leurs chances de vivre une belle amitié.

Cela dit, l'amitié entre un homme et une femme peut exister sans que la sexualité soit en cause, par exemple quand les deux personnes souhaitent rester fidèles à leur conjoint respectif. Mais la sexualité peut aussi faire partie des points que deux amis ont en commun. Ensemble, ils aiment parler de politique, baiser, aller au théâtre ou au restaurant. Malheureusement, pour plusieurs, tout change entre eux après qu'ils aient eu une relation sexuelle. On dirait qu'ils se sentent alors obligés de devenir amoureux. Les attentes se modifient, les règles du jeu se compliquent…

Plusieurs femmes ont du mal à se lier d'amitié avec d'autres femmes. C'est dommage, car une telle relation repose sur ce que les deux ont en commun : leur condition de femme. Même si leurs personnalités sont différentes, deux femmes partagent un vécu commun, que chacune peut comprendre aisément. Se priver d'une telle amitié, c'est renoncer à cette complicité qui n'existe pas sous cette forme avec les hommes.

La difficulté des amitiés entre femmes réside parfois dans la compétition. Mais pourquoi se monter l'une contre l'autre pour un homme, pour une promotion au travail, pour l'amitié d'une autre personne ? Cela constitue une preuve flagrante d'insécurité. Il n'est pas rare qu'une femme trompée blâme l'autre femme au lieu d'être en colère contre son conjoint. Mesdames, dites-vous que s'il n'avait pas été avec Pascale, il aurait courtisé Martine. Et sachez qu'un mari qui choisit d'être fidèle sait repousser les avances des autres femmes, si tel était le cas. Cette compétition relève des modèles traditionnels chez les femmes, mais heureusement les choses s'améliorent.

En voulez-vous à un sexe en particulier ? Reprochez-vous des choses aux deux sexes ? Si oui, vous vous empêchez sûrement d'avoir des relations d'amour ou d'amitié intéressantes. Libérez-vous de ces ressentiments afin de retrouver un pouvoir personnel accru. Pour ce faire, je vous suggère l'exercice suivant.

EXERCICE : En vouloir aux hommes, aux femmes[78]

Vous pouvez faire l'exercice en méditation, c'est-à-dire dans votre tête, l'enregistrer sur cassette ou le faire par écrit (cette dernière méthode étant la plus riche de possibilités). Décidez si vous ferez l'exercice en pensant aux hommes ou aux femmes. Commencez par le sexe auquel vous en voulez le plus, puis refaites l'exercice en pensant à l'autre sexe.

Supposons que vous commenciez avec les hommes. 1) Pensez à une situation que vous avez vécue dernièrement et qui vous a inspiré du ressentiment pour un homme. Que s'est-il passé ? Pourquoi en voulez-vous à cet homme ? Que lui reprochez-vous ? 2) Le fait qu'il soit un homme influence-t-il votre attitude ? Réfléchissez bien à tout ce que vous pensez des hommes, même si on pourrait dire que vos pensées sont injustes. N'oubliez rien : sentiments, comportements, attitudes, croyances, langage corporel, allure, etc. 3) En relisant votre liste, quels sentiments surgissent ? Essayez de comprendre d'où ils viennent. 4) Nommez les hommes que vous connaissez qui ne correspondent pas à cette liste. Vous n'en connaissez qu'un seul ? C'est un début !

Être femme

Tout comme la définition du couple, celle des genres est en transition. Que veux dire « être une femme » ? Pour plusieurs, les réponses sont floues. L'avantage de ne plus avoir de définitions strictes est qu'on peut tout réinventer. Pour moi, être une femme, c'est être moi-même. Rien de plus, rien de moins. Définition toute simple, mais pas toujours facile à appliquer. De nombreuses femmes vivent des contradictions, tiraillées entre le désir d'autonomie et la volonté d'avoir moins de responsabilités ; entre le désir de mener une carrière et celui d'avoir des enfants ; entre le refus d'être un objet sexuel et le goût de s'habiller *sexy* (comme la société le définit) ; etc. Et vous, comment vivez-vous votre condition de femme ?

EXERCICE : Moi, femme...

Que représentent pour vous les mots ou les phrases suivants : être femme, être une femme, féminité... Êtes-vous la femme que vous voulez être ? Vivez-vous des contradictions ? Si oui, comment les affrontez-vous ? D'où vous viennent vos définitions ? De vous, de votre enfance, de la société, de vos parents, de votre conjoint ? Votre façon de définir « être femme » vous aide-t-elle à vous épanouir ou vous étouffe-t-elle ? Poursuivez votre réflexion jusqu'à ce que vous vous y retrouviez. Prononcez à haute voix les mots suivants et voyez comment vous vous sentez : « Je suis une femme. Je suis femme. Je suis féminine. »

Éviter les relations valorisantes

Dans son livre *Choisir qui on aime*, Howard M. Halpern[79] dresse la liste des dix motifs qui peuvent vous amener à éviter les relations amoureuses gratifiantes. Voyez si certains de ces motifs vous concernent.

1. La peur de l'intimité.
2. La peur de perdre son moi.
3. La peur d'être abandonnée.
4. La peur du rejet.

5. La peur de gagner (ou croire qu'on ne mérite pas les bonnes choses).
6. Le sentiment de culpabilité de laisser quelqu'un derrière soi.
7. La peur de devenir adulte.
8. La peur de renoncer à la position de victime.
9. Les angoisses liées au sexe.
10. La renonciation au sentiment d'euphorie engendré par une relation malsaine.

UNE NOUVELLE RELATION

Vous vivez seule depuis un certain temps et vous avez travaillé à régler des choses du passé. Cela vous aidera à avoir une prochaine relation amoureuse plus positive. Peut-être que, pour vous, cette sorte de relation serait nouvelle. Certaines femmes me demandent comment s'y retrouver. La règle la plus importante est de suivre votre petite voix intérieure. Si vous vous sentez VRAIMENT BIEN, c'est bon signe. Je vous recommande aussi de progresser tranquillement et de ne pas axer toute votre vie sur cette nouvelle personne. Cela vous permettra d'envisager les choses avec objectivité. Les commencements d'une relation montrent souvent comment elle évoluera, mais il faut savoir observer la réalité. Prenez donc votre temps pour vous révéler et vous engager. Si cette relation doit durer, rien ne presse.

Les caractéristiques d'une relation amoureuse[80]

Il est important de ne pas confondre *état amoureux* et *relation amoureuse*. Un état amoureux, c'est le coup de foudre, les papillons dans l'estomac, le cœur qui bat si fort qu'on ne s'entend plus penser. On peut se sentir ainsi avec quelqu'un sans nécessairement vouloir vivre une relation à long terme avec cette personne, ou sans qu'une telle relation soit possible. Quelles sont les autres différences entre un état amoureux et une relation amoureuse ?

Relation amoureuse	État amoureux
Il faut être deux.	Peut exister seul.
Exige une affection et un engagement de la part des deux partenaires, qui doivent rendre leur relation aussi satisfaisante que possible.	Peut concerner une personne attirée par quelqu'un avec qui elle ne peut ou ne veut pas s'engager, ou qui ne veut pas d'elle.
Exige que les deux partenaires soient disponibles.	Est parfois exacerbé par l'inaccessibilité.
Les partenaires ont souvent de nombreux buts, points de vue et intérêts communs, et ces similitudes approfondissent leur intimité et leur joie d'être ensemble.	Fait éprouver de l'amour pour quelqu'un dont la personnalité, les besoins, l'attitude et l'orientation sont si différents des nôtres qu'une relation est impossible.

Lorsqu'une femme est attirée par un homme, il peut être utile de comprendre quel genre de personne il est. Les femmes qui ont déjà été violentées craignent de se retrouver de nouveau dans une relation abusive. Ginny NiCarthy propose une série de questions à vous poser à son sujet. Tout en discutant avec lui, vous pouvez aborder ces thèmes, mais il est beaucoup plus important de vous fier à votre jugement et à ses actions plutôt qu'à ses paroles. Rappelez-vous qu'un charmeur sait ce que vous voulez entendre et vous le dira.

EXERCICE : Questions à se poser au sujet d'un nouvel homme[81]

1. Pouvez-vous nommer des caractéristiques que vous aimez chez lui ?
2. Pouvez-vous en donner des exemples ?
3. Possède-t-il les caractéristiques essentielles de votre « homme idéal » ? Combien ?
4. Accepte-t-il votre droit d'utiliser ou non un moyen contraceptif ?
5. Pense-t-il que c'est un droit pour une femme et une mère de décider si elle travaillera à l'extérieur ?

6. Est-il d'accord de vous laisser parfois seule, même s'il voudrait être avec vous ?
7. Est-il content que vous ayez des amies ?
8. Est-il fier de vos ambitions et de vos accomplissements ?
9. Pense-t-il qu'une femme peut et devrait être aussi rusée, ouverte, confiante, forte et indépendante qu'un homme ?
10. Vous demande-t-il parfois votre opinion ?
11. Est-ce qu'il vous parle *et* écoute ?
12. Est-ce qu'il vous le dit lorsqu'il se sent blessé ?
13. Pense-t-il que c'est bien pour un homme de montrer ses faiblesses et de pleurer parfois, sauf immédiatement après vous avoir abusée ?
14. Est-il capable de vous démontrer son affection à d'autres moments qu'avant ou pendant une relation sexuelle ou lorsqu'il s'excuse de vous avoir blessée ?
15. Admire-t-il des traits particuliers chez les femmes, comme l'habileté à exprimer les émotions ou la volonté de se montrer vulnérable ?
16. Est-ce qu'il aime et admire sa mère et ses sœurs ?
17. A-t-il de bons amis ?
18. A-t-il des intérêts autres que vous ?
19. Est-ce qu'il brise ou lance des objets lorsqu'il est fâché ?
20. Se met-il en colère soudainement pour des riens, surtout lorsqu'il ne réussit pas aussi bien qu'il le voudrait ?
21. Est-ce qu'il vous questionne sur les hommes que vous avez connus avant lui ?
22. Veut-il savoir où vous allez quand vous sortez ?
23. Si vous rentrez tard, insiste-t-il pour avoir des explications ?
24. Croit-il que ce sont les hommes qui doivent prendre les décisions importantes ?
25. Croit-il qu'il est parfois acceptable pour un homme de frapper une femme (par exemple s'il trouve « sa femme » au lit avec un autre homme) ?
26. Est-il jaloux de vos amis ou de votre famille ?

27. Pense-t-il que vous êtes avec un autre homme si vous n'êtes pas à la maison quand il téléphone?
28. Pense-t-il que vous le trompez si vous parlez à un homme ou que vous dansez avec un vieil ami?
29. Croit-il que les hommes devraient avoir un salaire plus élevé que les femmes?
30. Est-ce qu'il veut surtout des garçons pour les éduquer à sa manière?
31. Pense-t-il qu'une femme peut faire des études?
32. Se fâche-t-il si les repas sont servis en retard ou si la nourriture n'est pas à son goût?
33. A-t-il des caractéristiques des hommes abusifs que vous avez connus?
34. A-t-il tendance à faire les choses à votre place, même quand vous ne voulez pas de son aide?
35. Lorsqu'il est blessé, est-ce qu'il agit avec colère?
36. Lorsqu'il est en colère, est-ce qu'il boude en silence?
37. Est-ce qu'il boit ou se drogue régulièrement ou pendant quelques jours à la fois?
38. Est-ce qu'il vous ridiculise ou dit que vous êtes «juste une femme»?
39. Vous aimez-vous moins vous-même quand vous avez passé du temps avec lui?
40. A-t-il déjà été emprisonné?
41. A-t-on abusé de lui quand il était enfant?
42. Est-ce qu'il vous place parfois sur un piédestal, disant ne pas vous mériter?
43. Est-ce qu'il désapprouve ou ridiculise des qualités que vous aimez de vous-même?
44. Vous traite-t-il de «féministe» ou de «*butch*» lorsque vous agissez de façon indépendante?
45. A-t-il déjà battu une femme avant de vous connaître? A-t-il déjà été impliqué dans une bagarre?

Si vous avez répondu majoritairement non aux questions 1 à 18, et majoritairement oui aux questions 19 à 45, il est probable que cet homme soit abusif.

Exercice: Caractéristiques de ce nouvel homme

Poursuivez votre réflexion en vous référant à vos listes des exercices précédents : Les caractéristiques des hommes avec lesquels j'ai été en relation (p. 131), Les caractéristiques familiales (p. 132) et Ce qui m'attire chez un homme (p. 134). Ce nouvel homme, a-t-il les caractéristiques des hommes de vos relations passées (abusives) ou de vos nouveaux critères? Comment vous sentez-vous face à ce que vous découvrez?

LES TYPES DE RELATIONS AMOUREUSES

Deborah Sinclair[82] a créé des schémas qui décrivent visuellement les différents types de relations amoureuses. Ces schémas peuvent vous aider à voir dans quel genre de relation vous risquez de vous retrouver.

Les types de relations amoureuses

1 2 3

Le premier schéma représente l'*indépendance*. Cette relation ressemble à celle de deux colocataires qui partagent un logement, mais qui n'ont rien en commun et ne font rien ensemble. Les deux cercles ne se touchent pas.

Le deuxième schéma décrit une relation de *dépendance*. Les deux partenaires vivent l'un pour l'autre et rien d'autre n'existe pour eux. Les deux cercles sont presque complètement superposés. Cette relation est dangereuse : les deux personnes y perdent leur identité et, en cas de violence conjugale, la sortie de secours est peu visible. Dans un tel cas, la séparation sera très difficile : quand une des personnes tentera de s'éloigner, l'autre la suivra, comme un aimant.

Le troisième schéma représente une relation amoureuse positive, que Sinclair appelle l'*interdépendance*. Les deux partenaires peuvent se fier l'un à l'autre. Ils ont beaucoup de points en commun (intérêts, engagements, souvenirs, etc.), mais chacun a aussi sa propre vie : un travail intéressant, des amis, des activités sportives ou culturelles. La vie de chacun enrichit le temps qu'ils passent ensemble.

Finalement, si vous n'éprouvez rien pour un homme, mais qu'au fond de vous-même vous sentez (et tous vous disent) que c'est un « bon gars » et que vous savez que votre relation serait positive avec lui, seriez-vous en train de vous saboter ? La réponse est oui si[83] :

- vous le trouvez trop gentil ;
- vous exagérez ses imperfections ;
- vous le trouvez ennuyeux ;
- ce n'est pas la première fois qu'une telle situation vous arrive ;
- votre liste des caractéristiques de l'homme idéal est si stricte que peu d'hommes pourront y correspondre.

Pour poursuivre la démarche

DEANGELIS, BARBARA. *Are You the One For Me? Knowing Who's Right & Avoiding Who's Wrong,* New York, Delacorte Press, 1992, 353 p.

Bien que le style soit parfois trop direct et que le chemin à suivre semble tracé d'avance, ce livre offre une série d'exercices et d'idées qui peuvent se révéler bien utiles dans la quête d'une relation amoureuse satisfaisante.

HALPERN, HOWARD M. *Adieu : Apprenez à rompre sans difficulté,* Montréal, Le Jour, 1983, 214 p. (En anglais, *How to Break Your Addiction to a Person* est aussi offert sur cassette audio, par Bantam Audio Publishing.)

Dans cet ouvrage, Howard M. Halpern nous éclaire sur ce qu'est la dépendance affective à une personne et nous aide à trouver les solutions possibles pour nous libérer de ce type de dépendance. Il nous prépare ainsi à l'autonomie, sujet dont il traite dans le livre mentionné ci-dessous.

HALPERN, HOWARD M. *Choisir qui on aime : De la dépendance à l'autonomie,* Montréal, Le Jour, 1994, 312 p.

Cet ouvrage vise à faciliter, après une rupture, l'établissement d'une relation amoureuse solide, hors du schéma habituel des relations malsaines. Dans un langage respectueux et sans recourir à des recettes toutes prêtes, l'auteur nous propose une démarche très satisfaisante.

JAYNE, PAMELA. *Ditch That Jerk : Dealing with Men Who Control and Hurt Women,* Californie, Hunter House Publishers, 2000, 226 p.

Vous trouverez mes commentaires sur ce livre à la fin du premier chapitre, à la page 49.

MARLOW, MARY ELIZABETH. *Oser être femme : Mettre la puissance et la sagesse de la féminité dans tous les aspects de notre vie,* Montréal, Les éditions internationales Alain Stanké, 1995, 239 p.

L'auteur nous invite à partager son cheminement, dont le but est de découvrir la « vraie » femme en elle : celle qui combine force et douceur, celle qu'elle est en réalité, et non celle que la société veut qu'elle soit. L'approche, pleine de symboles et de spiritualité, est intéressante.

Ouvrages consultés

DeAngelis, Barbara. *Are You the One For Me? Knowing Who's Right & Avoiding Who's Wrong,* New York, Delacorte Press, 1992, 353 p.

Dowrick, Stephanie. *Intimacy and Solitude: Balancing Closeness and Independence,* New York, W.W. Norton, 1994, 320 p.

Dowrick, Stephanie. *The Intimacy and Solitude Workbook: Self-Therapy for Lasting Change,* New York, W.W. Norton, 1994, 271 p.

Halpern, Howard M. *Adieu : Apprenez à rompre sans difficulté,* Montréal, Le Jour, 1983, 214 p.

Halpern, Howard M. *Choisir qui on aime : De la dépendance à l'autonomie,* Montréal, Le Jour, 1994, 312 p.

Jayne, Pamela. *Ditch That Jerk: Dealing with Men Who Control and Hurt Women,* Californie, Hunter House Publishers, 2000, 226 p.

Marlow, Mary Elizabeth. *Oser être femme : Mettre la puissance et la sagesse de la féminité dans tous les aspects de notre vie,* Montréal, Les éditions internationales Alain Stanké, 1995, 239 p.

Ministère des Services sociaux et communautaires de l'Ontario. *La violence faite aux femmes : Accroître la sécurité des femmes maltraitées et de leurs enfants,* 2000, 149 p.

NiCarthy, Ginny. *Getting Free: You Can End Abuse and Take Back Your Life,* Washington, Seal Press, 1997, 316 p.

Russianoff, Penelope. *Pourquoi certaines femmes ne peuvent s'imaginer vivre sans un homme ?* Montréal, Les Éditions Transmonde, 1988, 201 p.

Sinclair, Deborah. *Pour comprendre le problème des femmes battues : Guide de formation pour les conseillers et les intervenants,* Toronto, Librairie du gouvernement de l'Ontario, 1985, 204 p.

Trépanier, Pierre. *Nouvelles réflexions sur la Vie,* Saint-Sauveur, Éditions Publi-Loisirs, 1996, 158 p.

Wegscheider-Cruse, Sharon. *Apprendre à s'aimer : Développer son estime de soi,* Montréal, Éditions Sciences et Culture, 2004, 158 p.

5
Les enfants en général et celui que j'étais

Il faut savoir d'où l'on vient
pour savoir où l'on va.
AUTEUR INCONNU

Les enfants apprennent par l'exemple, surtout du parent du même sexe. C'est pourquoi le vieil adage « Fais ce que je dis et non ce que je fais » ne fonctionne pas. Tout ce que l'enfant voit et entend influence son développement. On sait d'avance qu'il vivra certains traumatismes et qu'il aura quelques carences, puisque la perfection n'existe pas. Dans ce contexte, le rôle des parents est d'amoindrir le plus possible les aspects négatifs de la vie — sauf en ce qui a trait aux situations d'apprentissage et à l'obligation d'assumer les conséquences de ses actes.

Qu'en est-il lorsque l'enfant vit dans un milieu où il y a de graves problèmes, comme l'alcoolisme ou la toxicomanie, ou la violence du père envers la mère ou l'enfant ? Même si votre enfant n'a pas été témoin ou victime de violence, des querelles intenses et nombreuses au sein du couple et de la famille peuvent le faire souffrir.

« Les enfants exposés à la violence envers les femmes voient, entendent et sont témoins d'actes de violence commis à l'égard de leur mère par leur père ou le conjoint de celle-ci. [...] Même lorsqu'il n'y a pas de violence physique, il règne souvent une atmosphère de crainte, d'anxiété, de colère et de tension au foyer[84]. »

Témoins ou victimes, les enfants ont des problèmes psychologiques et comportementaux similaires[85]. Voici un résumé des effets possibles observés chez les enfants (un seul symptôme n'indique pas nécessairement un traumatisme).

Enfants (jusqu'à 5 ans)[86]

- Maux de ventre, maux de tête.
- Insomnies, peur de l'obscurité, refus d'aller au lit.
- Énurésie (incontinence).
- Angoisses de séparation excessives.
- Gémissements, tendance à s'accrocher, anxiété.
- Problèmes de développement.

Enfants (6 à 12 ans)[87]

- Être cajoleurs ou manipulateurs pour réduire la tension qui règne chez eux.
- Ne plus vouloir quitter la maison en pensant que leur présence protégera leur mère.
- Fuir la maison en pensant que leur absence améliorera les rapports entre les parents.
- Peur de l'abandon.
- Peur d'être tué ou de tuer quelqu'un d'autre.
- Redouter sa propre colère et celle des autres.
- Excès de table, sous-alimentation ou accumulation de nourriture.
- Insécurité, perte de confiance dans l'entourage, surtout si les parents se séparent souvent sans prévenir l'enfant.
- Manque de concentration à l'école ou, au contraire, excellents résultats scolaires.
- Absences répétées.
- Gestes maladroits, enclin aux accidents.
- Tendance à prendre de nombreuses responsabilités, à jouer le rôle de parent.
- Pensées suicidaires, dépression.
- Les effets de la socialisation liée aux rôles sexuels se précisent. « Les garçons ont tendance à contrôler les autres, alors que les filles se contrôlent elles-mêmes [88]. »

Adolescents et adolescentes (13 ans et plus)[89]

- Honte et gêne au sujet de la famille.
- Les filles peuvent être victimes de violence et de domination.
- Les garçons peuvent être forcés de prendre part aux actes de violence.
- Avoir une relation amoureuse pour quitter la maison au plus tôt.
- Dépression, trouble de l'identité, tendances suicidaires.
- Les filles peuvent en arriver à croire qu'il est normal que les hommes soient violents et que les femmes ne méritent pas le respect.
- Les garçons sont plus susceptibles d'être violents à l'égard de leur amie de cœur.
- La violence des garçons est souvent dirigée contre leur mère, leur père ou leurs frères et sœurs.

Les jeunes enfants se sentent responsables de ce qui se produit dans leur vie : la querelle des parents, le décès d'un proche, etc. Lorsque ces problèmes ne sont pas abordés, l'effet sur leur estime personnelle est dommageable et ils deviennent anxieux. Les enfants ont aussi l'habitude d'idéaliser leurs parents, c'est pourquoi ils prennent toutes les responsabilités au lieu d'accuser le parent fautif. Admettre qu'un parent n'est pas parfait s'avère insupportable pour l'enfant.

On doit aussi comprendre que les problèmes sont cumulatifs : si un enfant vit dans la violence depuis sa naissance, il aura, à l'adolescence, tous les effets néfastes bien ancrés en lui ou elle.

Malheureusement, beaucoup de ces enfants ne reçoivent pas l'aide nécessaire. Plusieurs prennent des médicaments pour dépression, agressivité, hyperactivité avec déficit d'attention, etc., sans qu'on leur ait demandé s'il y a de la violence conjugale chez eux. Ces mauvais diagnostics aggravent les difficultés, car ces enfants se croient anormaux, alors qu'ils réagissent normalement à un milieu anormal !

Il ne faut pas oublier les plus silencieux : filles et garçons qui sont très charmants, matures et responsables, prévenants et performants. Puisque ces enfants ne « dérangent » personne, on peut croire qu'ils sont moins malheureux. C'est souvent faux. En fait, on leur vole leur enfance et ils deviennent des adultes perfectionnistes incapables de supporter un échec, de s'amuser et de jouir de la vie. Souvent, à l'âge adulte, ils se lient avec des personnes qui ont besoin d'eux... Les enfants qui cherchent toujours à plaire s'oublient pour les autres. L'approbation d'autrui est leur récompense. Ils taisent leurs pensées et leurs désirs par peur du reproche, de la colère et du rejet. Évidemment, ils finissent par avoir peur de la confrontation et cherchent à l'éviter à tout prix.

UNE ÉTUDE AUPRÈS DES ABUSEURS

Donald G. Dutton[90] a mené une étude auprès de 400 hommes abusifs obligés par la cour à s'intégrer à des groupes d'intervention. Dutton voulait savoir ce qui avait bien pu contribuer au fait que ces hommes développent des croyances et des valeurs qui, à leurs yeux, justifient de violenter leur conjointe. Il a découvert cinq facteurs qui remontent à l'enfance. Ceux-ci sont cités en ordre d'importance :

1. Se sentir rejeté par son père ;
2. Sentir un manque de chaleur chez son père ;
3. Être physiquement abusé par son père ;
4. Être verbalement abusé par son père ;
5. Se sentir rejeté par sa mère.

Ces hommes avaient habituellement des commentaires plus positifs au sujet de leurs mères, malgré leur comportement ambigu. Parfois elles étaient disponibles et chaleureuses ; et parfois, froides et en colère. Cela décrit bien la situation de violence conjugale, où la mère fait de son mieux selon les humeurs du conjoint violent.

Dutton en arrive donc à définir trois processus d'apprentissage pour ces hommes :

- Le processus émotif. Suite à la violence et aux nombreuses expériences de honte vécues dans le milieu familial, ces garçons, devenus hommes, développent une attitude d'attaque pour protéger leurs blessures et pallier leur vulnérabilité.
- Le processus de l'abus. Comme leur père a abusé d'eux ou de leur mère, ces hommes ont appris à leur tour à être abusifs. Ceux qui ont été victimes d'abus émotif « seulement » sont plus enclins à commettre les mêmes abus envers leur partenaire.
- Le processus de la relation de couple. Comme leur attachement est fondé sur la peur, ces hommes se sont assurés de pouvoir user de leur colère et de leur rage dans leurs relations intimes.

La combinaison de ces trois facteurs génère une personnalité abusive. « Le développement complet de la personnalité abusive peut être un processus graduel qui s'étend sur des années, mais la voie à suivre – la façon dont la personnalité abusive se crée – apparaît tôt dans la vie[91]. » C'est pourquoi la raison « je reste pour les enfants » est à reconsidérer…

UN PORTRAIT PLUS GRAND : LA FAMILLE

Danielle DeGarie définit cinq styles d'interventions parentales et décrit leurs effets sur les jeunes[92] :

- Autoritaire. Ce style ressemble à de l'intimidation où l'agressivité et la violence peuvent être courantes. Les jeunes de ces familles ont tendance à avoir une faible estime d'eux-mêmes, à manquer de confiance, à mal se contrôler et à être mal à l'aise avec leurs camarades. Ils peuvent utiliser la violence (comme leur modèle adulte) pour parvenir à leurs fins.
- Couveur. Les parents protègent trop l'enfant, lui évitant les frustrations et les difficultés. En prenant constamment sa défense, ils l'empêchent d'assumer les conséquences de ses actes. Le jeune dépend alors de ses parents et manque de confiance en lui ; il a peur du monde extérieur.

- Ami. Ces parents traitent leurs enfants comme des adultes en miniatures. Ils ne les contredisent pas et ne leur imposent aucune limite. Ces enfants sont donc enclins à l'immaturité. Ils assument moins de responsabilités, sont moins persévérants, plus dépendants et angoissés.
- Décrocheur. Impassibles ou absents, les parents s'affirment peu et ne se sentent pas concernés par l'éducation des enfants. Ils cèdent facilement à leurs caprices. Ces jeunes doivent donc trouver ailleurs l'approbation ou les signes d'intérêt. Ils ont tendance à se sentir vides et abandonnés.
- Démocratique. Les parents sont exigeants et constants, sans être trop contraignants ou trop répressifs. Les règles sont claires, non pas rigides. Les enfants de ces familles auront plus de chances d'être confiants, entreprenants, heureux, altruistes, agréables, curieux et responsables.

La situation parentale dans une famille où il y a de la violence conjugale

Famille « ordinaire »

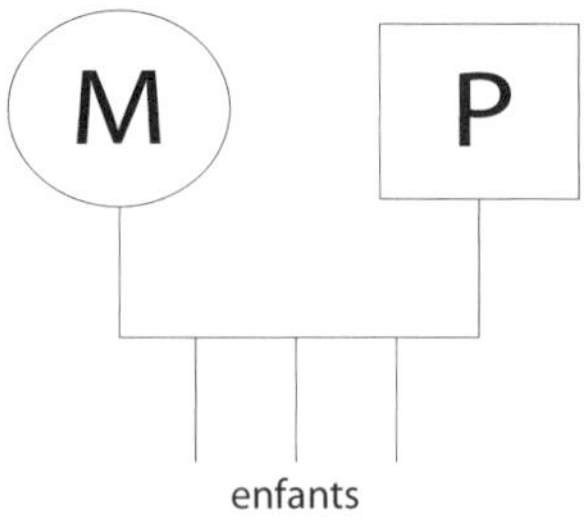

Ce génogramme représente une famille ordinaire. La mère (M) et le père (P), égaux, forment une équipe. Les enfants sont à un autre niveau et ont le même pouvoir les uns envers les autres. Ils peuvent jouir de certains privilèges liés à l'âge, mais ils demeurent des enfants. J'ai choisi ne pas indiquer de sexe pour les enfants, car ici ça n'a pas d'importance.

Famille avec violence conjugale

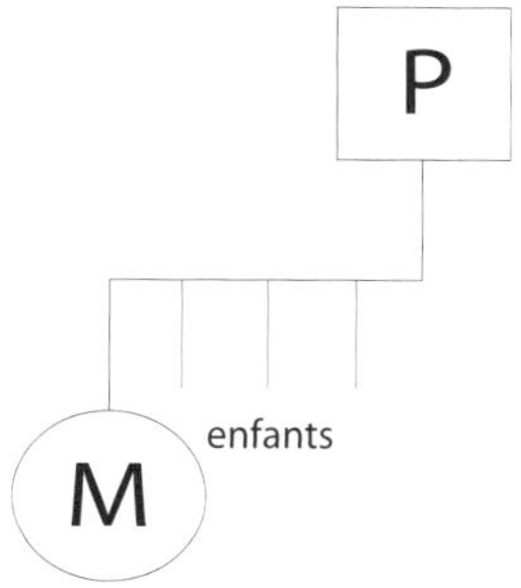

Lorsqu'il y a de la violence conjugale — peu importe le type d'abus —, on observe un déséquilibre du pouvoir chez les parents. Il est évident, pour tous les membres de la famille, que le père a le dernier mot. Il place la mère au niveau des enfants et se retrouve seul au niveau parental. Comment s'y prend-il ? Ses tactiques peuvent être évidentes, mais aussi très subtiles. Lorsque les enfants savent que leur père abuse de leur mère, ils comprennent qu'il la domine. Le père peut aussi saboter indirectement les efforts de la mère en la contredisant ou en ordonnant aux enfants de lui désobéir. Par exemple, pour punir un enfant, la mère lui interdit de sortir durant trois jours, mais le lendemain le père annule la punition et permet à l'enfant d'aller jouer dehors. Dans un tel contexte, la mère a de la difficulté en termes d'autorité, car les enfants ne voient pas la pertinence de lui obéir. De plus, il arrive que le père repousse la mère plus bas que les enfants. La hiérarchie de la famille a alors trois niveaux, la mère étant au bas de l'échelle. Dans ces familles, les actes abusifs sont habituellement directs et visibles.

Enfant, allié du père

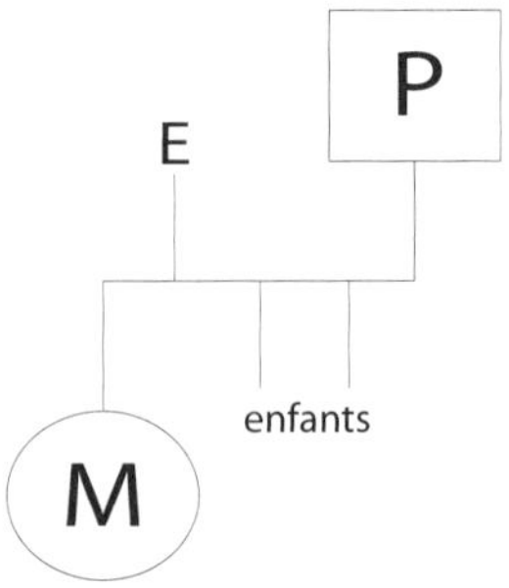

Il arrive que le père fasse d'un enfant (E) son allié. Souvent, c'est l'aîné. Celui-ci a plus de droits et de pouvoir que la mère et les autres enfants. Nous avons alors un génogramme à trois (ou quatre) niveaux. Cependant, lorsque ce garçon devient adolescent, il peut perdre ses privilèges s'il remet en question les décisions ou les agissements de son père. Il risque alors d'être rétrogradé au niveau des enfants. Évidemment, cela ne se fait pas sans heurt. Ensuite, pour être certain que la même situation ne se reproduira pas, le père fait équipe avec la petite benjamine influençable. Il va sans dire que cette situation favorise l'inceste.

Père absent

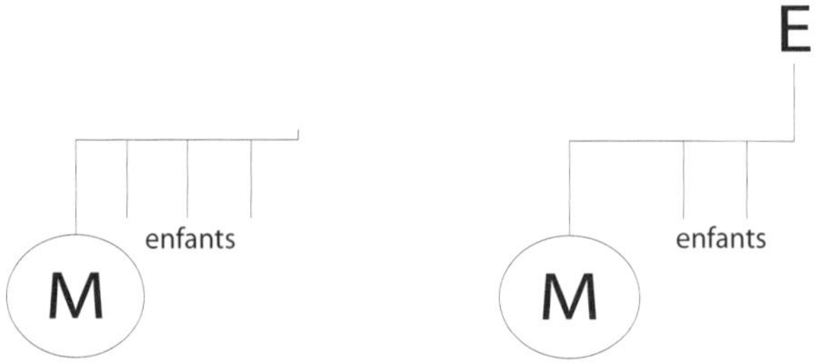

Lorsque le père n'est plus là, à la suite d'une séparation ou d'un décès, et que la mère garde les enfants, la famille s'articule alors comme dans le génogramme de gauche. Tous les membres de la famille sont égaux et ont à peu près le même pouvoir. La mère doit faire beaucoup d'effort pour se faire obéir, car elle est comme une grande sœur. (N'oublions pas qu'elle est même parfois à un niveau plus bas.) À ce moment-là, un des enfants, habituellement l'aîné (ou l'aînée si tous les enfants sont des filles ou si ses frères sont beaucoup plus jeunes), peut décider de remplacer le père. C'est parfois l'allié du père disparu. La famille s'organise alors selon le génogramme de droite. Dans un tel cas, remplacer le père signifie aussi reproduire ses méthodes : dominer les autres et abuser d'eux.

Si le couple est séparé, la plupart du temps le père continue de contrôler la famille à distance, par ses contacts avec ses enfants. Il discrédite la mère à leurs yeux, rendant sa tâche encore plus difficile. Cette mère doit alors ramener l'enfant « dominant » au niveau des enfants et reprendre sa place au niveau parental. Cela est souhaitable, pour tous, même pour cet enfant, car sa position est malsaine. Souvent, la mère aura besoin de quelqu'un qui comprend sa situation et qui peut l'aider à reprendre le pouvoir (et non pas le faire à sa place). Cela est une des étapes les plus difficiles à franchir après une séparation.

Le père et la mère[93]

Dans notre société, on a tendance à croire que, si le conjoint n'est violent qu'envers sa conjointe, il peut tout de même être un bon père. Qu'en pensez-vous ? Actuellement, on opte souvent pour la garde partagée après la séparation des parents. On tient pour acquis que les deux personnes sont d'excellents parents et qu'elles sauront s'entendre pour le bien des enfants. Or, ce n'est pas le cas à cause du déséquilibre du pouvoir qui existe dans le couple. Si l'homme violentait sa conjointe, nous savons qu'il continuera, même après la séparation, à vouloir contrôler la famille et surtout à dominer son ex-conjointe. Le tort fait aux enfants est alors considérable.

Il n'est pas rare de voir un père qui ne s'occupait pas de ses enfants avant la séparation réclamer tout de même la garde partagée. C'est sa manière de conserver le pouvoir sur son ex-conjointe. En plus d'obtenir des informations par le biais de ses enfants, il a une bonne excuse pour aller chez son ex-femme ou pour lui téléphoner.

Souvent, une fois qu'il a obtenu la garde partagée, il ne respecte pas l'entente et s'occupe peu des enfants. Ou il essaie de leur faire croire qu'ils sont mieux avec lui qu'avec leur mère. De plus, ce genre d'homme a l'habitude de se trouver rapidement une autre partenaire, avec qui il finira par agir comme avec la mère de ses enfants. Bref, peu importe comment cet homme réagit en présence des enfants, ceux-ci se retrouvent dans un milieu similair, mais, cette fois-ci, leur mère n'est plus là pour les protéger.

Si l'on revient aux cinq styles d'interventions parentales et au deuxième génogramme vu plus haut, on peut se demander comment parler d'intervention démocratique quand le père maltraite la mère. Rappelons d'abord les caractéristiques des hommes qui maltraitent leur partenaire[94]. Ils :

- désirent tout contrôler (en particulier dans la famille) ;
- n'acceptent pas la responsabilité de leurs actes et blâment les autres ;
- nient et minimisent la violence ou son effet sur les enfants ;
- ont des attentes irréalistes concernant leur partenaire (et leurs enfants) ;
- projettent leur colère sur d'autres personnes (habituellement dans la famille) ;
- isolent leur partenaire et s'isolent souvent eux-mêmes ;
- adhèrent à une définition rigide du rôle de la femme et de l'homme ;
- ont besoin de sauver les apparences (le secret familial) ;
- s'attendent à ce que les autres comprennent leurs sentiments, mais ont du mal à compatir aux souffrances des personnes qu'ils blessent.

Bien entendu, les valeurs et les actions de ces hommes ne sont pas un modèle adéquat pour les enfants… C'est ce qui ressort du livre de Bancroft et Silverman, *The Batterer as Parent* : « On ne peut aborder les habiletés parentales d'un abuseur sans tenir compte de ses autres comportements, parce que le spectre complet de sa conduite a des implications importantes sur la dynamique de la famille[95]. »

Un parent de style démocratique doit connaître le développement de l'enfant et s'y intéresser. Il doit être prêt à l'écouter et parfois à négocier avec lui ou elle. Le bien-être de l'enfant doit être prioritaire. Un père abusif a-t-il ces habiletés ? Puisque, pour lui, s'occuper des enfants est une « histoire de femme », il a habituellement très peu de connaissances générales au sujet du développement de l'enfant. De plus, ayant besoin d'être le plus fort, il est peu probable qu'il admette ses lacunes en tant que parent et demande de l'aide. En refusant de voir les effets de son comportement sur les enfants, il maintient le statu quo.

Pour être démocratiques, deux parents doivent avoir des compétences et des valeurs semblables, et agir en équipe, ce qui est impossible quand le père domine la mère. Souvent, celle-ci a de bonnes compétences parentales, mais elle ne peut pas toujours les exploiter : elle et les enfants essaient simplement de survivre. Après une séparation, la mère reprend son rôle progressivement et la qualité de ses compétences refait surface. Il n'est pas rare qu'elle veuille s'intégrer à un groupe de parents pour s'améliorer et pour aider ses enfants à surmonter les répercussions de la violence. Comparativement à un autre parent, cette mère fait face a une difficulté supplémentaire : ses méthodes disciplinaires ne doivent pas réveiller le traumatisme de la violence chez ses enfants. Par exemple, si le père enfermait souvent les enfants dans leur chambre et que ceux-ci ne pouvaient plus qu'entendre (et s'imaginer) ce qui se passait ailleurs dans la maison, la mère ne doit pas utiliser cette punition, car les enfants réagiraient très mal. Sur le plan social, nous observons le même phénomène chez les adolescents dits délinquants qu'on envoie dans un camp de type militaire. Cette méthode autoritaire n'a pas les effets escomptés, puisque la moitié de ces jeunes ont été témoins de violence conjugale[96] et qu'ils ont l'impression de revivre le cauchemar de leur vie familiale.

Revenons aux mères. Si elles veulent avoir de l'aide, je leur suggère de commencer par s'intégrer à un groupe de femmes violentées afin de faire une démarche de dévictimisation et de retrouver leur pouvoir personnel. Parfois, cette démarche suffit ou elles peuvent vouloir poursuivre en adressant leur rôle de mère. Les services pour femmes violentées, fondés sur une participation volontaire, sont débordés, alors que les services pour hommes violents accueillent presque exclusivement des individus envoyés par la cour…

Il arrive que la mère refuse de reprendre son autorité, car, pour elle, discipliner équivaut à abuser, comme le modèle du père. On observe souvent cette situation chez les femmes qui ont grandi dans un milieu violent. Le problème, c'est qu'elles confondent certaines notions : autorité, colère, contrôle, discipline, pouvoir. Mettons un peu d'ordre là-dedans.

Le **pouvoir**, c'est être capable de…, susceptible de…, en état de…, à même de…, en mesure de… Donc, le pouvoir, c'est le fait de disposer des moyens qui permettent une action.

L'**autorité**, c'est le droit de commander, la capacité de se faire obéir.

La **discipline**, c'est une règle de conduite commune aux membres d'un groupe, d'une collectivité, susceptible de faire régner l'ordre. C'est aussi une façon d'agir qu'on s'impose. Discipliner, c'est inculquer le sens du devoir, de l'obéissance.

Le **contrôle** est un pouvoir qui permet la maîtrise de soi ou de quelque chose. Contrôler signifie maîtriser, dominer.

La **colère** est une émotion (voir le chapitre 2).

Lorsque nous examinons ces définitions, il faut considérer deux aspects :

– Dans quelle sorte de relation voulez-vous appliquer ces notions ? Une relation adulte-adulte ou parent-enfant ? La relation entre deux adultes est égalitaire, alors que l'enfant dépend du parent, ce qui crée une **relation d'autorité** : « lorsqu'une personne en autorité exerce un pouvoir sur une autre[97] ». Et unepersonne en

position d'autorité, « c'est-à-dire qui, à cause de son titre, sa fonction, ses connaissances ou sa responsabilité, détient un pouvoir sur une autre personne[98] ». Comme un parent.

– Avez-vous peur de ces mots, ou de l'abus qu'on peut en faire ? Un **abus de pouvoir** a lieu quand « la personne en position d'autorité utilise son pouvoir, son autorité, c'est-à-dire son statut, son rôle ou sa responsabilité pour nourrir ses besoins personnels au détriment de la personne placée sous son autorité[99] ».

Résumons. Pensons à une relation mère-enfant. La mère détient l'**autorité**, car l'enfant dépend d'elle pour sa survie. Avec l'autorité vient le **pouvoir**. La mère est maîtresse d'elle-même et a les moyens d'accomplir son devoir envers l'enfant. Elle **contrôle** la situation. Pour maintenir l'ordre dans la famille, elle utilise la **discipline**. Il va de soi qu'à l'occasion la mère ou l'enfant ressentira de la colère et toutes sortes d'autres émotions. La mère doit alors veiller à ne pas se rendre coupable d'**abus de pouvoir**. Le bien-être de l'enfant doit être la priorité absolue de la mère. L'enfant ne doit pas servir à combler ses besoins personnels. Par exemple, une mère peut faire garder son enfant pour avoir un peu de temps pour elle, mais elle ne doit pas lui confier ses difficultés de femme, car cela risquerait d'entraver le développement émotif de l'enfant. Abuser de l'enfant (physiquement, verbalement, psychologiquement, sexuellement) est un abus de pouvoir, car l'adulte utilise l'enfant pour assouvir ses besoins. Le bien-être du parent éclipse alors celui de l'enfant. En bref, le problème est l'abus et la violence, et non pas la discipline, l'autorité, le pouvoir, le contrôle et la colère. Qu'en pensez-vous ?

LES ENFANTS DEVENUS ADULTES

Comment a été votre enfance ? Avez-vous aujourd'hui comblé les lacunes d'autrefois ? (N'oubliez pas que, malgré toute la bonne volonté des parents, personne n'a eu une enfance parfaite, car la perfection n'existe pas.) Votre passé influence votre vie actuelle, et il influencera aussi votre futur si vous refusez d'y faire face. Bien évidemment, il ne s'agit pas de vivre dans le passé, mais bien d'en atténuer les effets. Comme le dit Lyne Castonguay, amie et collègue : « C'est pour ça que, sur une auto, il y a un immense pare-brise, pour regarder par-devant, et un petit miroir pour voir par-derrière. » Je n'ai pas de pouvoir sur mon passé, mais j'en ai sur mon présent et, jusqu'à un certain point, sur mon avenir…

J'avais juré ne pas faire comme ma mère, et j'y parvenais. Mais que se passait-il vraiment ? Ça allait mal dans mon couple, mon fils m'insultait et me frappait. Malgré tous mes efforts, je ne parvenais pas à accomplir tout ce que je croyais avoir à faire. J'étais épuisée. Un bon jour, sans trop savoir ce que cela pourrait m'apporter, je suis allée en thérapie. J'ai rencontré quelqu'un digne de confiance, à qui je pouvais parler sans peur du ridicule. Aujourd'hui, j'aime ma vie. Je suis une personne plus complète, plus adulte. Je m'affirme, je prends ma place, et le positif rayonne autour de moi. Quand on aime, on n'est pas censé avoir mal. C'est ce que j'ai compris. Ma mère me disait souvent qu'elle m'aimait, mais ses actes démentaient ses paroles. J'ai fini par la détester. Je savais que ce n'est pas parce qu'on a été abusé qu'on va automatiquement abuser des autres à notre tour. Cependant, qui on est comme personne détermine qui on est comme parent. Lorsque mon fils, qui maintenant me respecte, m'a demandé pourquoi je ne l'avais pas envoyé dans une famille d'accueil lorsqu'il me maltraitait, je lui ai répondu : « Je t'ai enseigné au lieu de t'abandonner. » Et j'ai pensé : pas comme mes parents avaient fait pour moi…

TÉMOIGNAGE

EXERCICE : Les séquelles de l'enfance

Afin de comprendre les contrecoups de votre enfance, remplissez le questionnaire suivant, qui pourrait faciliter votre démarche personnelle.

Questionnaire[100]

Écrivez si oui ou non ces énoncés s'appliquent à vous.

Souvent, j'ai l'impression de manquer d'amour, même si je suis entourée de personnes qui m'apprécient. ______
Je me sens souvent malheureuse et je ne sais pas pourquoi. ______
Dans plusieurs situations, je ne sais pas ce qui est normal. ______
Je me sens souvent traitée injustement. ______
J'ai toujours peur de ne pas avoir assez de ce dont j'ai besoin.
Je me sens souvent coupable sans savoir pourquoi. ______
Souvent, je crains que les autres « découvrent » la vérité en ce qui me concerne. ______
Je suis souvent impatiente avec les autres, car j'ai l'impression qu'ils se croient supérieurs à moi. ______
J'ai peur de la colère des autres et je fais tout pour l'éviter. ______
Je suis souvent enragée contre la vie. ______
Je manifeste souvent de la colère contre ceux qui n'y sont pour rien. ______
En amour, j'ai très peur et je m'attends à être abandonnée. ______
Habituellement, je pense que rien ne fonctionnera bien pour moi. ______
Je me demande souvent si une situation est abusive. ______
Je trouve plus facile d'accepter l'abus plutôt que d'affronter les situations abusives. ______
J'ai tendance à vouloir réagir violemment en cas de conflit.
Je trouve difficile de demander ce dont j'ai besoin. ______
Je sens souvent que je ne suis pas à ma place. ______
Je me sens inférieure à la majorité des gens que je rencontre. ______
Je ressens souvent le besoin de prouver ce que je peux faire. ______

Je m'empêche souvent de faire quelque chose par peur de l'échec. ______
J'ai du mal à relaxer et à ne rien faire. ______
J'exprime difficilement mes sentiments. ______
Ma vie émotive est morne ; j'éprouve peu de sentiments. ______
Mes relations se terminent souvent mal. ______
Je me souviens très peu de mon enfance. ______
Je m'excuse souvent ou je sens que je devrais le faire, même lorsque je sais que je ne suis coupable de rien. ______
Je minimise mes accomplissements. ______
J'ai de la difficulté à prendre des décisions. ______
Je me sens vulnérable si je ne suis pas constamment valorisée. ______
L'engagement personnel me terrorise. ______
J'ai peur de l'engagement, pourtant j'en aurais tant besoin. ______
J'ai peur que mes enfants éprouvent plus tard les souffrances qui m'affligent aujourd'hui. ______
Je me lie constamment avec des gens indignes de confiance. ______
Je reste loyale à ces gens, peu importe le tort que cela me cause. ______
Je confonds fréquemment la pitié avec l'amour. ______
Je ne sais jamais lorsque j'ai fait assez de travail. ______
Je prétends souvent vivre des sentiments que je ne ressens pas. ______
J'ai tendance à m'engager sexuellement sans savoir si la situation est saine ou sécuritaire. ______
Je me sens très anxieuse quand je ne suis pas amoureuse. ______
J'ai souvent singé les autres au lieu d'agir spontanément. ______
Je suis angoissée la plupart du temps. ______
Je me lance corps et âme dans toutes sortes de tâches impossibles. ______

Je fonde ma valeur personnelle sur l'approbation des autres. ______

J'ai souvent l'impression d'avoir laissé tomber les autres. ______
On dirait que je passe sans cesse d'une crise à l'autre. ______
Je cherche à soulager mon anxiété dans les comportements compulsifs. ______
Si je ne suis pas aimée inconditionnellement par tout le monde, j'ai l'impression que quelque chose cloche chez moi. ______
Lorsque je ne me sens pas aimée, je m'isole. ______
Lorsque des conflits ou des problèmes m'affligent, je ressens de l'impuissance. ______

Comptez le nombre de « oui ». Multipliez ce nombre par 2, puis soustrayez le produit de 100. Plus le total est petit (par rapport à 100), plus votre passé vous a causé des préjudices.

Les parents

Susan Forward, dans son livre *Parents toxiques*[101], parle de ces parents qui causent régulièrement du tort à leurs enfants et qui continuent d'agir de la sorte lorsque les enfants sont devenus des adultes. Ce sont évidemment les parents qui font subir la violence verbale, physique et sexuelle aux enfants, ou qui infligent des châtiments corporels. Forward identifie aussi les *parents-dieux*, qui se croient parfaits ; les parents *déficients*, qui sont à la charge des enfants ; les parents *dominateurs*, qui dirigent, manipulent ou culpabilisent leurs enfants ; et les parents *alcooliques*.

Les enfants-adultes d'alcooliques[102]

Examinons un peu les parents alcooliques. On sait que leurs enfants risquent, plus que la moyenne, de boire ou de se droguer plus tard, ou de se lier avec une personne qui a une telle dépendance.

Un milieu où un ou les deux parents sont alcooliques ou toxicomanes est chaotique. La vie y est imprévisible, donc angoissante pour l'enfant dont les besoins ne sont habituellement pas prioritaires.

Souvent, un enfant doit prendre soin de ses parents et de ses frères et sœurs plus jeunes. Les règles sont aléatoires et les frontières personnelles, inexistantes. On y observe parfois de la violence conjugale ou familiale, y compris l'inceste. L'enfant prisonnier d'un tel milieu a tendance à s'isoler à cause de la honte. Les adultes qui ont connu cette vie ne savent pas toujours ce qui est « normal » et ce qui ne l'est pas. Ils ont souvent du mal à accomplir des tâches jusqu'au bout, semblent fatalistes (ils emploient beaucoup des termes comme « toujours » ou « jamais »). Ces hommes et ces femmes peuvent être très responsables ou très irresponsables. Ils vivent souvent dans le mensonge pour ne pas dire ou pour ne pas voir la vérité de leur vie.

En outre, ils ont de la difficulté à rire et à s'amuser. Impulsifs, ils réagissent mal aux changements, surtout lorsqu'ils sentent qu'ils ne maîtrisent pas la situation. Souvent, ils et elles se sentent différents des autres et ont des relations humaines problématiques, spécialement dans l'intimité. Ils se jugent sévèrement. Leur loyauté peut être exagérée, même envers des gens qui ne la méritent pas. Ces personnes ont appris trois règles : Ne parle pas ! Ne fais confiance à personne ! Ravale tes émotions !

La famille saine ou malsaine

Selon Susan Forward[103], une famille saine favorise l'individualité, la responsabilité personnelle et l'indépendance. Elle encourage les enfants à développer leurs potentialités et le respect de soi. Les parents sont de style démocratique.

En comparaison, une famille malsaine décourage l'expression individuelle. Chacun doit se conformer aux pensées et aux actions des parents. Les individus sont fusionnés les uns aux autres. Leur individualité est effacée.

EXERCICE : Les croyances et règles familiales[104]

Tracez deux colonnes sur une feuille. Dans celle de gauche, dressez la liste des croyances que vous avez envers vos parents. Par exemple : « C'est à moi de rendre mes parents heureux. » Ensuite, dans la colonne de droite, à côté de chacune des croyances, écrivez PARCE QUE et achevez la phrase. Par exemple : C'est à moi de rendre mes parents heureux, « parce qu'ils ne peuvent pas vivre sans moi. » Qu'apprenez-vous à votre sujet ? Cet exercice vous aide-t-il à comprendre certains de vos sentiments ou certains de vos comportements ?

L'enfant intérieure

Il existe une théorie suivant laquelle l'enfant que nous avons été se trouve toujours en soi. Chaque femme porte la petite fille qu'elle fut ; chaque homme, le petit garçon. Que l'on en soit consciente ou non. Celle-ci porte en elle les blessures du passé et les carences de l'enfance. Voici comment on pourrait illustrer le phénomène :

L'adulte portant l'enfant

Si ses blessures ne sont pas guéries ou ses carences comblées, cette petite fille peut ressurgir à tout moment. Par exemple, lorsque vous éprouvez une émotion exagérée et que vous ne savez pas ce qui vous arrive, c'est que la petite fille intérieure a pris le dessus. Sa souffrance vous a envahie. La situation a probablement mortifié ses blessures encore vives. L'adulte et l'enfant ont changé de place, se retrouvant alors comme ceci :

L'enfant portant l'adulte

Pour ne plus que cela vous arrive, vous devez aider la petite fille à guérir ses blessures. Comment ? En devenant son amie et en lui donnant ce dont elle a besoin. VOUS SEULE AVEZ ACCÈS À ELLE. Lorsque les femmes ne sont pas en contact avec leur petite fille, elles cherchent ce qui leur manque à l'extérieur d'elles-mêmes, souvent dans leurs relations amoureuses. Elles cherchent mais ne trouvent pas, car la solution est en elles. En se liant avec leur petite fille intérieure, elles n'ont plus besoin des autres pour essayer de combler le vide. Et puis, mieux elles sont avec cette petite fille, plus elles auront des relations amicales ou amoureuses satisfaisantes. Par contre, les femmes qui sont prisonnières d'une relation destructrice vivent des souffrances qui s'ajoutent à celles de la petite fille... Jusqu'à ce qu'on l'affronte pour la résoudre, la souffrance est cumulative. Une blessure par-dessus d'autres blessures, ça fait mal !

Les femmes qui sont aussi mères ont avantage à soigner leur relation avec leur petite fille intérieure. Parfois une mère cherche à discipliner son enfant, puis soudain rien ne va plus. Sa petite fille intérieure, blessée et souffrante, refait surface. À ce moment-là, qu'observe-t-on ? Deux enfants ! C'est pourquoi, comme je l'ai déjà mentionné, une femme qui veut amorcer une démarche personnelle a avantage à commencer par travailler les aspects de sa vie de femme avant d'aborder son rôle de mère. Ces concepts peuvent vous sembler bizarres, mais ils sont valides. N'oubliez pas que, même si vous choisissez d'ignorer la petite fille, elle est en vous et y restera jusqu'à votre mort. L'apprivoiser, c'est guérir les blessures de l'enfance et reprendre le contrôle de sa vie. Il existe de nombreux livres à ce sujet, mais l'essentiel de la démarche se trouve dans l'exercice suivant.

EXERCICE : L'équipe adulte-enfant intérieure

Installez-vous confortablement et soyez assurée de ne pas être dérangée. Respirez et relaxez. Par la visualisation, allez vers la petite fille à l'intérieur de vous. Où est-elle ? Est-elle seule ? Sinon, qui est avec elle ? Comment va-t-elle ? A-t-elle l'air triste ou joyeuse ? S'amuse-t-elle ou s'est-elle recroquevillée dans un coin ? Ensuite, entrez dans la scène, essayez de lui parler en vous intéressant à elle. Éventuellement, demandez-lui ce dont elle a besoin et ce qu'elle attend de vous. Habituellement, sa réponse ressemble à : « J'ai besoin d'une caresse, d'une parole gentille, de savoir que tu es là pour moi... » (Sa réponse aura sûrement un rapport avec le questionnaire que vous avez rempli précédemment.) Donnez-lui ce dont elle a besoin et restez avec elle tant que vous voulez. Avant de la quitter, dites-lui que vous reviendrez la voir, que vous ne l'oublierez pas. Il se peut que vous viviez des émotions fortes, surtout si vous n'aviez jamais vu cette petite fille. Revenez dans la pièce, mais seulement lorsque vos émotions se sont adoucies.

Parfois, la petite fille est gênée ou a peur. Vous avez du mal à la voir ou à la rejoindre. Soyez patiente, ne brusquez pas les choses. Faites l'exercice de temps en temps et vous la rencontrerez. Vous pouvez utiliser une photo de vous-même, enfant. Votre rôle est d'apprivoiser cette enfant. Laissez aller votre imagination. N'oubliez surtout pas que c'est vous qui devez prendre soin de la petite fille, et non l'inverse…

Entrez régulièrement en contact avec elle. Bientôt, vous pourrez faire cet exercice partout et en peu de temps. Lorsque vous vous sentirez bouleversée, d'une intensité qui vous surprend, allez à l'intérieur de vous pour rassurer la petite fille. Quelques secondes plus tard, vous pourrez revenir dans l'adulte et faire face à la réalité. Vous finirez par sentir que vous et elle faites équipe. Les femmes qui avaient de la difficulté à se retrouver seules se sentiront moins seules et plus satisfaites en tant que personne. Avec le temps, les vides de la petite fille seront comblés, ses blessures, guéries, et elle aura moins souvent besoin de vous. Une rencontre occasionnelle suffira, comme avec une amie. L'important est d'écouter, et vous trouverez vos réponses.

EXERCICE : Correspondre avec la petite fille

Cet exercice est un dialogue écrit entre vous et la petite fille. Votre main non dominante est la petite fille ; l'autre main, c'est vous. Par exemple : si vous êtes droitière, écrivez de la main droite (votre main dominante) ce qui vous passe par la tête : « Bonjour ! » Puis, de la main gauche, écrivez la réplique qui surgit, comme : « Où étais-tu ? » Ne guidez pas la démarche. Vous serez étonnée par ce que vous écrirez. De ce fait, vous pouvez en apprendre beaucoup sur vous-même.

Réflexion

En lisant dans un livre cette phrase: «Si je traitais mes amis comme je traite mes enfants, est-ce que j'aurais beaucoup d'amis?», j'ai pensé à une autre phrase: «Si je traitais mes amis comme je me traite moi-même, est-ce que j'aurais beaucoup d'amis?» Cela m'a permis de comprendre que si je me traitais mieux, c'est-à-dire si j'étais plus douce, plus tendre à mon égard, si je me donnais le droit de me tromper sans m'accabler de reproches, si je me donnais le droit de dire non, de prendre ma place, etc., je traiterais sans doute mieux ceux qui m'entourent. Je serais plus douce avec eux, plus tendre, je leur permettrais de faire des erreurs. Finalement, j'ai compris que mon intolérance envers les autres n'est souvent que le reflet de mon intolérance envers moi-même.

Et si je commençais à croire en moi, à m'aimer malgré les messages que je reçois parfois de ceux qui ne s'aiment pas (et qui sont intolérants avec moi, comme ils le sont avec eux), malgré l'impression, venue de mon enfance, que je n'étais pas vraiment quelqu'un de valable…

Et si je commençais à agir envers moi-même comme aurait agi le papa ou la maman de mes rêves…

Et si je choisissais d'être, pour moi, le papa et la maman de mes rêves…

Auteur anonyme

Pour poursuivre la démarche

Bancroft, Lundy et Jay G. Silverman. *The Batterer as Parent: Addressing the Impact of Domestic Violence on Family Dynamics*, Californie, Sage Publications, 2002, 240 p.

Les auteurs, intervenants auprès d'hommes violents, examinent la violence conjugale sous tous ses aspects en rapport avec les abuseurs et leurs enfants : la vie à la maison, les disputes judiciaires pour la garde des enfants et les droits de visite, etc. Ils ont utilisé des recherches pour étayer leurs idées et offrent toute une série de conseils. Je recommande vivement ce livre aux professionnels qui travaillent dans le domaine et aux personnes qui veulent défendre leur cause. Si vous êtes dans cette dernière situation et vous sentez incomprise, pourquoi ne pas suggérer à votre avocat ou avocate, ou aux intervenants qui s'occupent de la protection de la jeunesse, par exemple, de lire cet ouvrage ?

Forward, Susan. *Parents toxiques : Comment échapper à leur emprise*, Alleur, Marabout, 2002, 348 p.

À mon avis, confronter ses parents n'est pas une « nécessité ». Mais il n'en demeure pas moins que je trouve ce livre suffisamment complet et riche d'informations pour permettre une bonne démarche personnelle.

Gil, Eliana. *Outgrowing the Pain: A Book for and about Adults Abused as Children,* New York, A Dell Trade Paperback, 1983, 88 p.

Cet ouvrage est un petit bijou. Facile à lire, illustré de bandes dessinées, il couvre l'essentiel de la manière dont les abus (au sens large) subis durant l'enfance influent sur la vie à l'âge adulte. Il propose une démarche personnelle encourageante. Hélas, il est maintenant difficile à trouver.

Woititz, Janet G. *Struggle for Intimacy… Dedicated to Adult Children of Alcoholics*, Floride, Health Communications, 1985, 101 p.

Abordant toute une gamme de thèmes (la peur de l'abandon, les frontières, les attentes, la sexualité, etc.), ce livre s'adresse plus particulièrement aux personnes qui ont grandi dans une famille où l'abus d'alcool était omniprésent. Son principal objectif est de les aider à se sentir moins seules. L'auteure est considérée comme une experte dans le domaine.

Ouvrages consultés

BANCROFT, LUNDY ET JAY G. SILVERMAN. *The Batterer as Parent: Addressing the Impact of Domestic Violence on Family Dynamics*, Californie, Sage Publications, 2002, 240 p.

DEGARIE, DANIELLE. *Les stratégies du fonceur : Persévérez dans l'action et surmontez les difficultés,* Saint-Hubert, Les éditions Un monde différent, 2002, 206 p.

DUTTON, DONALD G. *The Abusive Personality: Violence and control in intimate relationships,* New York, The Guilford Press, 1998, 214 p.

FORWARD, SUSAN. *Parents toxiques : Comment échapper à leur emprise,* Alleur, Marabout, 2002, 348 p.

JAFFE, PETER. *Annual Report*, London Court Clinic, 1987.

JAFFE, PETER ET COLLAB. « Similarities in Behavior and Social Maladjustment among Child Victims and Witnesses to Family Violence », *American Journal of Orthopsychiatry*, n° 56, 1985, p. 142-146.

LARSEN, EARNIE. *Old Patterns, New Truths: Beyond the Adult Child Syndrome. A workbook,* San Francisco, A Harper/Hazelden Book, 1988, 104 p.

LAURIN, MARTHE, PIERRE H. TREMBLAY ET COLLAB. *Quand ça gronde dans ma famille : Trousse de sensibilisation au dépistage des enfants témoins de violence conjugale,* Montréal, CECOM, Hôpital Rivière-des-Prairies, 1997, guide d'intervention (22 p.) et vidéocassette (28 min).

MILLER, ANGELYN. *The Enabler: When Helping Hurts The Ones You Love,* Californie, Hunter House, 1988, 126 p.

MINISTÈRE DES SERVICES SOCIAUX ET COMMUNAUTAIRES DE L'ONTARIO. *La violence faite aux femmes : Accroître la sécurité des femmes maltraitées et de leurs enfants,* 2000, 149 p.

SANTÉ CANADA. *Les enfants exposés à la violence conjugale et familiale : Guide à l'intention des éducateurs et des intervenants en santé et en services sociaux,* 1999, 65 p.

VALIQUETTE, MARIE. *Le pouvoir sans abus*, Montréal, Les Éditions Logiques, 1997, 309 p.

WOITITZ, JANET G. *Enfants adultes d'alcooliques : Pour les enfants de familles dysfonctionnelles rendus à l'âge adulte,* Montréal, Éditions Sciences et Culture, 2002, 208 p.

6

Le passé sexuel

Je veux pas devenir femme
Je veux pas qu'on me voie
Souillée par ce drame
Je veux plus être moi.

SUZIE BILODEAU

La sexualité est très importante dans toute démarche personnelle, puisque nous sommes des êtres sexués. Avant d'aborder la sexualité telle que vous la percevez dans votre vie actuelle, nous allons examiner ce qui vous a influencée dans ce domaine jusqu'à maintenant.

L'ÉDUCATION SEXUELLE

Toute personne a reçu une éducation sexuelle durant l'enfance et l'adolescence. Cette éducation peut vous être parvenue de différentes sources et avoir contenu différents messages. Elle peut avoir été positive ou négative, utile ou nuisible, mais la plupart des gens ont reçu une éducation sexuelle de qualité moyenne.

Nous pouvons dire qu'une éducation sexuelle a été plutôt positive si elle :

- respectait le rythme d'apprentissage de l'enfant ;
- était basée sur les besoins de l'enfant plutôt que sur ceux des parents ;
- était empreinte de respect ;
- contenait des informations vraies transmises dans un vocabulaire adéquat ;
- combattait les mythes, préjugés et stéréotypes ;
- faisait simplement partie de la vie de tous les jours.

Votre expérience est-elle très différente de ce modèle ? Si oui, il est important de regarder les effets de votre éducation sur votre façon de percevoir la sexualité, car c'est par l'éducation que nous nous développons comme personne de sexe féminin, comme femme dans sa globalité, consciente de ses rôles, de son corps et de ses fonctions, des relations femme-femme, femme-homme, etc.

L'éducation qui nous influence le plus est celle que nous recevons à la maison. L'école et les amis sont parfois de bonnes sources de renseignements, mais les attitudes sont souvent transmises au sein de la famille. Certaines femmes disent qu'elles n'ont pas reçu d'éducation sexuelle à la maison, car le sujet était tabou. En vérité, le simple fait de ne pas aborder un aspect aussi important de l'être humain transmet de nombreux messages aux enfants. L'éducation sexuelle passe donc par les mots, mais aussi par les demi-mots et les non-dits.

De nombreuses raisons peuvent expliquer pourquoi un enfant a reçu une éducation déficiente : la religion l'empêchait ; les parents étaient embarrassés face à leur propre sexualité ; il existait un grave problème à la maison (maladie chronique, alcoolisme, violence, etc.).

Une éducation néfaste est souvent dominée par les mythes, les préjugés et les stéréotypes. On peut en avoir retenu que la sexualité est sale ; que c'est un péché dont il ne faut pas parler ; qu'on ne doit pas s'adonner à ces pratiques dégoûtantes, surtout si on est une femme ; que l'homosexualité constitue un crime contre la nature ; etc. Selon un mythe répandu, les hommes auraient de plus nombreux besoins sexuels que les femmes, et celles-ci devraient donc satisfaire ces derniers. Ce genre d'éducation véhicule habituellement des inégalités entre les hommes et les femmes. Ceux-là ont plus de droits ; celles-ci sont à la merci des hommes. Quant aux filles, il est surtout question de leur virginité. Or, combien d'entre elles ont eu un malentendu avec leur premier amant, qui les croyait encore vierges alors que l'hymen était perforé ? De nos jours, puisque les filles sont de plus en plus actives, cette membrane qui obstrue partiellement l'entrée du vagin est souvent absente lors de la première relation sexuelle. Elle se déchire au cours d'activités physiques vigoureuses. Donc, la virginité ne peut plus se définir de cette manière. De toute façon, quel serait l'équivalent masculin ?

La masturbation est aussi un exemple d'inégalité. Nier aux filles le droit de se masturber les empêche de découvrir leur corps et leur érotisme. Cela crée un autre conflit entre les hommes et les femmes, car tout le monde sait que la majorité des garçons se masturbent. À l'âge adulte, ils savent ce qu'ils aiment et n'aiment pas. Les filles le découvrent plus tard, alors qu'elles sont, pour la plupart, déjà actives sexuellement depuis de nombreuses années.

LES EXPÉRIENCES SEXUELLES

À toute éducation sexuelle se rattachent des expériences sexuelles, en solitaire ou avec d'autres. Ces dernières, pour être saines, doivent avoir lieu entre personnes du même âge, de même sexe ou non, dans un climat de respect et de consentement. Nous parlons alors du développement « normal » de la personne.

Notons qu'au Canada 25 % des filles sont agressées sexuellement avant l'âge de 16 ans[105]. Dans le monde, un tiers des adolescentes affirment que leur première expérience sexuelle leur a été imposée[106]. Le fait d'être à la merci de quelqu'un occasionne de graves répercussions.

Plusieurs facteurs influencent l'intensité des effets que cet abus aura sur la victime. Ils sont tous importants et agissent à leur façon. Mentionnons entre autres :

- L'état personnel de la fille avant la ou les agressions : le niveau de son estime personnelle et confiance en soi, qualité de son réseau familial et social ;
- Réaction des gens de son entourage face à son abus (on ignore, on la croit ou la blâme) ou face à l'abus de quelqu'un d'autre (ex. elle a vu comment ces gens ont réagi lorsque ça s'est produit pour sa cousine.) ;
- Qui est l'agresseur ? Quelqu'un en qui elle a vraiment confiance ou quelqu'un qu'elle ne reverra probablement jamais ?
- Le déroulement de l'agression et sous quelle forme (agressif ou doux). Contrairement à la croyance populaire, un abus «en douceur» est tout aussi dommageable qu'un abus avec violence;

- Chantage ou menaces de l'agresseur;
- Si le corps de la victime a réagi «de façon agréable» pendant l'agression. Si oui, souvent les victimes se sentent coupables alors que le corps n'a eu qu'une réaction physiologique à une stimulation;
- Si l'enfant/l'adolescente s'est rendue «volontairement» sur les lieux.

LES CONSÉQUENCES DE L'ABUS SEXUEL DURANT L'ENFANCE

Je me suis inspirée de l'ouvrage de Blanche Landry[107], survivante d'un inceste et aujourd'hui psychothérapeute, pour faire une liste des séquelles qu'on peut observer chez les victimes. Au point de vue juridique, l'inceste implique des personnes unies par la consanguinité (y compris les demi-frères et les demi-sœurs)[108] mais sur le plan psychologique, lorsque la personne abusive a un lien de confiance et d'autorité envers l'enfant, les conséquences sont très similaires, qu'il y ait un lien de sang ou non.

Les répercussions au niveau personnel

- Culpabilité et honte.
- Colère.
- Perte de confiance en soi et faible estime de soi.

  « Dominée par de tels sentiments destructeurs, la victime a souvent une image d'elle-même très négative. Non seulement elle ne se sent pas digne de confiance, mais le manque d'estime de soi, associé à l'impression d'avoir été mutilée ou pervertie lui fait aussi perdre confiance dans les autres. Elle ne peut plus être elle-même, car l'agresseur lui a volé sa personnalité et son identité. Elle a de la difficulté à prendre des décisions et à exprimer ses sentiments, refuse toute réussite dans sa vie et ne prend aucun risque. Certaines victimes, minces et attrayantes, se perçoivent comme si elles étaient grosses et laides. Quelques-unes s'engagent même dans de nombreuses relations — souvent désastreuses — afin de se prouver qu'elles sont désirables. D'autres exhibent leur corps, une façon pour elles de protéger leur intégrité. Afin de ne pas appartenir à leur père, elles choisissent de s'exposer au regard des autres. Notons que 80 % des prostituées ont un passé incestueux[109]... »

Une adolescente qui se prostituait m'a déjà dit : « Au moins, je sers à quelque chose... »

- Sentiment d'avoir été trahie par l'abuseur, la société (si on a porté l'affaire devant les tribunaux), l'opinion publique (qui souvent accuse la victime).
- Sentiment d'injustice et d'impuissance.
  Une autre jeune prostituée m'a dit : « Tant qu'à me faire abuser, je suis aussi bien de me faire payer. »
- Sentiment d'être à part des autres.
- Sentiment d'avoir été souillée.
- Comportements autodestructeurs afin d'étouffer les souffrances (drogues, alcool, médicaments, automutilation, troubles de l'alimentation, etc.).
- Ambivalence. La victime oscille entre les extrêmes, car, enfant, elle n'a pas pu crier sa révolte de peur de perdre l'amour de son père (attirance/répulsion ; amour/haine).
- Intolérance. La victime est susceptible d'exploser dans les situations « où elle ressent l'impuissance ou la peur de se faire manipuler et exploiter comme dans le passé. C'est sa façon de contrôler ce qu'elle n'a pu combattre autrefois »[110].
- Mépris pour les femmes. La victime peut mépriser sa mère, qui ne l'a pas protégée, et, du même coup, haïr tout ce qui représente être une femme.
- Peur des hommes.

J'ai appris à ne pas faire confiance aux adultes, surtout pas aux hommes. Je croyais que je ne méritais pas mieux et que je n'étais bonne qu'à ça...

TÉMOIGNAGE

- Perpétuation des stéréotypes (la femme est la possession de l'homme, qui décide de tout et contrôle tout).
- Dépression (sentiment d'impuissance extrême).
- Dissociation et dépersonnalisation. La dissociation est un mécanisme de défense qui consiste à quitter son corps par l'esprit lorsque celui-ci se fait molester. Une survivante d'inceste m'a dit un jour que, dans ces circonstances, elle pensait : « Tu as mon corps, mais tu n'auras pas mon âme ! »
  Avec le temps, la dissociation peut devenir une habitude, et la femme peut ne plus ressentir le plaisir que son corps peut lui procurer dans les moments agréables. Nous parlons alors de dépersonnalisation.

Des relations difficiles avec les autres

- Relations troubles avec les adultes et conception ambiguë du couple.
- Obsession de la perfection envers toute personne qui pourrait oser l'aimer.
- Dépendance affective : « Besoin irrésistible d'avoir une autre personne comme centre d'intérêt[111]. »
- Rôle de victime à répétition. Parfois, pour une femme : « L'attitude de soumission et de passivité acquise autrefois face à son agresseur la place dans des situations où elle est toujours en position de victime, reproduisant ainsi le *pattern* de son enfance. Elle a un besoin irrépressible de vaincre ce qui l'a jadis écrasée. Elle tente à ce moment de contrôler ce qui fut incontrôlable dans le passé[112]. » Tout cela est évidemment inconscient.
- Besoin excessif d'aider les autres. Le fait d'avoir quelqu'un qui dépend d'elle lui procure un certain sentiment de pouvoir, et puis elle se sent utile, voire indispensable.
- Relations parfois difficiles avec ses enfants. N'ayant pas pu apprendre ce qu'est l'affection saine entre un adulte et un enfant, elle peut avoir du mal à exprimer ses émotions à ses enfants ou à établir un climat d'intimité adéquat.

Les difficultés d'ordre sexuel

- Apprentissage de faussetés sur la sexualité (les hommes ont de plus grands besoins sexuels que les femmes ; si mon corps réagit, c'est que j'aime ça).
- Sexualisation de toute relation humaine. Se percevant comme un objet sexuel, certaines femmes peuvent adopter des comportements à connotation sexuelle pour obtenir de l'attention et de l'affection. Elles finissent par considérer l'amour et le sexe comme un tout.
- Dépendance sexuelle.
- Orientation sexuelle confuse.
- Absence de désir sexuel.
- Vaginisme. Contraction involontaire des muscles du vagin, empêchant la pénétration.
- Dyspareunie. Douleur lors d'un rapport sexuel (souvent par lubrification insuffisante, qui peut être causée par un manque d'excitation sexuelle).
- Anorgasmie. Incapacité à atteindre l'orgasme. On observe ce désordre surtout chez les femmes qui ont peur de se « laisser aller », de perdre le contrôle.
- Refus de la féminité.

Les troubles psychosomatiques et physiques

- Troubles du sommeil.
- Anorexie.
- Boulimie et obésité.
- Oubli (amnésie) partiel ou total de certaines périodes de sa vie (surtout de l'enfance et de l'adolescence).
- Troubles du langage, par exemple le bégaiement.
- Crises d'anxiété, flash-back.
- Dévalorisation du corps.
- Maux de tête chroniques.
- Maux de ventre.
- Douleurs aux seins, au dos, à la gorge.

– Constipation.
– Etc.

Le corps porte les mémoires de la vie et se souvient de toutes ses blessures. Souvent, l'endroit où il a mal est relié à ce qui s'est produit durant l'abus. Ainsi, il n'est pas rare d'observer des douleurs à la gorge ou des troubles digestifs chez des femmes qui ont dû faire une fellation contre leur volonté, surtout si l'homme leur a éjaculé dans la bouche. « Le corps se souvient, car il est la scène du crime[113]. »

EXERCICE : Réflexion sur l'enfance et l'adolescence

Les questions suivantes vous sont proposées à titre d'exemples, mais je vous encourage à poursuivre par vous-même la réflexion. L'exercice sera encore plus profitable si vous le faites par écrit.

– Durant l'enfance et l'adolescence, qu'avez-vous appris au sujet des garçons et des hommes, des filles et des femmes, de la sexualité en général ? De la masturbation, de l'homosexualité, de la sexualité avant le mariage, à l'intérieur du mariage ? Perceviez-vous des différences entre mariage, union libre et couple stable ? Si oui, quelles étaient ces différences ?
– Quels messages avez-vous reçus au sujet des menstruations, de la grossesse, de la ménopause, de tout ce qui est spécifique au corps des femmes ?
– Est-ce que vous vous sentiez en sécurité chez vous lorsque vous étiez dans votre chambre, dans la salle de bains ou ailleurs ? Respectait-on votre intimité et votre espace ? Craigniez-vous qu'on divulgue vos secrets ou qu'on vous touche sans votre consentement ? Pouviez-vous faire confiance aux autres ?
– Aviez-vous un confident, une confidente, qui pouvait répondre à vos questions ? Si oui, les réactions étaient-elles bonnes ? Les informations étaient-elles vraies ?

– Si vous aviez des frères, vos parents les traitaient-ils différemment ? Si oui, de quelle manière ?
– Adolescente, quelles étaient vos lectures ? Avez-vous lu des romans à l'eau de rose ? Qu'y avez-vous appris au sujet des relations humaines et de la sexualité des femmes et des hommes ?

LES EXPÉRIENCES DES FEMMES

Les expériences sexuelles de l'âge adulte influencent aussi notre conception de la sexualité. Les choses seront très différentes selon qu'on a une vie sexuelle satisfaisante ou marquée par les agressions. Petit rappel : une femme est victime d'abus sexuel si elle doit régulièrement écouter des blagues sexuelles dégradantes, si elle se fait humilier sexuellement ou si elle se sent obligée d'avoir des contacts sexuels sous peine de représailles. Le chantage émotif, la menace ou la force peuvent être utilisés pour exercer la domination.

Il me disait : « Tu le sais que lorsque je suis satisfait, toute la famille est heureuse… »

TÉMOIGNAGE

Mon conjoint me gardait enceinte et isolée. J'ai bien essayé d'y échapper. Je cachais mes pilules anticonceptionnelles, mais il les retrouvait toujours et n'était pas content ! Nous n'avions pas souvent de relations sexuelles, car il voyait d'autres femmes. Mais plus le nombre de nos enfants augmentait, plus je me sentais dépendante de lui. Je suis enfin parvenue à le quitter, mais aujourd'hui je dois élever toute seule mes cinq enfants.

TÉMOIGNAGE

Les femmes risquent plus de se faire agresser sexuellement par leur copain ou leur conjoint que par un étranger. On dit que 80 % des victimes connaissent l'agresseur : environ 10 % des femmes sont agressées par un ami ; 41 % par une connaissance ; 28 % par un membre de la famille ; 20 % par un inconnu[114]. Selon une étude, 83 % des femmes victimes de violence conjugale sont aussi victimes de violence sexuelle au sein de leur couple[115]. Même si depuis 1983 au Canada, et depuis 1980 en France, le « viol conjugal » est un crime, ce sujet est encore tabou et sera toujours troublant : « Lorsque tu es violée, tu dois vivre avec un souvenir effrayant. Lorsque tu es violée par ton mari, tu dois vivre avec le violeur[116]. »

Toujours selon cette dernière étude, nombre d'agresseurs (environ 61 %) consomment fréquemment de la pornographie[117]. Plus de 45 % des répondantes affirment que leur conjoint leur demandait souvent de reproduire une scène vue dans une vidéo, un film, une revue ou un spectacle[118]. Par la pornographie, les hommes justifient leurs goûts, attentes et croyances, qui sont basés sur la domination des femmes. Ils nourrissent ainsi leurs fantasmes et disent à leur conjointe que toutes les femmes aiment ça.

Certaines femmes, pour garder la paix ou par « devoir conjugal », ont des relations sexuelles sans en avoir envie. Elles disent parfois qu'elles « font la planche ». Il est à noter que ce comportement occasionne, pour les femmes, les mêmes conséquences négatives qu'une agression, puisque les hommes se servent de leur corps contre la volonté de celles-ci. Évidemment, nous ne parlons pas ici de la femme qui accepte de faire l'amour même si elle est fatiguée, pour faire plaisir à son conjoint, et qui finit par avoir du plaisir.

Toute agression entraîne des conséquences semblables pour les victimes, y compris les femmes violentées sexuellement à l'âge adulte.

« Bien sûr, durant l'agression, elles ressentent de l'humiliation, de la colère, de l'impuissance, de la peur. Elles se sentent dévalorisées à un plus haut point. Après, elles ont honte, se sentent trahies et coupables. Leur sentiment d'isolement est très élevé, car elles pensent que ça n'arrive qu'à elles. Elles essaient, en vain, d'oublier car c'est trop pénible.

« À long terme, les répercussions sont grandes. Elles ont peur d'être agressées à nouveau, perdent confiance dans les hommes, ont une aversion envers l'intimité et la sexualité, développent des problèmes sexuels. Elles ont fréquemment des flash-back et des cauchemars terrifiants.

« Tout cela a évidemment des répercussions sur leur santé physique. Habituellement, ces femmes deviennent nerveuses, anxieuses, déprimées. Elles ressentent une fatigue chronique. Elles ont des troubles du sommeil, de la digestion, ont des maux de tête et des douleurs musculaires. Elles développent des problèmes d'ordre gynécologique[119]. »

Des trucs pour contrer certaines conséquences néfastes

La dissociation

La dissociation se produit lorsque l'esprit quitte le corps. L'intensité de la dissociation peut varier d'un niveau faible (tomber dans la lune, comme tout le monde fait) jusqu'à une dissociation complète, où la personne recrée, bien involontairement et inconsciemment, une scène pénible de sa vie (tout comme un rôle dans une pièce de théâtre).

Si vous souffrez de dissociation, c'est-à-dire que vous «décrochez» de l'ici et maintenant et que cela vous occasionne des problèmes, voici quelques trucs susceptibles de vous aider :

- Apprenez à reconnaître les signes avant-coureurs de la dissociation : changement du rythme respiratoire, raidissements, regard fixe, altération des émotions, étourdissements, perte de la notion du temps et du lieu. Si vous savez pressentir ces épisodes, vous pourrez les éviter ou diminuer leur ampleur.
- Lorsque vous vous sentez « partir », accrochez-vous au présent. C'est ce que nous appelons « s'ancrer ». Fixez du regard un objet et analysez tous ses détails. Par exemple, posez les yeux sur un tableau et considérez les couleurs, le dessin, la perspective, la lumière, etc. Si les événements traumatisants sont liés à l'enfance, regardez vos mains et constatez que ce sont des mains d'adulte, et non d'enfant. Promenez votre regard autour de vous et dites-vous que vous êtes dans un lieu sécuritaire (si c'est le cas). Tout

peut vous être utile. (Si ça ne vous cause pas de mal!) L'important est de rester dans l'ici et le maintenant.

- Dites-vous que cette réaction est passagère.
- Concentrez-vous sur votre respiration.
- Si cela vous arrive souvent en présence de personnes dignes de confiance, mettez au point avec eux une méthode d'intervention. J'ai connu une femme, survivante d'inceste, à qui il fallait dire son prénom, sur un ton un peu ferme, mais doux. Il fallait aussi lui dire où elle se trouvait, avec qui (dire Johanne, pas seulement «avec moi»), et lui rappeler qu'elle était en sécurité. Cette méthode lui permettait de s'ancrer et de se sortir de cette dissociation. Pour une autre femme, le fait de lui parler de ses enfants la recentrait.

Bonjour! Je veux vous parler de mon expérience. Je me suis sentie si seule. Peut-être que vous aussi vous vous sentez seule en ce moment. Aujourd'hui, je peux dire que j'ai une vie agréable, mais, comme j'ai survécu à un inceste, j'ai vécu l'enfer même à l'âge adulte. Pendant des années, j'ai souffert de flash-back et de dissociations intenses. Je veux partager avec vous ce que j'ai appris depuis lors.

D'abord, il est primordial d'aller chercher de l'aide le plus tôt possible quand on voit qu'on ne s'en sortira pas seule. Plus nous attendons, plus les mécanismes de survie s'enracinent, et il est alors extrêmement difficile de s'en défaire. Assurez-vous de dénicher une personne digne de votre confiance, qui s'y connaît dans ce domaine et qui peut vous aider convenablement. Après quelques rencontres, vous saurez si c'est la bonne personne pour vous. Si ce n'est pas le cas, allez ailleurs, jusqu'au moment où vous trouverez celle qui vous conviendra. Cette relation est importante, car elle vous permettra aussi de reprendre confiance dans les gens.

Ensuite, prenez garde aux mauvais diagnostics et aux médicaments. À cause de mes dissociations, on me disait schizophrène, et je devais prendre une quantité ahurissante de médicaments. J'étais si droguée qu'aucune thérapie était possible. J'ai dû subir un sevrage pénible avant même de pouvoir amorcer une démarche personnelle.

J'ai arrêté de me faire du mal et de me venger sur moi-même. J'ai commencé à me regarder et à m'apprécier, ce qui m'a amenée à me traiter avec douceur. J'ai alors appris à prendre soin de moi de toutes sortes de manières. En même temps, j'ai appris à ne pas toujours me laisser abattre par les autres. J'ai trouvé des trucs pour faire face à ma colère, pour m'ancrer lors des dissociations, pour me libérer. Plusieurs sont dans ce livre. Le plus important de tous ces trucs, c'est de REPRENDRE LE CONTRÔLE DE SA VIE ! »

TÉMOIGNAGE

Si vous souffrez de crises d'anxiété...

Les symptômes sont variés, mais, de façon générale, le corps se met à paniquer et s'active tout entier : le cœur bat rapidement, le rythme respiratoire s'accélère, on transpire, on a des étourdissements, des élancements à la tête, des émotions intenses (peur, insécurité, impression de devenir folle). Sachez reconnaître ces symptômes. La première fois qu'on éprouve une telle crise, ou lors d'un épisode particulièrement intense, on peut croire qu'on a une crise cardiaque ou un accident vasculaire cérébral.

Rassurez-vous en vous disant que ce n'est qu'une réaction temporaire à un élément (ou événement) déclencheur que le corps vient de percevoir.

Bien que vous puissiez avoir envie d'agir rapidement pour vous en sortir, le mieux est de relaxer et d'attendre que ça passe. Sinon, vous entrez dans un cercle vicieux : vous paniquez parce que vous êtes en crise, et plus vous paniquez, plus la crise s'intensifie. Toute méthode de relaxation peut vous être utile, mais ne vous attendez pas à vous en souvenir durant une crise, car, à ce moment-là, les pensées sont souvent confuses. C'est pourquoi nous vous recommandons de porter sur vous une liste de choses à faire pour vous calmer. De plus, il y a la trousse d'urgence décrite au chapitre 9, « Prendre soin de soi », qui peut vous être utile.

Parfois la respiration est si rapide qu'on souffre d'hyperventilation. À ce stade, l'oxygène ne parvient pas au sang, ce qui cause des faiblesses et des étourdissements. Pour contrer l'hyperventilation, il faut disposer d'un «contenant» qui vous permet d'inspirer et d'expirer le même air. Il y a le truc du sac de papier dont l'ouverture est appliquée sur le nez ET la bouche. Vous pouvez former un tel «sac» avec une couverture si vous êtes au lit, ou vous servir d'un vêtement. Vous pouvez aussi utiliser vos deux mains en vous assurant de fermer toutes les ouvertures qui pourraient laisser l'air s'échapper.

Des trucs contre les flash-back et les cauchemars

Un flash-back agit un peu de la même manière qu'une crise d'anxiété: c'est une réaction temporaire à un élément déclenchant, par exemple une odeur, un geste, un objet. Mais dans ce cas ce sont les souvenirs qui s'activent, et non pas seulement le corps, comme une bande vidéo qui se met en marche. Il est donc important de se rappeler que ce phénomène est temporaire. Puisque le scénario semble réel, il est important de s'ancrer dans le présent, comme lors d'une dissociation. Et pratiquez-vous à respirer calmement et profondément.

Il arrive que des flash-back se produisent lors de relations sexuelles. Si tel est le cas, il est préférable d'éviter les gestes ou positions qui pourraient rappeler les abus sexuels passés. Par exemple, si l'agresseur vous a pénétrée par-derrière, évitez de faire la même chose dans votre vie sexuelle actuelle. Cela dit, il se peut que, grâce à la confiance en votre partenaire, vous arriviez à ne plus avoir à éviter cette position. Et si ça persiste? Toute personne a ses préférences et des choses qu'elle refuse de faire au plan sexuel…

Quant aux cauchemars, il y a deux trucs que les femmes trouvent utiles:

- **Écrire.** Certaines femmes notent leurs rêves et leurs cauchemars. Écrire permet de mettre en perspective, de tout examiner avec recul et objectivité. De plus, cette pratique permet souvent d'évacuer le cauchemar de votre système.
- **Modifier la fin.** Dès que vous vous réveillez d'un cauchemar, modifiez-le en ajoutant la fin de votre choix. L'important est que

vous en sortiez victorieuse, que le scénario soit réaliste ou non. Par exemple, si vous vous réveillez au moment où un poursuivant vous rattrape, retournez à cette scène et imaginez qu'un éclair vous frappe et vous transmet une immense force physique. À ce moment-là, vous vous mettez à courir « à la vitesse de l'éclair », semant votre agresseur !

Les principes sous-jacents de toute thérapie sexuelle

(Dans le chapitre « La sexualité », vous trouverez des exercices qui pourront vous aider.)

- Avant d'amorcer toute démarche pour régler une dysfonction sexuelle, il est important de s'assurer que la difficulté ne relève pas d'une condition médicale ou n'est pas un effet secondaire d'un médicament.
- Il est difficile pour une femme d'améliorer sa vie sexuelle si ses problèmes de couple sont nombreux ou si son ou sa partenaire abuse d'elle.
- Tout commence par la connaissance de soi.
- Respectez vos valeurs et votre rythme.
- La respiration et la relaxation sont des outils de grande utilité.
- L'imaginaire (les fantasmes) enrichit toute démarche.

Oui, j'ai pensé que j'étais frigide, que tout était ma faute, que j'avais des problèmes, pas lui… Mais c'est fini, je ne serai JAMAIS PLUS *comme ça.*

Lorsque je vais visiter une connaissance, je commence par cogner à sa porte, pas vous ? Moi, je croyais que mes seins étaient des poignées de porte : il commençait toujours de cette manière, me saisir les seins. Aucune caresse, directement au but (le sien), et voilà ! Je devais jouir en deux minutes, sinon c'était fini. Comme si mes seins étaient des boutons et youppie ! j'ai un orgasme ! Oui, j'ai joui avec lui lorsque nous étions ensemble, avant notre mariage, au temps où il me faisait l'amour… Il semble que le mariage était pour lui un laissez-passer pour baiser n'importe quand, à SA *manière. Je ne sais plus combien de fois je lui ai dit que sa méthode ne m'excitait pas, et même qu'elle me dégoûtait. Cela dit, ce n'était pas seulement l'acte sexuel qui me répugnait, mais aussi la façon dont il me traitait dans la vie de tous les jours. Une fois, il m'a suggéré d'aller consulter quelqu'un, parce qu'il croyait vraiment que j'étais frigide. Pourtant, je me rappelais le temps où nous faisions l'amour et je me demandais bien pourquoi j'étais devenue comme ça. Je n'avais pas beaucoup d'expérience sexuelle, mais j'ai fait de mon mieux jusqu'au jour où il a lâché la bombe : il m'a dit que tous les hommes sont des hypocrites, qu'ils n'admettent pas qu'ils baisent juste pour se vider ! En fait, c'est exactement comme ça que je me sentais avec lui : une poubelle. Ce fut un point tournant pour moi. Le peu d'intérêt que j'avais venait de disparaître. Quelle sensation ! Je me rappelle les nombreuses nuits où j'ai baisé avec lui par devoir, où j'ai pleuré dans la salle de bains, sentant le vide en moi, alors que c'est lui qui s'était vidé, qui m'avait violée. Quelle destruction ! Je ne crois pas pouvoir décrire la douleur que j'ai ressentie durant ces années avec lui. Il criait après moi, et une demi-heure plus tard il voulait du sexe, il voulait se vider, et il ne comprenait pas pourquoi je n'avais pas le goût. J'étais une femme frigide… J'avais besoin d'aide… J'ai eu cette aide, mais ça n'a pas eu l'effet qu'il souhaitait. Je suis partie, et vous savez quoi ? Je ne suis vraiment pas frigide !*

Tout ça pour dire que, pour moi, faire l'amour n'est pas seulement un acte sexuel, mais une relation qui dure vingt-quatre heures par jour. Mon mari abusait de moi de plusieurs manières et ç'aurait dû m'exciter… ? Ouais…

TÉMOIGNAGE

EXERCICE : Réflexion sur l'âge adulte

Faites le bilan de votre vie sexuelle depuis que vous êtes adulte. Qu'est-ce que cela a changé à ce que vous aviez appris comme enfant et adolescente ? Ces expériences d'adulte ont-elles amélioré un passé difficile ou ont-elles permis à ce passé de se perpétuer ? Ont-elles assombri un passé positif ? Ou, au contraire, ont-elles permis de poursuivre le positif ? Prenez le temps de tout examiner : mieux vous vous connaîtrez, plus votre démarche personnelle sera satisfaisante et rapide.

EXERCICE : Je me libère

Sur une feuille, écrivez les mots-clés qui résument toutes les expériences sexuelles négatives que vous avez eues. Par exemple, un nom peut vous rappeler tout ce que cette personne vous a fait vivre. Un mot peut évoquer un abus sexuel particulier. Faites le bilan le plus complet possible. Si vous n'aimez pas écrire, vous pouvez faire des dessins ou vous enregistrer sur cassette. Ensuite, dites : « Je me libère de… » Et détruisez la feuille (ou la cassette). N'importe quel moyen fera l'affaire, en autant qu'il est sécuritaire, mais n'oubliez pas les restes !

Pour poursuivre la démarche

Bass, Ellen et Laura Davis. *The Courage to Heal: A Guide For Women Survivors of Child Sexual Abuse,* New York, Harper & Row, 1994, 493 p.

Cet ouvrage simple et complet peut être fort utile aux femmes désireuses d'entreprendre une démarche par rapport aux abus sexuels subis durant l'enfance. Il est habituellement très apprécié.

Forward, Susan. *Parents toxiques : Comment échapper à leur emprise,* Alleur, Marabout, 2002, 348 p.

Dans ce livre, quelques chapitres se rapportent à la question des abus sexuels dans le milieu familial. Ils peuvent faciliter une démarche générale face aux parents lorsque plusieurs formes d'abus ont eu lieu dans la famille.

Landry, Blanche. *Le secret de Blanche : Témoignage,* Montréal, Les Éditions de l'Homme, 1999, 282 p.

Psychothérapeute, Blanche Landry est une survivante d'inceste. Dans ce livre, elle fait le récit de sa démarche de libération. Dans la deuxième partie, elle a inclus des moyens de guérir qui seront utiles à toute femme ayant vécu le traumatisme de l'inceste. Cet ouvrage est un message d'espoir.

Ouvrages consultés

BRADDOCK, CAROLYN J. *Body Voices,* Californie, PageMill Press, 1995, 275 p.

COURTOIS, CHRISTINE A. *Healing the Incest Wound : Adult Survivors in Therapy,* New York, W.W. Norton & Company, 1988, 396 p.

DOLAN, YVONNE M. *Resolving Sexual Abuse : Solution-Focused and Ericksonian Hypnosis for Adult Survivors,* New York, W.W. Norton & Company. 1991, 237 p.

FINKELHOR, DAVID ET KERSTI YLLO. *License to Rape : Sexual Abuse of Wives,* New York, Holt, Rinehart and Winston, 1985, 258 p.

LANDRY, BLANCHE. *Le secret de Blanche : Témoignage,* Montréal, Les Éditions de l'Homme, 1999, 282 p.

MALTZ, WENDY ET BEVERLY HOLMAN. *Incest and Sexuality : A Guide to Understanding and Healing, Massachusetts,* Lexington Books, 1987, 166 p.

OUIMETTE, JOHANNE. « La sexualité forcée », Femmes d'Action, vol. 20, nº 5, 1991.

REGROUPEMENT PROVINCIAL DES MAISONS D'HÉBERGEMENT ET DE TRANSITION POUR FEMMES VICTIMES DE VIOLENCE. *La sexualité blessée : Étude sur la violence sexuelle en milieu conjugal,* Montréal, 1987, 88 p.

7
La sexualité

L'érotisme est un talent.
JOCELYNE ROBERT

Maintenant que vous avez abordé votre éducation sexuelle et vos expériences, demandez-vous ce que la sexualité représente dans votre vie actuelle. Ce chapitre, qui comporte deux sections, vous aidera à répondre à vos questions. La première section favorise la réflexion; la seconde contient des exercices qui vous aideront à vous épanouir.

SECTION 1 : QUE REPRÉSENTE LA SEXUALITÉ POUR VOUS ?

Qu'est-ce que cela signifie pour vous, être une femme ? Je veux dire « femme » dans sa globalité : valeurs, attitudes, vécu, féminité (ce qui est exclusif au corps des femmes), etc. Dans le domaine de la sexualité, méfiez-vous des statistiques et des recettes faciles. Tout cela encourage une course à la performance qui s'avère néfaste pour une sexualité épanouie. L'idéal est de définir ce qui est bon pour soi, tout en se rappelant qu'il n'y a rien de mal à tenter des expériences nouvelles si on en a envie.

Je vous conseille de ne consommer ni alcool ni drogue lorsque vous faites cette démarche : ces substances pourraient produire des réactions négatives ou, au contraire, causer des sensations agréables qui pourraient vous amener à associer la drogue et l'alcool au plaisir sexuel. Quoi qu'il en soit, allez à votre rythme et appréciez ce que vous faites pour vous-même.

EXERCICE : Réflexions

Je vous suggère de faire cet exercice par écrit, car, en vous relisant, vous pourrez approfondir vos réponses. Et n'oubliez pas ceci : il n'y a ni bonnes ni mauvaises réponses.

- Pour vous, y a-t-il une différence entre les mots « sexe » et « sexualité » ? Si oui, définissez chacun des termes. Avez-vous expérimenté concrètement chacune de ces notions ? Vos réponses sont-elles stéréotypées (par exemple : « Seules les femmes minces ont une vie sexuelle satisfaisante ») ? Sont-elles sexistes (vraies pour un sexe, fausses pour l'autre) ? Pouvez-vous vivre cela autrement qu'avec un ou une partenaire ? Seule ? (Parfois, les femmes ont une définition si large de la sexualité que cela pourrait tout aussi bien décrire leur relation avec leur chat !) Soyez précise.
- La sexualité (ou le sexe ; ou les deux) satisfait quels besoins ? Qu'est-ce que vous attendez de la sexualité ?
- Si vous n'êtes pas en couple, pouvez-vous vivre votre sexualité ? Si oui, comment ? Sinon, pourquoi ?
- La drogue et l'alcool influencent-ils votre vie sexuelle ? Et les médicaments ? Si oui, dans quelle mesure ?
- Que pensez-vous de la masturbation ? Des relations sexuelles avant le mariage ? De l'homosexualité ? Etc.

SECTION 2 : DES POSSIBILITÉS D'ÉPANOUISSEMENT

Le corps et ses portes d'entrée

Le corps est ce qui permet à l'humain d'entrer en contact avec ce qui l'entoure, avec les autres êtres vivants ou les objets inanimés. C'est ce que les autres voient de nous en premier, ce qui leur fait dire que nous existons. Le cerveau, quant à lui, est comme un ordinateur : il doit se nourrir d'informations pour comprendre le monde, et ce sont nos cinq sens, les portes d'entrée, qui les lui procurent. Le cerveau analyse ces données et transmet les résultats à la conscience : j'aime, je n'aime pas ; ça aiguise ma curiosité ; ça me rappelle un souvenir, bon ou mauvais ; ça m'angoisse ; ça m'excite ; ça m'apaise ; ça me révolte. Plus je suis consciente de mes sens, mieux je sais ce que mon environnement peut me procurer, et plus je suis consciente de moi-même. Dès lors, je suis en mesure de me créer un environnement agréable, qui stimulera mes sens comme je le désire.

L'objectif des exercices qui suivent est de vous aider à reprendre contact avec votre corps et vos sens. Ils s'adresseront progressivement à votre sensualité (le plaisir par les sens) et à votre érotisme (ce qui amène le plaisir sexuel).

Le goût

Nous, Nord-Américains, mangeons beaucoup. Or, goûtons-nous vraiment tout ce que nous absorbons ? Selon les diététistes, si nous goûtions mieux les aliments, nous mangerions moins. Pour goûter convenablement la nourriture, il faut être calme et manger lentement. Il faut bien mastiquer.

EXERCICE : Goûter

Quelles saveurs préférez-vous ? Quelles saveurs détestez-vous ? Préférez-vous certaines textures à d'autres ?

Faites de nouvelles expériences. Mordez dans un quartier d'orange et goûtez chaque petite parcelle qui s'y retrouve. Avant de croquer un raisin, faites-le rouler dans votre bouche. Différentes variétés de raisins ont différents goûts et textures. Jouez avec les textures : mangez un bout de banane, ensuite une noix. Mélangez les goûts en combinant les aliments. Soyez attentive au moment où vous avalez. N'oubliez pas les liquides. Le lait est très différent du jus de pamplemousse. Appréciez ces différences. Goûtez le salé, le poivré, le sucré, l'amer. Laissez voguer votre imagination et réconciliez-vous avec vos papilles gustatives.

L'odorat

Notre environnement regorge d'odeurs. Leur portez-vous attention ? Il est à la mode de parfumer la maison avec des chandelles, de l'encens, des huiles essentielles. C'est ce que nous appelons l'aromathérapie. Les senteurs, c'est prouvé, ont un effet sur le cerveau. La lavande nous calme ; la menthe nous stimule. Il reste que l'appréciation des odeurs est subjective. Par exemple, j'adore le parfum des arrangements floraux, mais l'une de mes amies déteste cela, car ces odeurs lui rappellent la mort de son père, le salon funéraire.

EXERCICE : Sentir

Quelles odeurs aimez-vous ? Quelles odeurs détestez-vous ? La maison contient et fabrique des odeurs. Faites le tour du propriétaire ! Puis sortez. Dehors flottent les senteurs les plus variées. Celles-ci changent au gré des saisons, selon que vous habitiez la ville ou la campagne, une plaine agricole ou la forêt, le bord de la mer ou la montagne. Ouvrez grand vos narines et prenez des notes, faites des expériences.

La vue

La vue nous permet d'analyser les choses à distance et de nous déplacer dans l'espace. Donc, quand nous sommes éveillées, notre vue fonctionne sans arrêt, et le monde dans lequel nous vivons n'est que formes géométriques, couleurs et textures.

EXERCICE : Regarder

Préférez-vous les lignes droites ou courbes ? Les tons neutres ou les couleurs vives ? Les objets en mouvement ou statiques ? Un ciel bleu d'été ou gris d'automne ? La lumière du matin ou celle du crépuscule ? Pour cet exercice, je vous suggère de vous poser ces questions tout au long de la journée et de noter vos réflexions. Qu'est-ce qui attire votre regard ? Quand vous pénétrez dans une pièce, qu'est-ce qui vous saute aux yeux ? Essayez de dire pourquoi. Et remettez vos habitudes en question. Par exemple, vous préférez le ciel bleu et ensoleillé, mais avez-vous déjà examiné les formes extraordinaires et les couleurs étonnantes des nuages de pluie ? En somme, qu'aimez-vous regarder ?

L'ouïe

Parfois envoûtants, parfois exaspérants, les sons rythment notre vie. Des études ont démontré que le fait de vivre constamment au milieu des bruits intenses et variés a des effets néfastes sur l'humeur et la santé. En auto, écouter de la musique forte et rythmée vous fait rouler plus vite. Par ailleurs, la musique lente et douce sert d'outil de relaxation. Comment les sons influencent-ils votre vie ?

EXERCICE : Écouter

Chez vous, recourez-vous à des sons particuliers pour créer une ambiance (musique, fontaine d'eau, mobiles sonores, etc.) ? Y a-t-il des sons qui vous agressent ? Quels sont ceux que vous préférez ? J'aime le chant des oiseaux, mais l'autre jour j'ai entendu quelqu'un dire : « Les maudits oiseaux m'empêchent de dormir ! » Les goûts sont relatifs. Soyez attentive aux bruits lorsque vous ouvrez la fenêtre ou sortez de chez vous. Et le silence, l'absence de bruit, l'aimez-vous ? Vous angoisse-t-il ?

Le toucher

Le toucher permet le contact direct avec le monde. Nous pouvons toucher librement à peu près tous les objets, mais, quand il s'agit de toucher quelqu'un, la situation est souvent très différente. Nous sommes influencées par notre éducation et nos expériences. La plupart des gens sont à l'aise avec un enfant, par exemple, mais tout se complique face à un adulte. Et vous, que vous inspire ce sens ?

EXERCICE : Toucher

Toucher un homme, une femme, un enfant, soi-même, y a-t-il une différence ? Si oui, élaborez votre pensée. À l'idée de se toucher soi-même, avez-vous tout de suite pensé à la masturbation ? Si oui, c'est une influence de l'éducation. Figez et regardez votre corps. Je suis assurée que vous avez une partie de votre corps qui touche à une autre. Est-ce sexuel?

Touchez ensuite différents objets et soyez attentive aux textures, à la température des objets, à leur dureté ou à leur élasticité, etc. Essayez de définir ce que vous aimez et ce que vous n'aimez pas toucher.

LE CORPS : UNE APPROCHE GLOBALE

La nutrition

Comment traitez-vous votre corps ? Le nourrissez-vous bien ou mal ? Quand et à quelle fréquence ? Nombre de personnes n'aiment pas jeter de la nourriture, avec raison, alors elles se gavent pour tout manger. Le corps est-il une poubelle ? Plusieurs problèmes de santé peuvent être améliorés, voire guéris par la nutrition. Saviez-vous que les aliments font fonctionner le cerveau ? À l'école, un enfant qui n'a pas déjeuné ne peut pas se concentrer. Connaissez-vous l'hypoglycémie ? C'est un manque de sucre (glucose) dans le sang qui a des effets sur la personne entière. L'hypoglycémie peut causer la dépression, des pensées suicidaires, de l'anxiété, des problèmes sexuels, des troubles de la concentration et de la mémoire, des phobies, des problèmes de vision, etc. La solution ? L'alimentation. Il s'agit de préférer les glucides « lents » (pain et céréales de grains entiers, etc.) aux sucres simples et de prendre ses repas à heures fixes. C'est dire toute l'importance que nous devons accorder à ce qui entre dans notre corps, cette machine si complexe.

L'image corporelle

Parlons maintenant de l'enveloppe corporelle. Si nous faisions un sondage auprès des femmes, je suis certaine que chacune aurait au moins une critique négative à faire au sujet de son corps. Le corps parfait n'existe pas. Les concepteurs de magazines et les réalisateurs de films (surtout pornographiques) utilisent souvent la technologie pour tromper l'œil. Que pensez-vous de votre corps ? Comment lui parlez-vous ? La relation que vous entretenez avec votre corps est primordiale. Le corps, c'est aussi comme un groupe d'amies. J'aime ce groupe comme un tout, mais je peux préférer certaines personnes ou apprécier chacune pour différentes raisons. Ainsi, je peux apprécier la force de mes jambes lorsque je fais une randonnée, le rembourrage de mes fesses quand je dois restée assise longtemps, l'allure de mes seins dans l'intimité sexuelle, etc.

EXERCICE : Travail au miroir[120]

Cet exercice exigera vingt minutes en quatre jours, soit cinq minutes par jour. Placez-vous devant un grand miroir et suivez les consignes.

Premier jour. Durant cinq minutes, regardez-vous tout habillée. Chaque fois qu'une critique négative survient, remplacez-la par une observation. Par exemple : « Comme mes bras sont gros ! » devient : « Le galbe de mes bras est harmonieux à certains endroits. » Examinez vos yeux, vos cheveux, votre peau. Voyez comment vous êtes charmante.

Deuxième jour. Dénudez le haut de votre corps. Durant cinq minutes, remplacez tous vos jugements négatifs par des observations. Complimentez-vous une fois.

Troisième jour. Complètement nue devant le miroir, examinez-vous. Que pensez-vous de vos jambes ? De vos hanches ? Suivez les courbes de votre corps. Appréciez la texture de la peau.

Remplacez chaque commentaire négatif par une observation et faites-vous deux compliments.

Quatrième jour. Encore une fois, durant cinq minutes, nue devant le miroir, regardez-vous avec un œil d'artiste. Êtes-vous ronde ? Où ? Êtes-vous potelée ? Où ? Aucun commentaire négatif. Appréciez ce corps qui vous soutient depuis tant d'années. Offrez-vous trois compliments.

Une fois l'exercice terminé, complétez ces phrases :

- La chose la plus difficile dans cet exercice a été…
- Lorsque j'ai remplacé les critiques par des observations, je…
- Avec un œil d'artiste, mon corps…
- Mes trois compliments sont…

EXERCICE : Les parties du corps[121]

Vous trouverez à la page suivante deux dessins d'un corps vu par-devant et par-derrière. Vous aurez besoin de trois crayons de couleurs différentes. Avec le premier crayon, colorez les parties de votre corps que vous n'aimez pas ; avec le deuxième, les parties de votre corps que vous aimez ; avec le troisième, les parties de votre corps qui vous laissent indifférente.

Ensuite, choisissez une partie de votre corps que vous n'appréciez pas, que vous avez tendance à critiquer, et complétez les phrases suivantes :

- Je suis le/la ____________ (partie du corps) de ______________ (votre nom).
- Elle me dit habituellement que je suis __________ et que je suis ____.
- J'aimerais plutôt qu'elle _______________________________.
- Durant une minute par jour, chaque jour de la semaine, ______________________ (votre nom) devra me dire que ____.

Si vous trouvez cet exercice utile, refaites-le avec d'autres parties de votre corps que vous n'aimez pas.

Une silhouette de face

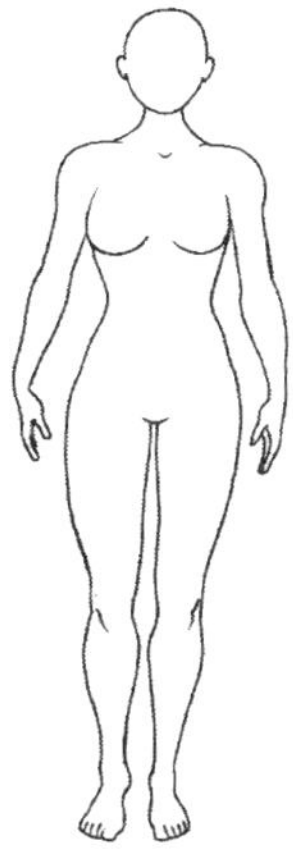

Une silhouette de dos

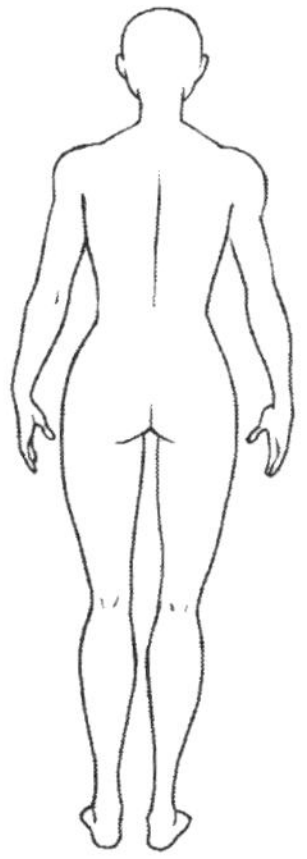

EXERCICE : Le massage

Massage des pieds : mettez des balles de golf dans une boîte à chaussures et massez vos pieds en les frottant sur ces balles.

Massage du corps : faites rouler une balle de tennis sur votre corps, ou par terre sous votre pied, en variant la vitesse et la pression.

EXERCICE : L'exploration des pieds

Mettez-vous pieds nus et ayez de la crème pour le corps. Créez une ambiance relaxante avec de la musique et un éclairage tamisé. Pourquoi ne pas allumer une chandelle parfumée ? Installez-vous confortablement dans votre lit ou par terre. Le but est d'aller à la découverte de vos pieds. De quoi ont-ils l'air ? Pourriez-vous les dessiner ou les décrire les yeux fermés ? Qu'aiment-ils ? Explorez-les avec le toucher : flattez-les, piquez-les doucement, variez la pression, etc. Quelles régions sont les plus sensibles ? Les moins sensibles ? Utilisez la crème pour les masser tout en continuant votre exploration. Votre but est d'arriver à dire ce que vos pieds aiment et n'aiment pas.

Vous pouvez refaire cet exercice avec d'autres parties de votre corps.

EXERCICE : La douche ou le bain sensuel

Selon votre préférence, vous pouvez prendre une douche ou un bain. Plusieurs femmes, pour relaxer, préfèrent le bain, car elles peuvent y rester longtemps. Certaines aiment ajouter des bulles ou des huiles. (Si c'est le cas, quelque chose de naturel risque moins de causer une vaginite qu'un parfum prononcé.) Comme pour l'exercice précédent, créez une ambiance agréable en vous assurant que tous vos sens seront stimulés. Relaxez et réconciliez-vous avec votre corps. Soyez reconnaissante pour tout ce qu'il fait pour vous. Prenez le temps de vous familiariser avec lui. À la sortie, utilisez votre serviette préférée pour vous essuyer lentement.

La masturbation

Ce mot vous fait-il peur ? Il ne devrait pas, mais je sais que les femmes ont acquis toutes sortes d'idées négatives à ce sujet. Le mot « masturbation » est si péjoratif pour les femmes qu'on essaie parfois de le remplacer par une expression neutre : auto-érotisme, plaisir personnel, etc. Quoi qu'il en soit, il s'agit de se donner du plaisir… sexuel. Cette pratique permet aux femmes (et aux hommes aussi, mais ils le savent depuis longtemps) d'apprendre à connaître leur corps et ses réactions. Par la masturbation, une femme peut savoir ce qu'elle aime et n'aime pas. Un grand nombre de femmes disent que les orgasmes lors de la masturbation sont plus intenses que lors d'une relation sexuelle avec un partenaire. Nous nous faisons souvent plaisir, par un bon repas ou une belle soirée, alors pourquoi ne pas nous donner du plaisir sexuel ? Que vous soyez en couple ou non, vous y avez droit. Il est à souhaiter qu'un jour nous n'aurons plus besoin de diviser les plaisirs en deux catégories : plaisir et plaisir sexuel. Le plaisir, c'est le plaisir !

Cela dit, la masturbation permet aussi aux femmes de s'approprier leur corps. Il est en effet aberrant de savoir que les conjoints et les médecins connaissent le corps de nombreuses femmes mieux qu'elles-mêmes. Certaines n'ont jamais vu ou vraiment touché à leurs organes génitaux. À qui appartient ce corps ? Pour toute femme qui a été agressée sexuellement au cours de sa vie, il est très important de se réapproprier son corps. Sinon, la femme restera toujours à la merci de la personne qui y touchera : elle espérera chaque fois que ce sera un événement agréable pour elle. N'attendez plus après les autres, mais partez à la conquête de votre corps, il vous appartient. Et, si vous voulez le partager, ce sera votre choix.

Progressez lentement dans les exercices qui suivent. Vous devrez peut-être répéter certains exercices avant de poursuivre. Modifier l'ordre peut aussi être une option. Cependant, n'allez jamais à l'encontre de ce que vous ressentez ou pensez. Si vous rencontrez un obstacle, approfondissez la réflexion par des questions additionnelles. Si vous avez une amie digne de confiance, parlez-lui. Essayez d'analyser ce blocage avant de continuer. Cela s'appelle le respect de soi, et il est essentiel à toute démarche thérapeutique. Si vous vous masturbez déjà, ces exercices peuvent vous permettre d'approfondir votre connaissance de vous-même.

EXERCICE : L'exploration du corps entier

Vous êtes prête à passer à l'étape suivante: apprendre ce qu'aime votre corps. Pour ce faire, mettez-vous dans une ambiance chaleureuse et sensuelle, comme d'habitude. Assurez-vous de ne pas être dérangée. Le but est de toucher toutes les parties de votre corps, de différentes manières. Soyez à l'écoute, soyez créative. Ne vous efforcez surtout pas d'atteindre un résultat, mais abandonnez-vous. Le but est de vivre une expérience agréable en vous réconciliant avec votre corps.

EXERCICE : L'exploration génitale

Pour connaître votre corps en entier, je vous suggère de vous regarder « en bas ». Il n'y a rien de mystérieux à ce niveau : vos organes génitaux sont une partie de votre corps, au même titre que vos bras et vos oreilles. Prenez le temps de vous familiariser avec cette région de votre corps. Évidemment, contrairement aux hommes, regarder cet endroit relève parfois de la gymnastique. Je vous suggère d'utiliser un miroir. Un miroir grossissant serait tout indiqué. Mettez de la musique si vous voulez, répandez des odeurs agréables, installez-vous confortablement. Parfois, prendre un bain prépare bien à l'exercice.

À l'aide du miroir, examinez vos organes génitaux. Il peut être utile d'avoir à la portée de la main le schéma qui suit[122] pour identifier et nommer les différentes parties de votre anatomie. Un éclairage d'appoint, comme une lampe de poche, peut vous permettre de mieux distinguer les détails et de voir un peu à l'intérieur. Localisez le clitoris, le vagin, l'urètre, etc.

Les organes génitaux de la femme

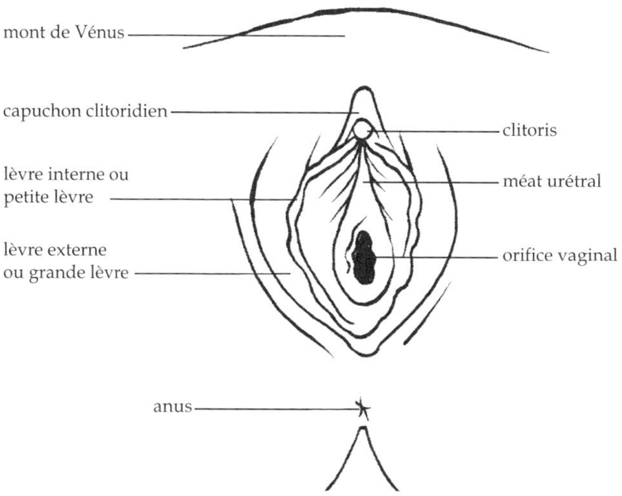

EXERCICE : L'érotisme

L'étape suivante est de vous donner du plaisir sexuel. Les consignes sont identiques aux autres exercices, mais, cette fois-ci, mettez-y le paquet: chandelles, musique, éclairage, odeurs, vêtements... En somme, utilisez tout ce qui peut rendre votre corps réceptif, prêt à réagir, même de l'huile à massage, un vibrateur, un coussin. Plusieurs femmes disent manquer d'imagination sur ce plan. Voici quelques suggestions, mais les meilleures demeurent celles qui vous conviennent. Auparavant, quelques petites mises en garde. Si vous insérez un objet dans votre vagin, assurez-vous que cet objet soit propre et qu'il ne vous blessera pas. Si vous touchez l'anus avec les doigts ou un objet, lavez-vous les mains ou lavez cet objet avant de toucher le vagin, sinon vous risquez d'avoir une vaginite.

Que vous utilisiez vos doigts ou un objet, il s'agit de bouger de différentes façons et selon différents rythmes. Vous pouvez vous toucher directement sur la peau ou à travers un tissu. Vous pouvez vous asseoir, vous étendre sur le dos, sur le ventre, sur le côté, la tête sur un oreiller ou qui pend au bord du lit. S'il est difficile pour vous de vous toucher, ou si c'est nouveau, vous pouvez utiliser des méthodes plus indirectes, comme vous frotter sur un coussin. Un jet d'eau peut être très agréable, car vous en contrôlez l'intensité, la direction, la température. Vous pouvez croiser les jambes et presser les cuisses l'une contre l'autre afin de créer une tension dans vos organes génitaux. N'oubliez pas que vous avez deux mains et que toutes les parties du corps peuvent être érogènes, y compris le clitoris, bien sûr, dont la seule fonction est de vous donner du plaisir. Cela dit, essayez de prolonger ce plaisir et ne pensez pas qu'à l'orgasme. S'il vient, c'est bien. S'il ne vient pas, c'est tout aussi bien.

EXERCICE : Le point G[123]

Le point G tire son nom du gynécologue allemand Ernst Grafenberg, qui l'a « découvert ». C'est une petite zone située à environ deux centimètres et demi (un pouce) de l'entrée du vagin, sous l'os du pubis (mont de Vénus). Lorsqu'il est excité, ce point gonfle et atteint la grosseur d'une pièce de un dollar. Il peut être très sensible et plusieurs femmes atteignent l'orgasme en le stimulant.

Puisque la stimulation du point G, situé près de la vessie, peut donner envie d'uriner, et que parfois une petite quantité de liquide s'écoule,

Le point G

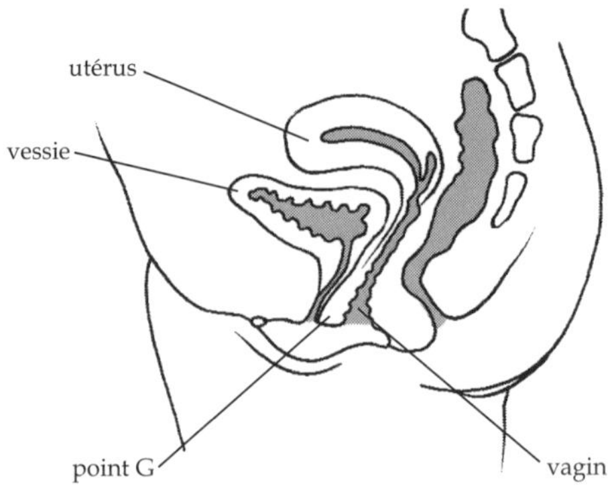

il est recommandé de faire l'exercice sur la cuvette des toilettes ; ou encore à genoux ou assise sur une serviette. Ainsi, l'inquiétude ne vous déconcentrera pas.

Poussez un ou deux doigts (propres) dans votre vagin, la paume de la main vers le haut. Stimulez la région située sous l'os du pubis, deux centimètres et demi (un pouce) à l'intérieur du vagin, en pressant fortement pendant quelques minutes. Il se peut que vous passiez par différentes sensations. Après quelques séances, si c'est agréable pour vous, tant mieux ! Sinon, ce n'est pas grave du tout : votre corps regorge de points sensibles…

L'orgasme

Qu'est-ce qu'un orgasme ? Masters et Johnson nous disent de façon scientifique : « Pour la femme, l'orgasme est une expérience psychophysiologique qui se déroule sous l'influence d'un contexte psychosocial, lequel lui donne son sens. Physiologiquement, c'est un bref épisode de relâchement physique, de l'augmentation de la vasocongestion et de la myotonie développées en réponse aux stimuli sexuels. Psychologiquement, c'est une perception subjective d'une réaction physique maximum aux stimuli sexuels[124]. »

Par ailleurs, chaque femme a une définition différente de l'orgasme, mais toutes disent que c'est un relâchement de la tension. Quant au reste, il n'y a pas deux orgasmes semblables. Certaines parlent de chaleur enveloppante, de contractions ou de vagues qui parcourent le corps ou qui touchent certaines zones précises, comme les organes génitaux. Pour d'autres, c'est une expérience presque mystique, ou un sentiment de vide agréable. Certaines n'en ont qu'un, d'autres en ont à répétition. La même femme peut avoir un seul orgasme un jour, plusieurs le lendemain. Parfois l'orgasme est très intense, parfois il est doux. Quoi qu'il en soit, lorsqu'une femme a un orgasme, habituellement elle le sait.

Revenons aux réactions physiologiques. Le corps peut donc réagir de diverses manières à l'excitation sexuelle :

- Des rougeurs apparaissent sur certaines parties du corps.
- Les muscles se contractent, surtout durant l'orgasme (les bras et les jambes peuvent se raidir, le visage peut grimacer, le dos peut se cambrer).
- Les mamelons sont en érection.
- Les seins gonflent.
- Le rythme respiratoire augmente, le rythme cardiaque aussi.
- Le corps transpire.
- Le corps a des mouvements involontaires durant l'orgasme.
- Le clitoris devient plus visible, puis finit par se cacher, devenant plus sensible (parfois trop) aux stimulations.
- Une sensation d'humidité apparaît au niveau du vagin.

Parfois, à cause du relâchement, des femmes se mettent à pleurer après un orgasme. Ce sont des émotions refoulées qui refont surface; pleurer (même sans savoir pourquoi) vous permettra de vous en libérer. Pendant et après la ménopause, un orgasme par jour aide à éviter la sécheresse vaginale, une conséquence de la diminution des hormones. Donc, peu importe votre condition physique ou psychologique, l'orgasme comporte de nombreux avantages.

Chez les femmes, l'expérience de l'orgasme est influencée par l'état physique et psychologique du moment. Une femme fatiguée, anxieuse (parfois parce qu'elle a peur d'être dérangée ou entendue) ou préoccupée aura du mal à se concentrer. La course à la performance est aussi un empêchement majeur à l'orgasme: plus on veut en avoir un, plus on se déconcentre. Si vous prenez un médicament, assurez-vous qu'il n'a pas un effet négatif sur votre sexualité. Il est important d'ajouter que certaines femmes n'atteignent pas l'orgasme lors de l'intimité sexuelle, mais se disent tout de même très satisfaites sexuellement.

Des trucs additionnels pour atteindre l'orgasme

S'il est difficile pour vous d'atteindre l'orgasme (et si vous en souffrez), voici des suggestions qui peuvent vous aider:

- Avez-vous un blocage psychologique ? Vos valeurs, la religion, la peur d'être surprise ou entendue, des flash-back négatifs ou une tendance à la dissociation pourraient vous empêcher de jouir. Reportez-vous aux chapitres précédents ou demandez de l'aide à des amies ou à une thérapeute spécialisée.
- Variez l'intensité de la stimulation du clitoris.
- Tirez la peau du pubis vers le haut pour augmenter la tension.
- Changez de position, modifiez vos habitudes.
- Utilisez une main pour caresser vos seins, votre cou, vos cheveux, etc.
- Allongez les jambes, pointez les orteils, arquez le dos, serrez les fesses, laissez pendre la tête.
- En repliant les jambes, joignez les plantes des pieds. Variez la tension en pressant vos pieds ensemble.
- Serrez et relâchez les fesses à répétition.
- Abandonnez-vous : imaginez que vous tombez dans le vide, que vous volez, etc.
- Faites un mouvement de va-et-vient du bassin.
- Dites des mots qui vous excitent.
- Taquinez-vous : cessez la stimulation, recommencez, cessez de nouveau.
- Regardez-vous dans le miroir.
- Recourez aux fantasmes ou à des lectures érotiques.
- Jouez avec les vêtements et les tissus.
- Retenez votre souffle ou, au contraire, haletez.
- Utilisez un vibrateur ou tout autre instrument de ce genre.
- Masturbez-vous à différents moments. Ne le faites pas toujours à la même heure.
- Variez la durée des séances. Commencez par cinq minutes de plaisir, puis arrêtez. La fois suivante, augmentez à dix minutes, et ainsi de suite.
- Ne cherchez pas l'orgasme à tout prix.
- Faites de l'activité physique : des muscles fermes et un bon système cardiovasculaire favorisent l'orgasme.

Les fantasmes

L'imaginaire est un élément très important de la psychologie humaine. Les enfants l'utilisent beaucoup, car ils en ont besoin pour se développer. Toute créativité part de l'imaginaire. On peut par exemple élaborer un scénario agréable par la pensée: des histoires fantastiques, romantiques, sexuelles… Les possibilités sont illimitées, vous pouvez tout faire en esprit. Il est évidemment question d'imaginaire, et non de vivre le scénario dans la réalité. Certaines décident tout de même de passer aux actes et plusieurs sont déçues: la réalité et l'imaginaire, ce sont deux mondes.

Quoi qu'il en soit, les gens ont des fantasmes. Quelle femme ne s'est jamais imaginée ailleurs, à faire je ne sais quoi, avec je ne sais qui? Cela peut être sexuel ou non, peu importe. Alors, pourquoi ne pas enrichir votre monde imaginaire? Celui-ci peut devenir très important. Savez-vous qu'un certain nombre de femmes peuvent parvenir à l'orgasme par le recours aux fantasmes seulement (sans autre stimulation)?

Voici quelques suggestions qui pourraient vous aider à développer vos fantasmes.

EXERCICE : La création d'un fantasme

De façon régulière (chaque jour, à tous les deux jours ou autre), imaginez tranquillement un scénario agréable. Évidemment, je vous encourage à y inclure au moins quelques éléments sexuels, puisque vous êtes dans une démarche de croissance sexuelle. Vous pouvez définir une seule scène ou toute une histoire, selon vos goûts. Ne vous censurez pas. Tout est permis. Faites cet exercice lorsque vous vous sentez bien. Le but n'est pas de fuir votre vie, mais plutôt de l'agrémenter.

EXERCICE : Les scénarios érotiques

Pour enrichir votre imaginaire, je vous conseille la lecture de livres érotiques. De nos jours, cette littérature écrite par les femmes pour les femmes (Françoise Rey, Julie Bray, Marie Gray, Marie-Claire Rey, Geneviève Saint-Amour, Julie Pelletier, etc.) est en pleine expansion.

Durant les années 1970, Nancy Friday a étudié les fantasmes sexuels féminins qu'elle a colligés en deux livres qui ont servi de textes érotiques pour de nombreuses femmes. Petit rappel : n'allez pas à l'encontre de vos valeurs et ne vous forcez pas à lire ce que vous n'aimez pas.

EXERCICE : La création d'un scénario érotique

Pourquoi ne pas écrire vos propres histoires érotiques ? N'oubliez pas que tout est permis. Si vous n'aimez pas écrire, vous pouvez les enregistrer sur une cassette que vous écouterez lors d'une séance de plaisir. Soyez créative !

Avec une autre personne

Lorsque vous décidez d'avoir une intimité sexuelle avec une autre personne, à l'intérieur d'un couple stable ou non, vous devez respecter des critères de base pour que l'expérience soit agréable, nourrissante et valorisante pour les deux partenaires. C'est ce que Maltz et Holman ont appelé « CERTS » (acronyme qui devient CERCS en français)[125].

CERCS pour une sexualité saine et positive

Consentement : Je peux librement choisir de m'engager ou non dans une activité sexuelle. Je suis capable d'interrompre la séance n'importe quand.
Égalité : Mon pouvoir personnel est égal à celui de mon/ma partenaire. Ni l'un ni l'autre domine.
Respect : J'ai de l'estime pour moi-même et pour mon/ma partenaire. Je me sens respectée et soutenue, et je respecte l'autre.

Confiance *(Trust)*: J'ai confiance en mon/ma partenaire, sur les plans physique et affectif. Nous acceptons notre vulnérabilité avec sensibilité.
Sécurité: Je me sens en sécurité dans cette relation intime. Je suis à l'aise et je sais où, quand et comment l'activité sexuelle se déroulera. Je n'ai pas peur des grossesses non désirées ni des maladies sexuellement transmissibles.

Dans un tel contexte, la rencontre sexuelle peut être une expérience humaine des plus riches et des plus satisfaisantes.

Charte des droits sexuels[126]

- J'ai le droit de posséder mon corps, il m'appartient.
- J'ai droit au respect de mes sentiments, croyances, opinions et perceptions.
- J'ai le droit d'avoir confiance dans mes valeurs au sujet des rencontres sexuelles.
- J'ai le droit d'établir mes limites sexuelles.
- J'ai le droit de dire non.
- J'ai le droit de dire oui.
- J'ai le droit de ressentir du plaisir sexuel.
- J'ai le droit de m'affirmer sexuellement.
- J'ai le droit d'initier les contacts sexuels.
- J'ai le droit de maîtriser mes expériences sexuelles.
- J'ai le droit d'avoir un/une partenaire aimable.
- J'ai le droit d'avoir mes préférences sexuelles.
- J'ai le droit d'avoir un/une partenaire qui me respecte, me comprend, et qui veut communiquer avec moi.
- J'ai le droit de poser des questions.
- J'ai le droit de recevoir l'information exacte relativement à la sexualité.

Pour poursuivre la démarche

FRIDAY, NANCY. *Mon jardin secret : L'anthologie des fantasmes sexuels féminins,* Boucherville, Les Éditions de Mortagne, 1984, 286 p.

FRIDAY, NANCY. *Forbidden Flowers: More Women's Sexual Fantasies,* New York, Pocket Books, 1975, 324 p.

Ces recueils de fantasmes sexuels nourris par des femmes ont été rédigés à la suite d'une enquête de grande envergure menée au cours des années 1970.

HEIMAN, JULIA R. ET JOSEPH LOPICCOLO. *Atteindre l'orgasme,* Montréal, Les Éditions Quebecor et St. Remy Media Inc., 2002, 200 p.

Dans ce livre, les auteurs explorent le vécu sexuel des femmes sous toutes ses formes, des points de vue aussi bien physiologique que psychologique. Leur but ultime est d'aider les femmes à être satisfaites sexuellement par l'atteinte de l'orgasme. Pour ce faire, ils donnent de bonnes explications et divers trucs.

HITE, SHERE. *Le nouveau rapport Hite : L'enquête la plus révolutionnaire jamais menée sur la sexualité féminine,* Paris, Éditions Réponses/Robert Laffont, 2002, 581 p.

Cet ouvrage contient les résultats d'une enquête sur l'expérience sexuelle de 3 000 femmes, enquête menée à la fin des années 1970. Les femmes l'ont bien accueilli, car il permet de briser l'isolement.

SUSSMAN, LISA. *Petit manuel de l'orgasme : Tout sur le point G,* Alleur, Marabout, 2001, pages non numérotées.

Ce livre de petit format offre aux femmes 116 trucs utiles pour améliorer leur satisfaction sexuelle et atteindre l'orgasme, seules et en couple. Il est coloré et aussi facile qu'agréable à lire.

Ouvrages consultés

BOUCHARD, CLAIRE. *Le point G : Source méconnue du plaisir sexuel*, Montréal, Mini-Mag, 1990, 45 p.

BOUCHARD, CLAIRE. *L'orgasme, de la compréhension à la satisfaction*, Montréal, Edimag, 1989, 179 p.

GAGNON, LOUIS. *Notre corps et sa sexualité : Des croyances populaires à la réalité*, Montréal, Fédération des médecins omnipraticiens du Québec, 1987, 44 p.

HEIMAN, JULIA R. ET JOSEPH LOPICCOLO. *Becoming Orgasmic: A Sexual and Personal Growth Program for Women*, New York, Prentice Hall Press, 1988, 266 p.

HITE, SHERE. *The Hite Report: A Nationwide Study of Female Sexuality*, New York, Dell Publishing Co., 1976, 638 p.

MALTZ, WENDY ET BEVERLY HOLMAN. *Incest and Sexuality: A Guide to Understanding and Healing*, Massachusetts, Lexington Books, 1987, 166 p.

MARLEAU, JEANNE D'ARC. *Guide d'hygiène de vie pour hypoglycémiques, et pour toute personne voulant éviter de le devenir*, Trois-Rivières, Édition D'Arc, 1988, 295 p.

MARLEAU, JEANNE D'ARC. *L'Hypoglycémie, on s'en sort : Suite du guide d'hygiène de vie pour hypoglycémiques*, Trois-Rivières, Édition D'Arc, 1989, 468 p.

MASTERS, W.H. ET V.E. JOHNSON. *Les réactions sexuelles*, Paris, Robert Laffont, 1968, 382 p.

ROTH, GENEEN. *Why Weight? A Guide to Ending Compulsive Eating*, New York, Penguin Books, 1989, 192 p.

8
La solitude

Tu peux fuir beaucoup d'événements,
plusieurs personnes,
mais tu ne peux jamais te fuir toi-même[127].

LES MOTS POUR DÉCRIRE LA SOLITUDE

La solitude est un état d'âme négatif ou positif. Dans la langue anglaise, il existe deux mots pour décrire les deux possibilités : *loneliness* désigne une solitude désagréable ; *aloneness*, une solitude agréable.

Certains auteurs francophones parleront de « solitude » (positif) ou d'« isolement » (négatif). Quoi qu'il en soit, ce n'est pas tant l'isolement physique qui peut nous accabler qu'un sentiment d'aliénation. C'est le fait de **sentir** qu'on n'a pas de place à soi, qu'on n'a personne. On pourrait alors dire que la solitude relève beaucoup plus du senti que des faits. Il y a donc une différence énorme entre *être seule* et *se sentir seule.*

Différentes situations

La solitude peut relever du fait de vivre seule, mais pas nécessairement. Et vivre seule peut être un choix ou non. Certaines femmes ne trouvent pas le partenaire idéal pour former un couple et vivent un célibat plus long qu'elles l'auraient souhaité. À la suite d'une séparation ou du décès d'un conjoint, des femmes se retrouvent seules. En prison, les femmes vivent une situation singulière : elles éprouvent la solitude malgré la promiscuité. Les femmes de carrière qui doivent voyager ou déménager souvent vivent aussi, parfois, une forme d'isolement. Une femme peut se sentir très seule en couple ou dans sa famille. Toutes ces situations peuvent être plus ou moins positives selon les femmes.

Parmi celles qui disent vivre seules, certaines ont des enfants à leur charge ; elles sous-entendent alors qu'il n'y a pas d'autre adulte dans la maison. Souvent, une femme qui dit « habiter seule avec les enfants » est une femme séparée pour qui la vie hors du couple est un pis-aller.

Pourquoi certaines femmes n'aiment pas se retrouver seules avec elles-mêmes

Une femme apprend très tôt à s'occuper des autres. Nombre d'entre elles finissent par s'oublier et, lorsqu'elles se retrouvent seules, sont désemparées, car elles ne se connaissent pas. Certaines sont prises de panique !

Notre perception du couple détermine aussi notre sentiment de solitude. La religion et la société en général aiment bien nous faire croire que nous ne sommes pas une personne complète à moins d'être en couple. Si le couple éclate, chaque partenaire n'est plus qu'une moitié. Le cas échéant, qui ne se sentirait pas mal ? À ce stade, deux solutions sont possibles : reformer vite un couple pour se sentir entière à nouveau ; ou remplacer la moitié qui manque en développant sa personnalité.

Reformer un couple tout de suite après une rupture risque de reproduire la situation qui prévalait au sein du couple précédent. La femme fermera les yeux sur beaucoup d'aspects négatifs, car elle a de grands besoins à combler rapidement. C'est pourquoi il est conseillé de s'arrêter un moment et de faire le point entre deux relations. Cela vous aidera à ne pas reproduire la même situation. En développant son autonomie et son indépendance, une femme aura plus de chances de ne pas se perdre dans ses relations futures. Et si elle se retrouvait dans une relation négative et même destructrice pour elle, elle pourrait y mettre fin sans avoir peur de la solitude.

« Quand vous faites preuve de bonne volonté envers vous-même, vous mettez de l'ordre dans votre propre château plutôt que d'attendre qu'un prince quelconque vous entraîne dans le sien[128]. »

Les expériences de l'enfance déterminent aussi votre attitude face à la solitude. Comment étaient les adultes quand vous étiez jeune ? Appréciaient-ils la solitude, la recherchaient-ils ? S'arrangeaient-ils pour n'être jamais seuls ? Parfois, c'est votre enfant intérieure qui se sent abandonnée, rejetée, sans amour. Si tel est le cas, reportez-vous au chapitre 5 pour travailler cet aspect.

EXERCICE : Mes craintes de vivre seule (partie 1)

Tracez deux colonnes sur une feuille. À gauche, dressez la liste de toutes vos craintes par rapport au fait de vivre seule. Écrivez même celles qui vous semblent absurdes. Mettez cette liste de côté.

Les avantages de la solitude

Seule, on est libre d'agir sans masque. On est moins concernée par son apparence et le jugement des autres. On est libre de faire ce qu'on veut quand on veut, même d'imiter Céline Dion à deux heures du matin!

On comprend qu'*être* nous apporte plus qu'*avoir*. *Être* nous permet d'apprécier le moment présent; tandis qu'*avoir*, ou le désir de posséder, est sans limite et peut nous rendre malheureuse. Étant maîtresse de son temps, on peut se permettre d'*être* et ne pas *faire*. C'est un luxe, dans ce monde axé sur la performance, la production et la consommation.

Une période d'arrêt permet de mettre les choses en perspective, de libérer le trop-plein de nos émotions et de définir un plan d'action pour l'avenir. On peut aussi faire le point. Suis-je satisfaite de ma vie? Qui suis-je vraiment? Quelles sont mes forces et qualités? Qu'est-ce qui est important pour moi? Qu'est-ce que je peux améliorer pour être plus heureuse?

Dans vos moments de solitude, vous avez la possibilité de vous faire une nouvelle amie: vous-même! Passer du temps seule est nécessaire pour guérir ses blessures et combler son vide intérieur. Faites le bilan de votre histoire personnelle. Comment celle-ci influence-t-elle votre vie actuelle?

Entrer en contact avec soi-même permet de se découvrir comme personne, de s'améliorer, de s'apprécier. « Les moments de solitude ne sont pas un luxe, mais un besoin d'aller vers une santé mentale optimale. Nous avons besoin de périodes de solitude pour digérer de nouvelles expériences, peser nos choix et prendre des décisions, pour nous détendre et faire le plein d'énergie, et pour connaître la liberté dans un monde de restrictions[129]. »

Puisque tout commence par soi, un meilleur contact avec soi-même nous permet de nous ouvrir aux autres. Notre efficacité sociale est améliorée. Nos relations interpersonnelles sont plus agréables, le travail est plus positif et la vie en général est meilleure.

Les avantages à vivre seule

En vivant seule, on a la pleine liberté d'organiser sa vie, son temps, sa maison. Nous pouvons faire les choses comme bon nous semble, nos décisions nous appartiennent. On fait son propre horaire, on n'a de comptes à rendre à personne.

Être seule nous force à entrer en contact avec soi-même grâce à l'introspection. Cela permet de mieux se connaître et de s'apprécier soi-même. Et cette autonomie aura des répercussions positives dans toutes les sphères de la vie.

Vivre seule permet d'explorer ses buts, de les atteindre, de s'épanouir. On développe son indépendance, on se fie davantage à soi en toute confiance. Avec les autres, on reste soi-même, et les risques de se perdre dans une relation diminuent.

On finit par prendre plaisir à la solitude, sans pour autant s'isoler de façon malsaine. On n'a plus autant **besoin** des autres. On peut maintenant choisir quand on veut socialiser, et avec qui. En somme, notre vie nous appartient entièrement !

PASSER DE LA SOLITUDE DÉSAGRÉABLE À LA SOLITUDE AGRÉABLE

Les choses à ne pas faire

Certaines choses ne feront qu'empirer un sentiment désagréable de solitude. Par exemple, les comportements de fuite et d'autodestruction sont à éviter, comme la surconsommation d'alcool, de drogues ou de médicaments. Prenez garde à la nourriture et au sommeil. Les excès sont à proscrire. Il en est de même pour la télévision et les romans, qui ne servent parfois qu'à distraire les femmes de leur solitude.

Toutes ces choses n'ont rien de mal en soi, mais, lorsqu'elles vous servent à fuir la réalité, elles sont dommageables et peuvent même occasionner des problèmes additionnels (embonpoint, toxicomanie, etc.). N'oubliez pas non plus que, tôt ou tard, vous vous retrouverez seule à nouveau. Vous éprouverez sans cesse les mêmes problèmes si vous ne les réglez pas une bonne fois pour toutes. Vous ne pouvez pas fuir toute votre vie ! Cependant, l'ennui passager est normal. Il n'y a rien de mal à vouloir fuir nos quatre murs… à l'occasion.

L'autre extrême n'est pas mieux. J'ai rencontré des femmes qui avaient choisi l'isolement presque complet pour ne plus souffrir. Il est vrai qu'une période d'isolement peut aider à panser les blessures, à se refaire une santé et à se préparer à affronter de nouveau la vie. Par contre, nous sommes des êtres sociaux et le contact avec les autres est essentiel. L'isolement total s'avère donc dangereux et peut même engendrer la maladie mentale.

Les personnes qui aiment être seules

Jeffrey Kottler[130], qui a étudié la solitude, a identifié six caractéristiques toujours présentes chez les personnes qui savent tirer profit de leurs moments solitaires. Celles-ci peuvent vous guider dans une démarche vers la solitude agréable.

1. Ces personnes apprécient ce que leur apporte la solitude.
2. Elles sont à l'aise avec elles-mêmes et s'acceptent telles qu'elles sont.
3. Elles pensent de manière positive.
4. Elles maintiennent un équilibre entre l'écoute des besoins des autres et leurs propres besoins.
5. Elles ont le courage de s'affronter elles-mêmes et d'écarter les distractions.
6. Elles veulent expérimenter de nouveaux modes de vie et entamer de nouvelles activités avec énergie.

L'attitude

Votre attitude face à la solitude déterminera si elle sera agréable ou non pour vous. Vous ne pouvez peut-être rien faire pour l'empêcher, mais vous pouvez décider de ce que vous en ferez.

« Pour ce qui est de vivre seule, si vous vous concentrez seulement sur le côté négatif et que vous vous répétez constamment combien vous êtes esseulée, combien vous détestez manger seule, et combien il vous est déplaisant de rentrer à la maison où personne ne vous attend, vous souffrirez définitivement de votre solitude[131]. »

Si vous n'êtes pas bien, n'oubliez pas que, en étant seule, vous n'aurez malheureusement personne d'autre à blâmer que vous-même…

Les messages de la société quant à la solitude

Même si le nombre de célibataires augmente, nous vivons toujours dans une société de couples. Je parle évidemment des couples hétérosexuels, puisque les couples homosexuels n'ont pas encore la place qui leur revient. Lorsqu'une femme dit qu'elle habite seule, ou lorsqu'elle sort seule, elle peut parfois sentir la pitié des autres. Pauvre elle, dit-on. « Ne te décourage pas, tu vas trouver. » Beaucoup de gens veulent absolument faire en sorte que cette femme fasse la connaissance d'un éventuel conjoint, même lorsque sa dernière relation n'est pas complètement terminée ! C'est dans ces occasions qu'on peut mesurer le malaise de certaines personnes face à la solitude. Celle-ci semble encore taboue, ou est l'apanage d'artistes excentriques qui créent des chefs-d'œuvre, mais qui ont une vie peu enviable.

Heureusement, de plus en plus de gens évoquent le caractère positif de la solitude et du fait d'habiter seul. Dans notre monde où règnent les télécommunications, où foisonnent les téléphones portables, les boîtes vocales et les connections électroniques, il est de plus en plus difficile de vivre un isolement positif. Ça devient un choix précieux. Qu'en est-il pour vous ?

EXERCICE : Ma définition de la solitude

Par écrit ou à l'aide d'un magnétophone, laissez libre cours à vos pensées sur la solitude. Dites ou écrivez spontanément tout ce qui vous passe par la tête. L'exercice terminé, voyez ce qui se dégage de vos réflexions. Au fond de vous-même, que pensez-vous vraiment de la solitude ? D'où viennent ces idées qui déterminent votre attitude ?

EXERCICE :
Mes avantages à être seule ou à vivre seule[132]

Pour identifier les avantages que vous avez à passer du temps seule ou à vivre seule, complétez autant de fois que vous le désirerez la phrase qui commence par : « Je peux... » Par exemple : je peux regarder des films toute la nuit ; je peux me masturber sans être dérangée ; je peux pleurer sans être jugée, etc.

La durée

Pour apprivoiser la solitude, commencez par de courtes périodes ; et, pour sentir que vous maîtrisez la situation, décidez vous-même des moments où vous serez seule. Cela contrebalancera les moments de solitude imposée, par exemple quand aucune de vos amies n'est disponible pour sortir. J'ai connu une femme qui n'arrivait pas à rester seule une seconde. Un jour, elle a choisi d'affronter son problème et a commencé par s'imposer cinq minutes de solitude par jour. Bien entendu, ces cinq minutes ne comprenaient pas le temps consacré à son hygiène. Elle a progressivement allongé ces périodes et aujourd'hui elle apprécie sa solitude.

Définir son temps

Si vous habitez seule, faites-vous une routine ou un horaire. Vous aurez un but dans votre journée, ou dans votre soirée, et vous verrez que le temps passe sans trop de difficulté. Si, au lever, vous savez que vous consacrerez la journée au ménage, à la lecture du journal et aux soins des plantes, vous n'aurez pas vu la journée passer. Graduellement, accordez-vous de plus en plus de temps libre au cours de la journée. Par ailleurs, si vous avez des enfants, vous ne vivez pas vraiment seule, et eux sauront vous tenir occupée, j'en suis certaine ! Selon le nombre et l'âge de vos enfants, vos moments de solitude seront si limités que vous les apprécierez d'autant plus.

EXERCICE : Une période difficile

Si vous vous rendez compte que parfois votre solitude vous pèse, faites l'exercice suivant sur trois colonnes. 1) Notez les moments où cette solitude désagréable vous accable. 2) Quelles pensées vous viennent dans ces moments-là ? 3) Que pouvez-vous faire pour mieux supporter ces heures difficiles ? Par exemple, si je restais seule chez moi le samedi soir, je me sentais abandonnée, seule au monde. J'avais appris que le samedi soir, on sortait s'amuser avec les autres. Lorsque j'ai réalisé que tout ça était faux, j'ai appris à passer une soirée agréable en ma compagnie.

Quand	Pensées	Quoi faire/penser
Samedi soir.	C'est un soir pour sortir et s'amuser avec les autres.	Samedi soir, c'est un soir comme les autres.
	On m'abandonne. Je suis seule au monde.	Pas vrai ! J'ai des gens qui m'apprécient.

« La personne qui se sent vraie à l'intérieur peut être seule sans avoir peur de cesser d'exister dans son propre esprit et celui des autres[133]. »

L'espace personnel

Si vous ne vivez pas seule, essayez d'avoir un espace pour vous, par exemple une pièce que vous décorerez à votre goût, où vous vous sentirez bien, où vous vous retirerez pour apprécier vos moments de solitude. Si l'espace se fait rare, un fauteuil et une petite table peuvent suffire. Cependant, assurez-vous que les autres respecteront ce lieu, qui est à vous, exclusivement.

Le silence

Beaucoup de gens craignent le silence au point d'allumer le téléviseur ou la radio dès qu'ils rentrent chez eux. En groupe, certaines personnes ne supportent pas les silences passagers et diront n'importe quoi pour les combler. Même parmi les professionnels de la relation d'aide, plusieurs ont du mal à apprécier les bienfaits du silence. Pourtant, quand on est seule, le silence permet d'entrer en contact avec soi. Vous, comment vivez-vous le silence ? Avez-vous l'impression que le monde s'arrête et que vous n'existez plus ?

EXERCICE : Vivre avec le silence

Cet exercice en trois étapes peut vous aider à « survivre » à un moment de silence. Assurez-vous de ne pas être dérangée.

1. Faites la liste la plus complète possible des mots qui, pour vous, décrivent le silence. Ne vous censurez pas et creusez profondément en vous-même.
2. Accordez-vous ensuite un moment de silence, juste ce que vous pouvez supporter, puis ajoutez quelques instants additionnels. Si cinq minutes est le maximum pour vous, ajoutez deux minutes, pour un total de sept minutes de silence. Pendant ce temps, concentrez-vous sur ce qui se passe en vous. Des sensations désagréables ou négatives font probablement surface. Si vous les accueillez, elles s'estomperont assurément.
3. Ensuite, écrivez comment vous avez vécu l'expérience, ce que vous avez appris sur vous-même et comment vous vous sentez.

Vous pouvez recommencer les étapes 2 et 3 autant de fois que vous le voulez, en augmentant la durée des silences.

Modifier ses idées et ses sentiments

Dans les groupes de femmes violentées que j'anime, nous dressons la liste des idées et des sentiments qu'elles ressentent lors des périodes de solitude désagréable. Ensuite, nous faisons la liste des idées et des attitudes qu'elles préféreraient avoir – ce qui représente la solitude agréable. Voici le travail d'un de ces groupes.

Idées et sentiments QUE J'AI **lorsque je me sens seule (solitude désagréable)**	**Idées et attitudes** QUE J'AIMERAIS AVOIR **lorsque je me sens seule (solitude agréable)**
Recroquevillée, blessée, stressée.	Je suis une personne valable.
Pas aimée.	Ce n'est pas la fin du monde.
Que vais-je faire ?	Essaie quelque chose de nouveau.
Impuissante, incapable d'agir.	Je ne suis pas seule à me sentir ainsi.
Je suis stupide.	Je suis mieux seule que…
J'ai peur, personne ne me protège, je ne me sens pas en sécurité.	À qui est-ce que je fais du mal pour me sentir comme ça ?
Ça va mal.	J'accepte la situation plutôt que de la fuir.
Délaissée, abandonnée, seule, oubliée.	Qu'est-ce que je pourrais faire pour être fière de moi ?
Je souffre, je me sens mal.	Avoir confiance en soi : je suis capable.
Je n'ai aucun endroit où aller.	Sois plus positive.
Ça me donne quoi de... (ex. : me faire belle) ?	Avoir l'esprit ouvert.
Je déprime, je m'ennuie.	Prendre des risques « calculés ».
J'ai hâte à demain !	Me regarder dans le miroir et me parler.
Je m'apitoie sur mon sort : « Pauvre de moi ! »	Me rappeler de penser à moi-même.
Paralysée.	Accepter ce que je ne peux changer et changer ce que je peux.
J'exagère la situation.	Profiter de la liberté que j'ai maintenant.
Enragée contre moi-même.	Je peux faire ce que j'aime et ce que je veux.
Je me compare aux autres.	Je n'ai pas besoin de permission.
Pourquoi ça m'arrive ?	Il n'y a pas de tension, tout est calme.
Personne ne s'intéresse à moi.	Je suis une personne importante.
Je suis trop différente des autres.	Je peux mettre un plan de sécurité en place.
Je n'aurais pas dû me séparer.	Je n'ai pas besoin de plaire à personne, sauf à moi.
Je me remets en question.	Être seule me donne plus d'énergie.
Qu'est-ce que je fais ici ? Je suis si seule et les autres sont en couple…	Je peux être moi-même.
Je me sens jugée, condamnée, observée	J'ai plus de droits.
J'envie les autres.	C'est une occasion d'accepter ma solitude et d'apprendre à me connaître.
J'aimerais que quelqu'un m'appelle !	Appelle quelqu'un et organise ta vie !
Je m'inquiète.	Pourquoi je ne relaxerais pas ?
Je suis désemparée.	Sortir ma trousse d'urgence (voir chapitre « Prendre soin de soi »).

EXERCICE : Mes craintes de vivre seule (partie 2)

Reprenez votre liste de l'exercice « Mes craintes de vivre seule (partie 1) ». Dans la colonne de droite, pour chacune des craintes énumérées, indiquez les solutions possibles (ce que vous pourriez faire, penser ou ressentir pour diminuer ou même supprimer ces craintes). Par exemple, certaines femmes qui ont peur de dormir seules s'entourent d'oreillers pour se sentir protégées.

Concentration et créativité

La solitude peut vous permettre d'augmenter votre niveau de concentration et votre créativité. Pourquoi ne pas en profiter ? Vous pourriez développer votre côté artistique : la décoration, l'artisanat, la peinture, la sculpture... Si vous aimez l'écriture, vous pourriez composer des poèmes ou un roman. Un journal personnel pourrait vous aider à analyser et à poursuivre votre démarche. Beverly Engel[134] suggère d'écrire un « livre de la vérité », de tenir un journal dans lequel vous vous efforcerez d'écrire la vérité complète. C'est une bonne façon de découvrir qui vous êtes vraiment. Pourquoi ne pas écrire votre biographie ?

Sortir seule

Pour plusieurs femmes, sortir seule est difficile. Elles s'imaginent que, sans partenaire, elles n'ont pas le droit de fréquenter les lieux publics. Pourtant, une femme seule peut sortir et vivre des moments agréables. Vous connaissez les inconvénients des sorties en solitaire, mais qu'en est-il des avantages ? Où que vous soyez, vous restez libre, vous choisissez tout, décidez de tout. Vous n'avez que vos besoins et vos désirs à combler. Vous pouvez faire de nouvelles connaissances, ou non. Rien ni personne ne peut vous obliger à quoi que ce soit. Cela dit, on risque d'apprécier les sorties en solo si l'on :

- se respecte ;
- a une bonne estime personnelle ;

– croit qu'on a le droit d'être là, comme les autres ;
– marche la tête haute, résolument ;
– sait s'affirmer, car notre espace personnel ne sera pas toujours respecté.

Lors d'une telle sortie, on est plus consciente de son entourage, car on n'a personne à qui parler. On est plus ouverte au monde qui nous environne, ce qui nous permet de :

– veiller à notre propre sécurité ;
– nous concentrer sur le moment présent ;
– vivre une expérience particulière ;
– maîtriser la situation grâce à notre pouvoir personnel.

Seule, il est plus facile d'observer les gens discrètement, ce qui nous permet :

– de voir comment ils interagissent entre eux ;
– de nous laisser gagner par leur bonne humeur ;
– d'en apprendre plus sur nous-même, sur nos réactions ;
– d'apprécier diverses personnalités. Par exemple, si vous voyez une personne qui semble sûre d'elle, qu'est-ce qui vous fait croire cela ? Soyez attentive à ce qu'elle dit, à son langage corporel aussi. Quelles seraient les caractéristiques apparentes d'une personne abusive ?

Évidemment, pour tirer profit d'une sortie en solitaire, on doit s'y adonner sereinement. Si on a choisi de vivre cette situation singulière, on est ouverte à l'expérience et réceptive à tout ce qu'elle peut nous apporter.

Se sentir bien

Je sais que je me sens bien lorsque :
– je m'accepte telle que je suis ;
– je me donne le droit de ressentir librement mes émotions, sans toujours me demander si elles sont bonnes ou mauvaises ;

- mon environnement me plaît;
- je me sens sereine et paisible;
- les choses matérielles m'importent peu;
- je me sens libre d'agir ou de penser à ma guise;
- je me sens le corps et l'esprit légers;
- je n'ai pas besoin de surconsommer;
- je peux juger ma vie sans lunettes roses et sans tout pousser au noir;
- j'aime m'entendre dire: «Je suis bien.»

N'oubliez pas ceci: vous n'avez peut-être pas le choix d'être seule ou de vivre seule, mais vous aurez toujours la possibilité d'agir sur vos états d'âme.

Pour poursuivre la démarche

COLE, JIM. *La façade: Un aperçu de notre comportement,* Montréal-Paris, L'Étincelle, 1974, pages non numérotées.

Ce livre est une bande dessinée dont le texte porte à réfléchir sur l'image que nous voulons donner de nous. De lecture facile et rapide, il nous aide à redevenir nous-mêmes. Il vaut la peine d'être lu.

KOTTLER, JEFFREY. *Chère solitude: Profitez pleinement de vos moments intimes,* Montréal, Les Éditions de l'Homme, 1992, 230 p.

À la suite d'une recherche à plusieurs niveaux (et comprenant notamment un questionnaire anonyme remplis par 1 500 personnes), l'auteur nous parle de la manière dont les gens vivent leurs moments de solitude, en en présentant les côtés négatifs et positifs. Il est intéressant de s'apercevoir que, dans ces moments-là, nous faisons tous des choses que nous n'oserions jamais faire en la présence de quelqu'un.

LINDBERGH, ANNE. *Solitude face à la mer: Trouver en soi le chemin de l'harmonie,* Paris, Éditions Anne Carrière et Claude Tchou, 2001, 142 p.

Anne Lindbergh a passé deux semaines seule sur une île, où elle s'est livrée à une réflexion sur la condition féminine, le couple et la vie en général.

SHANAN, LYNN. *Comment aimer vivre seul,* Montréal, Le Jour, 1982, 182 p.

Ce livre, facile à lire, laisse un bon sentiment quant au fait de vivre seule.

Ouvrages consultés

CARLE, GILDA. *Ne misez pas sur le prince charmant : À trop rêver au prince charmant, on se réveille dans le lit d'un crapaud !*, Montréal, Les Éditions Logiques, 1999, 351 p.

DOWRICK, STEPHANIE. *Intimacy and Solitude : Balancing Closeness and Independence*, New York, W.W. Norton, 1994, 320 p.

DOWRICK, STEPHANIE. *The Intimacy and Solitude Workbook: Self-Therapy for Lasting Change*, New York, W.W. Norton, 1994, 271 p.

ENGEL, BEVERLY. *The Emotionally Abused Woman: Overcoming Destructive Patterns and Reclaiming Yourself*, New York, Ballantine Books, 1990, 244 p.

GERVAIS, FRANÇOIS. *Réflexions sur la vie quotidienne*, Drummondville, Éditions transcanadiennes, 1982, 132 p.

JEFFERS, SUSAN. *Oser briser la glace : Amour, vie professionnelle, relations... toutes les clés pour briser l'isolement, la solitude !* Alleur, Marabout, 2001, 244 p.

KOTTLER, JEFFREY. *Chère solitude : Profitez pleinement de vos moments intimes*, Montréal, Les Éditions de l'Homme, 1992, 230 p.

NATALE, SAMUEL M. *Psychotherapy and the Lonely Patient*, New York, The Haworth Press, 1986, 120 p.

POWELL, BARBARA. *Vivre seule et être bien dans sa peau*, Montréal, Les Éditions Quebecor, 1992, 245 p.

RUSSIANOFF, PENELOPE. *Pourquoi certaines femmes ne peuvent s'imaginer vivre sans un homme ?* Montréal, Les Éditions Transmonde, 1988, 201 p.

SHANAN, LYNN. *Comment aimer vivre seul*, Montréal, Le Jour, 1982, 182 p.

9
Prendre soin de soi

Mais quand je roule à vélo
La tête dans les étoiles et dans le vide
Le vent est doux, j'hallucine…
Je roule à vélo
La nuit est claire,
Le chemin désert
Je suis invincible,
Intouchable et immortel… [135]

DANIEL BÉLANGER

Prendre soin de soi. Ces quatre petits mots renferment une signification des plus riches. Prendre soin de soi, c'est :

- ne pas seulement penser aux autres ;
- prendre du temps dans sa journée pour se montrer qu'on existe ;
- savoir qu'on est tout aussi importante que quiconque ;
- s'apprécier et se le démontrer ;
- prendre des décisions qui favorisent notre bien-être.

Ces mots faciles à prononcer sont parfois difficiles à mettre en pratique, surtout pour les femmes. De par notre socialisation, nous avons appris à prendre soin des autres avant de prendre soin de nous. Déjà, petite, nous maternions nos poupées. Nous étions vite qualifiées d'égoïstes si nous voulions garder quelque chose pour nous. À cause de cela, beaucoup de femmes adultes ont éprouvé des difficultés dans leur vie. Si je donne tout, un tas de gens en profiteront pour tout me prendre. Que me restera-t-il ? Pour certaines femmes, rien : ni moralement, ni physiquement, ni financièrement.

Ce qu'on ne nous a pas enseigné, c'est que l'humain est comme une auto. Même si vous achetez l'auto la plus chère, elle ne roulera pas sans carburant. Prendre soin de soi n'est que cela : mettre de l'essence dans son auto. Ce faisant, est-ce qu'on enlève quelque chose d'essentiel aux autres ? Pas du tout ! Je dirais même qu'une bonne auto pleine d'essence peut rendre de fiers services à de nombreuses personnes. Toute mère d'adolescent en sait quelque chose ! Donc, prendre soin de soi ne rend pas égoïste, mais plus disponible à soi-même… et aux autres. Tout commence par soi.

EXERCICE : La personne dans le miroir

Si possible, demandez à une personne digne de confiance de vous lire le texte suivant pendant que vous vous regardez dans un miroir. Vous pouvez aussi l'enregistrer sur cassette pour l'écouter.

LA PERSONNE DANS LE MIROIR

Lorsque tu mènes à bien la lutte pour ta réussite personnelle
Et que les gens voient en toi leur héroïne quotidienne,
Prends un miroir, puis regarde-toi
Et vois ce que cette personne veut te dire.

Car ce n'est pas ce que ton père, ta mère ou ton mari
Pensent de toi qui compte.
L'opinion la plus importante pour toi
C'est celle de la personne qui t'observe dans le miroir.

Il y a des gens qui croient en ton honnêteté de bonne copine,
Et te considèrent comme une personne formidable,
Mais la personne dans le miroir pensera
que tu n'es bonne à rien
Si tu n'es pas capable de la regarder en face.

Peu importe les autres, elle est celle que tu dois contenter,
Car elle sera avec toi jusqu'au bout,
Et tu réussiras l'épreuve la plus dangereuse et la plus difficile
Si la personne dans le miroir devient ton amie.

Tu peux arriver à tromper tout le monde au fil des années
Et recevoir des tapes dans le dos au fur et à mesure,
Mais ta récompense finale ne sera que pleurs et chagrins
Si tu t'es jouée de la personne dans le miroir.

AUTEUR INCONNUE

EXERCICE : Mon cœur[136]

Pour faire cet exercice, vous avez besoin d'une feuille et de crayons de couleur. Si vous n'en avez pas, un crayon à mine fera l'affaire. Dessinez votre cœur et ce qu'il contient. NE LISEZ PAS PLUS LOIN À CE POINT-CI.

Une fois le dessin terminé, l'exercice peut avoir pris diverses formes. Certaines femmes n'ont que des émotions, alors que d'autres n'ont que des êtres « dans leur cœur ». Entre ces deux extrêmes existent mille possibilités. Il n'y a pas de bonnes ou de mauvaises réponses. Questionnez-vous et essayez de comprendre ce que vous vivez. Ce qui est dans votre cœur est sûrement ce qui occupe la plus grande partie de votre vie. Que contient-il ? Des gens, des émotions, des objets, toutes ces choses mêlées ? Les territoires sont-ils délimités ? Ça ressemble à quoi ? Si vous avez utilisé des couleurs, que signifient-elles ? Finalement, posez-vous la question la plus importante : vous êtes-vous réservé une place dans votre cœur ? Si oui, laquelle ? Sinon, pourquoi ?

Abordons maintenant des aspects qui influencent notre qualité de vie.

Le temps

Qui ne court pas après son temps ? Il semble toujours manquer. Or, il existe des moyens efficaces de le gérer. Planifier son temps et ne pas le perdre inutilement est primordial. Attention, les perfectionnistes ! Il faut bien faire les choses, oui, mais trop, c'est trop.

L'utilisation du téléphone ou du courriel économise du temps. Par exemple, si vous avez besoin de quelque chose dans le commerce, appelez à différents magasins pour savoir s'ils ont la chose en question au lieu de vous y rendre. En plus de gagner du temps, vous économiserez sur l'essence. Avez-vous les moyens de payer des gens pour faire le ménage de la maison, tondre la pelouse, etc. ? Si oui, le temps que vous gagnerez peut vous permettre de vous reposez ou de faire des activités qui vous plaisent.

Donnez-vous assez de temps pour faire ce que vous avez à faire ou, plutôt, ce que vous voulez ou choisissez de faire. Prenez garde aux phrases qui commencent par : « Il faudrait… » Évitez de tout faire à la dernière minute, surtout si vous avez rendez-vous quelque part. Sur la route, il y a souvent des imprévus. Apprenez aussi à dire non. Nous sommes si sollicitées que nous ne pouvons pas tout accepter. Prenez des décisions qui fonctionnent pour vous et calculez bien les risques que vous courez. Un risque, c'est comme aller en avion, ouvrir la porte et se jeter dans le vide. Un risque calculé, c'est aller en avion, ouvrir la porte, se jeter dans le vide et ouvrir son parachute.

Établissez vos priorités. Quels sont vos buts à long terme ? Quelles sont les étapes qui vous permettront d'atteindre ces buts ? N'oubliez pas que, pour vous rendre au sommet de l'escalier (but à long terme), vous devez grimper une marche à la fois (buts à court terme). Quel est votre but, aujourd'hui ? Que devez-vous faire pour l'atteindre ? Il est aussi utile de différencier ce qui est urgent de ce qui est important. S'il est six heures moins une, il est urgent d'allumer le téléviseur si vous voulez regarder les nouvelles de six heures, mais ce n'est pas important de le faire si vous n'aimez pas les nouvelles. Vous devez aussi savoir pour qui les choses sont urgentes ou importantes. S'il est important que votre enfant possède le dernier jeu électronique, pourquoi en est-il ainsi ? Pour que votre enfant impressionne ses amis ? Pour qu'il vous aime ? Est-ce si important, après tout ? Bref, plus les choses seront claires pour vous, moins vous perdrez de temps et moins vous serez stressée.

L'argent

L'argent est souvent source d'angoisse. C'est pourquoi il y a des avantages à établir un budget. De plus, si vous pouviez économiser un peu d'argent, vous auriez des provisions en cas de besoin. Si vous êtes en couple et que votre relation va mal, il est d'autant plus important pour vous d'avoir un peu d'argent de côté. Si votre conjoint vous contrôle financièrement, vous pouvez vous ouvrir un compte et demander de ne pas envoyer de papier à la maison. Vous seule saurez que cet argent existe. Attention à l'endettement, qui peut être une importante source de stress. Dans votre budget, n'oubliez pas d'inclure un montant pour vos loisirs et pour les menus plaisirs. Comptabilisez votre investissement personnel.

Votre environnement

Limitez le bruit, les vêtements inconfortables, le désordre. Si vous rangez toujours les choses à leur place, par exemple vos clefs dans tel tiroir, vous ne perdrez pas un temps fou à les chercher.

Vos activités

Au cours d'une journée, faites alterner les activités agréables et celles qui le sont moins. Si vous n'aimez pas l'aspirateur, arrangez-vous pour faire quelque chose d'agréable après l'avoir passé, par exemple vous occuper des plantes. C'est une récompense et c'est aussi une façon d'éviter la monotonie.

Vos alliés

Sachez à qui vous pouvez faire confiance dans votre vie. Pouvez-vous déléguer des tâches ? Par exemple, à la maison, est-ce que chaque membre de la famille fait sa juste part ou si vous assumez tout ? Entourez-vous de gens agréables. Socialiser est excellent pour le moral. Avoir de bons amis est une richesse.

L'activité physique

L'activité physique est très importante pour le corps et l'esprit. Vous pouvez pratiquer un sport, suivre un programme d'exercice, ou simplement bouger au cours de la journée, monter et descendre des escaliers, jardiner, jouer avec les enfants et vous occuper de la maison. Soyez active !

Les aspects émotionnels

Afin de vous sentir mieux physiquement et psychologiquement, il est essentiel de liquider les émotions accumulées, comme la colère.

Pourquoi ne pas vous accepter telle que vous êtes et apprendre de vos erreurs plutôt que de vous sentir coupable de tout ? De plus, en apprivoisant la solitude, vous aurez la chance de devenir votre propre amie et vous apprendrez à prendre soin de vous-même. (Vous avez remarqué que chacun de ces thèmes a été abordé ailleurs dans ce livre.)

La respiration

Tout le monde sait que la respiration est vitale. Or, il existe différentes façons de respirer. Les bébés ont une respiration profonde, abdominale. C'est la meilleure. En grandissant, la respiration change à cause de notre posture, de nos vêtements, du stress, etc.

« [...] les adultes ont tendance à présenter des schémas de respiration perturbés à cause des tensions musculaires chroniques qui déforment leur souffle et la restreignent. Ces tensions sont le résultat des conflits émotionnels qui se sont élaborés pendant leur croissance[137]. »

Émotions et respiration sont liées : lorsque nous sommes calmes, le souffle est lent et facile ; lorsque nous sommes agitées, il devient rapide et superficiel, et cette respiration superficielle a des effets sur la santé mentale et physique. Lorsque les poumons ne reçoivent pas assez d'air, le sang est mal oxygéné. Des produits toxiques, qui auraient dû être éliminés, retournent dans le corps et l'empoisonnent graduellement. Ce phénomène peut causer anxiété, dépression, fatigue, et rendre toute situation stressante difficile à supporter. Bref : « Il est essentiel de bien respirer pour vibrer de santé[138]. »

Selon Nancy Zi[139], il y aurait trois indices évidents d'une respiration superficielle : la personne gonfle le ventre lorsqu'elle expire et le rentre lorsqu'elle inspire (alors que cela devrait être le contraire) ; elle soulève les épaules lorsqu'elle inspire (ce qui nuit à l'entrée de l'air dans les poumons) ; et elle cherche bruyamment son souffle lorsqu'elle parle. La langue est aussi un bon indicateur de stress. Est-ce que votre langue est à l'arrière, loin de vos dents avant, en boule ? Si oui, c'est un signe de stress, et sa position empêche l'air de circuler librement. Relâchez-la...

EXERCICE : Je célèbre mon anniversaire de naissance[140]

Pour mieux souffler, répétez la phrase suivante en respirant : « J'inspire pour sentir les fleurs que j'ai reçues en cadeau et j'expire pour souffler les bougies sur mon gâteau. »

EXERCICE : Visualiser le compte-gouttes[141]

Cette méthode peut vous aider à corriger votre posture et votre respiration. Tenez-vous debout, droite, mais décontractée. Ne penchez pas la tête. Imaginez que vous êtes un compte-gouttes à l'envers. Pressez la poire et sentez l'air sortir. Relâchez la poire, elle reprend sa forme, et sentez l'air entrer dans votre corps.

Le compte-gouttes

EXERCICE : La respiration abdominale[142]

Étendez-vous sur un tapis et relevez les genoux. Vos pieds doivent reposer à plat sur le sol, écartés d'environ 35 cm (14 pouces), les orteils légèrement tournés vers l'extérieur. Rejetez la tête en arrière aussi loin que possible, sans forcer, pour étirer la gorge. Placez les mains sur le ventre pour sentir les mouvements abdominaux. Respirez calmement, bouche ouverte, pendant environ une minute.

EXERCICE : Libérer les émotions[143]

Levez les bras en inspirant et descendez-les en expirant. (Suivez le même mouvement avec les genoux.) Répétez 4 ou 5 fois. Cet exercice permet une bonne respiration, ainsi que faire le vide entre deux activités.

Libération d'émotions

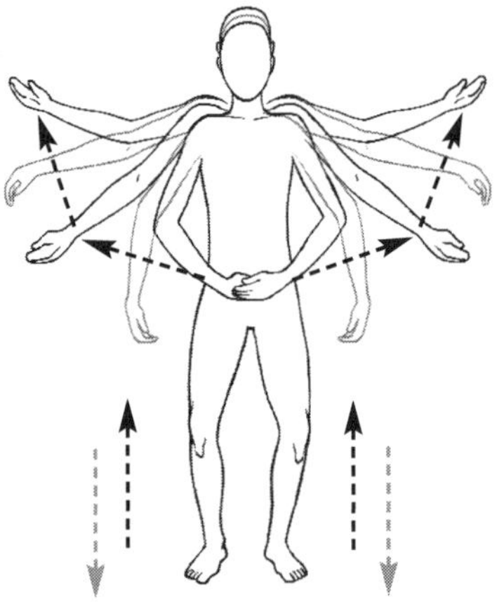

LE SOMMEIL

Plusieurs raisons, psychologiques ou physiques, peuvent empêcher une personne de s'endormir ou de bien dormir. Les idées qui suivent pourront peut-être vous aider à améliorer la qualité de votre sommeil.

La dernière heure de veille devrait être consacrée à la détente. Réduisez l'éclairage, faites le silence. Ne pensez plus à rien tout en vous adonnant à votre routine habituelle (brossage des dents, etc.). S'il y a un bruit extérieur, couvrez-le avec le son léger d'un éventail ou avec de la musique.

Assurez-vous que votre chambre soit agréable et reposante, et qu'elle ne serve qu'au repos. Le matelas, les couvertures et les oreillers doivent être accueillants. La température devrait y osciller entre 12 et 23 °C.

Si vous ne pouvez pas dormir, ne restez pas longtemps au lit pour rien. Il est préférable de vous lever, puis de retourner vous coucher plus tard, quand vous aurez sommeil.

Essayez de vous lever à la même heure chaque matin. Le but est d'habituer votre corps à un cycle de sommeil. Sachez que dormir le jour peut perturber ou même empêcher le sommeil durant la nuit.

Attention aux éléments suivants:

- La caféine (café, thé, chocolat, sodas, certains médicaments). Évitez de consommer ce stimulant de 4 à 6 heures avant le coucher.
- La nicotine, autre stimulant. Ne fumez pas avant d'aller au lit ni durant la nuit.
- La nourriture. Manger beaucoup avant de se coucher peut perturber le sommeil à cause de la digestion. Il ne faut pas manger non plus durant la nuit. Or, une petite collation avant le coucher est à conseiller. Les produits laitiers semblent favoriser le sommeil. Le pain, le fromage et les céréales (en petite quantité) sont aussi de bonnes collations. Bien sûr, évitez de boire beaucoup avant le coucher si vous ne voulez pas vous lever durant la nuit.
- L'exercice vigoureux. Moins de deux heures avant le coucher, l'exercice peut nuire au sommeil. Mais les activités physiques au cours de la journée peuvent favoriser un sommeil plus profond.
- L'alcool. Ne buvez pas après le souper, car l'alcool occasionne un sommeil léger et fragmenté.
- Les somnifères. Ils peuvent être utiles à court terme (de 2 à 4 semaines) si vous souffrez d'insomnie sévère, mais, à long terme, ils causent un sommeil plus léger et fragmenté.

Toute gestion du stress par la relaxation et la respiration est profitable. Ayez de quoi écrire à côté du lit. Si le sommeil se fait attendre parce que vous êtes préoccupée, écrivez pour vous libérer l'esprit.

Si l'insomnie relève de traumatismes antérieurs et que vous avez peur de dormir parce que vous faites des cauchemars:

- consultez le chapitre 6, «Le passé sexuel», ou tout autre chapitre de ce livre;
- assurez-vous de vous sentir en sécurité dans votre chambre ou dans votre maison, et ce, tout au cours de la nuit;
- ancrez-vous dans le moment présent;
- évitez la lecture ou des films qui pourraient vous bouleverser, surtout avant le coucher.

Lorsqu'il existe de graves difficultés dans le couple, il peut être difficile de partager le même lit. Coucher à un autre endroit est une alternative temporaire pour mieux dormir et se sentir en sécurité. (Il en va de même s'il fait très chaud, si votre partenaire ronfle beaucoup, etc.)

LA PENSÉE

La pensée est évidemment très utile, mais elle peut aussi nous causer des problèmes lorsque «l'ordinateur ne s'arrête plus».

EXERCICE : Arrêter les pensées[144]

Portez une bande élastique autour du poignet. Chaque fois qu'une pensée négative ou importune vous vient à l'esprit, dites «arrête» ou tirez sur la bande élastique pour vous faire perdre le fil. Évidemment, le but est de vous extraire de vos pensées, et non pas de vous faire mal. À la longue, cet exercice vous permettra de mieux maîtriser vos pensées.

EXERCICE : Des méthodes imaginaires[145]

Lorsque des tourments vous affligent, imaginez que votre tête est un magnétoscope, que vos pensées sont une vidéo, et que vous appuyez sur la commande d'arrêt. Vous pouvez aussi imaginer que vos pensées sont écrites sur un tableau et que vous les effacez d'un coup de brosse. Élaborez un scénario imaginaire qui vous permettra d'éliminer les pensées désagréables.

EXERCICE : Des pensées pour affronter le stress[146]

Lorsque vous devez vivre une situation stressante, préparez-vous. Faites une liste d'affirmations que vous pouvez vous répéter pour vous calmer. Par exemple, si vous avez un document à rédiger à l'école ou au bureau, divisez votre travail en étapes : avant de commencer, lors du travail et une fois terminé. À chacune des étapes, dressez une liste d'affirmations positives qui vous aideront. Par exemple :

Avant de commencer :

- Je suis capable.
- Je n'ai pas à m'inquiéter.
- J'ai déjà fait ça avant aujourd'hui.
- Ce sera plus facile une fois le travail amorcé.

Lors du travail:

- Une chose à la fois.
- Je dois organiser mes idées.
- Ça va bien.
- Je peux aller chercher de l'aide au besoin.

Une fois terminé:

- J'ai réussi !
- Je savais que j'étais capable.
- Pourquoi me suis-je inquiétée ? Pour rien.

La prochaine fois que vous vivrez une situation stressante, faites cet exercice. Pratiquez-vous à dire vos affirmations et, éventuellement, elles vous viendront naturellement.

EXERCICE : La visualisation

Visualiser, c'est se représenter en pensée une situation, réelle ou non. La visualisation peut servir à :

- se détendre. Imaginez que vous êtes dans un champ de fleurs. Il fait chaud. Le soleil et le vent caressent votre peau. Vous êtes bien.
- libérer un conflit intérieur. Imaginez un scénario qui aide à guérir (comme certains exercices de ce livre).
- se voir dans le futur. Les athlètes utilisent souvent cette méthode. Par exemple, un sauteur se voit courir, bondir et franchir la barre. Les athlètes imaginent aussi tout ce qui pourrait aller mal et réfléchissent à l'avance aux solutions possibles. Lorsqu'ils se présentent à la compétition, ils sont prêts à toute éventualité. Cette méthode peut être utilisée par tout le monde, dans toutes les situations de la vie. Par exemple, une personne qui visualise son entretien d'embauche sera beaucoup plus confiante.

EXERCICE : La technique de relaxation d'Erickson (je l'appelle la technique 5-4-3-2-1)[147]

Installez-vous confortablement. Nommez cinq choses que vous voyez, cinq choses que vous entendez et cinq choses que vous sentez physiquement. Par exemple : « Je vois le mur, je vois la fenêtre… ; j'entends le ventilateur, j'entends le réfrigérateur… ; je sens mon pied sur le plancher, je sens ma main sur ma cuisse… » Lorsque vous avez nommé ces quinze choses, recommencez en nommant seulement quatre choses pour chacune des trois catégories, ensuite trois choses, puis deux, puis une seule chose par catégorie. Vous allez sûrement vous tromper en comptant, mais ce n'est pas grave. Vous pouvez aussi nommer une chose plus d'une fois. Adaptez cette technique à différentes situations. Pour vous aider à vous endormir, vous pouvez laisser tomber la catégorie « Je vois », et nommez sept choses que vous entendez et sentez, au lieu de cinq. Au cours de la journée, cet exercice peut vous aider à vous ancrer et à revenir dans le moment présent. Nommez alors trois choses par catégorie peut être suffisant. Libre à vous de l'adapter selon vos besoins.

LA MUSIQUE, LE CHANT ET LA DANSE

La musique est accessible à tous et à toutes. Que ce soit dans l'auto, en faisant le ménage ou en relaxant, la musique peut vous apporter beaucoup. Écouter de la musique ou jouer d'un instrument nous permet d'accéder directement à nos émotions et de mieux nous connaître. Les possibilités sont si grandes que la musique peut être utilisée en thérapie (musicothérapie). Des paroles peuvent être ajoutées à la musique. Lorsqu'un chanteur ou une chanteuse évoque une expérience que j'ai moi-même vécue, je me sens moins seule. Si c'est moi qui chante (bien ou mal), je peux revivre l'expérience et liquider les émotions au besoin. Joindre des gestes à la musique permet au corps de s'exprimer et de se libérer. La danse « sociale » est une bonne activité physique et permet de vivre des expériences de groupe agréables, mais la danse libre permet au corps de mieux s'exprimer. Abandonnez-vous aux mouvements ; votre corps vous en apprendra beaucoup sur vous-même. Depuis des siècles, nous savons que le chant, la danse et la musique ont une influence bénéfique sur la santé mentale et physique.

LA NATURE

Tout comme la musique, la nature est accessible en tout temps. Même en ville, nous pouvons écouter les oiseaux, observer les nuages, etc. La nature nous permet de nous arrêter un instant pour s'ancrer, vivre et apprécier le présent. Utilisez vos sens pour apprécier l'univers, qui est infiniment plus grand que soi. C'est, à mon avis, la spiritualité à son meilleur.

L'ÉCRITURE

Le crayon et le papier sont des objets qui offrent de nombreuses possibilités. Vous pouvez dresser des listes (choses à faire, pour prendre une décision à l'aide du pour et du contre, etc.). Écrire dans un agenda ou sur un calendrier tous vos rendez-vous et toutes les choses à faire vous permet de vous libérer l'esprit. Si vous aimez écrire, vous pouvez tenir un journal intime où vous inscrivez chaque jour vos réflexions, ce qui vous a marqué. Cela permet de mettre les choses en perspective. Au besoin, vous pouvez rédiger des textes plus longs, plus étoffés. Il n'y a aucune limite à ce que vous pouvez faire avec un crayon et du papier. Et ça ne coûte presque rien.

EXERCICE : Lettre pour un jour de pluie[148]

Cette lettre vous servira lorsque vous aurez besoin d'un petit remontant. Vous l'écrivez quand vous vous sentez bien. Elle s'adresse à vous-même et doit vous rappeler vos forces, vos points forts, vos accomplissements, vos progrès et vos espoirs. Vous pouvez y noter les numéros des personnes que vous pouvez appeler pour vous remonter le moral. Si vous n'aimez pas écrire, faites l'exercice avec un magnétophone.

UN PASSE-TEMPS

Pourquoi ne pas vous adonner à un passe-temps ? En faisant quelque chose que vous aimez, vous pourrez relaxer et vous apprécier comme personne. Vous avez très peu d'argent à votre disposition ? Vous pouvez emprunter des livres à la bibliothèque municipale ou y lire des revues, réunir vos photos en albums, bricoler avec du matériel recyclé, etc. Seul le manque d'imagination est un obstacle.

S'AMUSER

Les enfants savent jouer, rire et s'amuser d'instinct. Cependant, assez tôt, nous montrons à l'enfant à devenir plus sérieux et celui-ci délaisse peu à peu son côté naturel pour développer son côté rationnel et réfléchi. Malheureusement, il perd aussi sa spontanéité. Mais, si l'humour et le jeu ont un effet bénéfique sur l'enfant, pourquoi n'en serait-il pas de même pour l'adulte ? Pourquoi l'adulte doit-il être sérieux et souvent si ennuyeux ?

De nombreuses études ont démontré que le jeu aide l'enfant à se développer sur tous les plans (cognitif, affectif, créatif, etc.). Découvrir le monde, raisonner et résoudre des conflits font partie de son cheminement. Socialement, l'enfant apprend à se connaître et à vivre des relations avec ses semblables. Le rire lui permet de gérer son stress et de le libérer. Bref, le jeu, pour l'enfant, c'est du sérieux !

Il y a une vingtaine d'années ont été publiées les premières études sur les effets bénéfiques du rire sur l'adulte. Or, à cause des préjugés, il est parfois difficile d'admettre une telle chose. Par exemple, il ne faut pas rire au travail. C'est une perte de temps, n'est-ce pas ? Et si nous rions, il ne faut surtout pas que le patron arrive au même moment ! Au fond, c'est tout le contraire : le rire peut rendre les employés plus productifs, parce qu'il est source d'apprentissage, d'esprit d'équipe et de détente !

En effet, ce qui nous fait rire se gravera plus profondément dans notre mémoire. Si nous essayons en vain de solutionner une difficulté, l'humour peut être utile. En quittant les sentiers battus, en laissant jouer notre imagination, la créativité surgit et peut nous rendre plus inventifs. Le rire diminue aussi la douleur et détend le corps, car il favorise la sécrétion de l'endorphine, une substance aussi efficace que la morphine. Le rire relaxe les muscles, nous le savons. La chose que nous ne voulons pas faire lorsque nous déménageons un gros meuble est de nous mettre à rire. Qu'arrive-t-il si nous pouffons ? Nos forces disparaissent ! Le rire améliore aussi le sommeil, facilite la digestion et l'élimination du mauvais cholestérol, décongestionne les voies respiratoires et renforce le système immunitaire. Il nous aide aussi à accéder à nos émotions profondes. Parfois des larmes surgissent. N'avez-vous jamais ri et pleuré en même temps ? Par ailleurs, rire avec quelqu'un engendre la compassion. Et puis, bien malgré nous, le rire provoque la respiration profonde, qui est source de vie !

Prenez garde cependant à ce que nous appelons l'humour toxique. Tout n'est pas drôle. Quelles sont les différences entre humour sain et humour toxique ?

Humour sain	**Humour toxique**
Rire avec les autres, rire de soi	Rire des autres
Nous unit comme groupe	Divise le groupe et stigmatise l'autre
Apporte des solutions	Empêche les solutions
Diminue la tension	Augmente la tension
Bâtit la confiance	Détruit l'estime d'autrui
Intègre les autres	Exclut les autres
Transmet un message pédagogique	Peut aggraver les problèmes
Est constructif et doux	Laisse un arrière-goût amer
Favorise les relations humaines	Perturbe les relations humaines
Est basé sur l'acceptation	Est basé sur la négation
Est amusant et invite à rire	Blesse les gens et est abusif

L'humour toxique est sexiste, raciste, cynique, cruel, etc. Si quelqu'un fait preuve d'un humour déplacé en votre présence, vous pouvez tout désamorcer en ne riant pas ou en demandant ce qu'il y a de drôle.

En thérapie, j'utilise ce que j'appelle la « méthode caricaturale », qui sert à dédramatiser certaines situations et même à rire de soi. Imaginez la scène…

« Une femme racontait […] à un groupe qu'elle était si fâchée contre son mari qu'en son absence elle a vidé tous ses tiroirs de vêtements sur le gazon. Rongée par la culpabilité […], elle a tout lavé, repassé et rangé avant son retour. J'ai encouragé cette femme à se voir comme un petit oiseau regardant la scène ou à imaginer sa réaction comme s'il s'agissait d'une bande dessinée. Plutôt amusant, n'est-ce pas ? Nous avons toutes ri, puisqu'elle s'est mise à rire elle-même. Ce rire a dissipé sa honte et sa culpabilité, ce qui nous a permis de travailler l'émotion de base : la colère[149]. »

En bref, André Descheneaux[150] nous dit qu'il existe des règles de base à l'humour. Par exemple, il est important de rire de soi avant de rire des autres ; et de « rire avec » plutôt que de « rire de ». De plus, il faut multiplier ses sources d'humour pour développer son sens de l'humour. Et il faut s'exercer, s'exercer, s'exercer.

L'important est de ne pas trop vous prendre au sérieux et d'accorder au jeu et à l'humour une place importante dans votre vie. Je ne parle pas ici de minimiser vos émotions ou de les étouffer, mais plutôt de dédramatiser ce qui peut l'être afin de libérer l'énergie et la créativité qui vous permettront de trouver des solutions à vos problèmes.

« Bref, apprenons à rire de nous-mêmes (pas des autres), de nos erreurs, de nos faiblesses, de nos croyances, de nos opinions, de ce qui nous arrive, de nos drames. Nous n'arrêterons pas de sitôt : il y a de quoi se marrer jusqu'à la fin de notre vie[151] ! »

EXERCICE : Un jeu d'enfant

Prenez le temps de jouer avec de jeunes enfants afin de réapprendre à vous amuser. Ils sont les meilleurs professeurs.

EXERCICE : Le sourire[152]

Seule, pendant une minute, souriez même si vous n'en avez pas envie. Quelles sont vos pensées et vos émotions ? Ensuite, durant une minute, faites un visage triste. Quelles sont les pensées et les émotions qui surgissent ? Remettez-vous à sourire et essayez d'avoir des pensées négatives...

EXERCICE : La paranoïa inversée[153]

Passez une journée entière à remarquer les choses positives qui vous entourent. Ne trouvez-vous pas que votre attitude fait toute la différence ?

EXERCICE : Une situation embarrassante

Songez à une situation embarrassante que vous avez vécue et essayez d'y voir le côté cocasse.

EXERCICE : Le rire conscient[154]

Si vous n'êtes pas habituée à rire aux éclats, exercez-vous. Pendant une minute, riez sans retenue. Vous en ressentirez l'effet bénéfique. Si vous n'êtes pas seule, vous verrez que cet effet est contagieux. Faites cet exercice régulièrement pour que le rire devienne naturel et fasse partie de votre vie.

EXERCICE : Votre profil personnel

Soyez attentive à ce que vous trouvez drôle, à ce qui vous amuse et vous fait rire. Nommez les humoristes que vous aimez ou des gens que vous trouvez drôles, les situations qui vous semblent cocasses, les émissions de télévision qui vous font rire, les endroits où vous êtes le plus susceptible de rire et de vous amuser.

EXERCICE : La trousse d'humour

Recherchez et collectionnez tout ce que vous trouvez drôle : livres, revues, cassettes, films, objets, etc. Collez dans un cahier les bandes dessinées, caricatures, blagues, photos qui vous font rire. Gardez le tout au même endroit pour vous assurer une session de rire sur commande.

EXERCICE : Des photos amusantes[155]

Allez dans une cabine de photo et faites-vous photographier en faisant des grimaces. Ensuite, rangez ces photos à portée de la main afin de pouvoir les sortir lorsque la vie deviendra trop sérieuse. Pour ma part, j'ai collé deux photos dans mon agenda. Lorsqu'une réunion devient trop lourde ou désagréable, je regarde ces photos et je ris intérieurement. Ça me permet de relaxer, de mettre les choses en perspective et de rester attentive pour le reste de la réunion. L'essayer, c'est l'adopter.

Finalement, comme William James le dit si bien : « Nous ne rions pas parce que nous sommes heureux. Nous sommes heureux parce que nous rions[156]. »

Les moyens infaillibles pour devenir dépressive[157]

Vous êtes bien dans votre peau, vous êtes sereine, mais vous voulez devenir déprimée. Alors, suivez les conseils suivants et vous pourrez vous aussi avoir des problèmes de sommeil, perdre intérêt pour votre travail et vos loisirs, vous sentir coupable, vous retrouver sans énergie, avoir des difficultés de concentration, une perte alimentaire et sexuelle, et peut-être même, si vous êtes chanceuse, des idées suicidaires.

- Comparez-vous sans cesse à des modèles inaccessibles.
- Fixez-vous des objectifs irréalisables.
- Remarquez tous les indices qui peuvent indiquer que les gens ne vous aiment pas.
- Donnez un sens profond aux événements anodins.
- Amplifiez les événements désagréables.
- Minimisez les événements agréables.
- Dramatisez tout.
- Personnalisez tout.

– Pensez en termes de tout ou rien.
– Imaginez toujours le pire.
– Fuyez le plaisir.
– Songez à ce qui fait mal.
– Imaginez un avenir sombre.
– Recherchez les gens qui aiment les déprimés.
– Plaignez-vous sans cesse.
– Soyez fataliste. Dites-vous que vous êtes totalement impuissante.
– Soyez toujours soumise aux désirs des autres.
– Sentez-vous coupable de tout.
– Refusez le deuil.

Finalement…

« Prendre soin de soi » englobe une série de méthodes et de domaines qui vont bien au-delà de ce chapitre. À la longue, cela deviendra pour vous une manière d'être, une philosophie. Si vous vous considérez comme une personne importante, vos actes et vos décisions refléteront cette attitude. Et vous ne laisserez personne vous traiter autrement. C'est l'estime de soi pure…

EXERCICE : La trousse d'urgence

La trousse d'urgence vous sera utile lorsque vous ne vous sentirez pas au sommet de votre forme. Elle vous remontera le moral en vous offrant des choses agréables ou en vous rappelant ce que vous pouvez faire d'utile. Pour la préparer, trouvez une boîte ou tout autre récipient et mettez-y tout ce qui vous fait du bien : une photo, une cassette de relaxation ou de musique, une blague, votre « lettre pour un jour de pluie », etc. Glissez-y une liste des activités qui vous rendent heureuse : aller marcher, respirer profondément, penser à telle chose ou à telle personne, etc. En somme, c'est votre boîte à trésors. Vous seule savez ce qu'elle doit contenir.

Pour poursuivre la démarche

BOLDUC, LINE. *Réveiller son médecin intérieur : Le mieux-être par le rire,* Montréal, Les Éditions Quebecor, 2004, 280 p.

Le texte de cet ouvrage, facile à lire et agrémenté de blagues, permet de réaliser l'importance et les bienfaits du rire dans la vie.

CANFIELD, JACK ET COLLAB. *Bouillon de poulet pour l'âme de la femme : Des histoires qui réchauffent le cœur et remontent le moral de la femme,* Montréal, Éditions Sciences et Culture, 1997, 282 p. (Toute la collection « Bouillon de poulet » est à conseiller.)

Ce livre de chevet est un recueil de courtes histoires qui éveillent différentes émotions.

GREENBURG, DAN. *Le manuel du parfait petit masochiste,* Paris, Éditions du Seuil, 1985, 136 p.

Cet ouvrage humoristique permet de s'examiner sous un angle différent.

GUAY, RACHEL. *Visualisations : Route privilégiée pour accéder au silence intérieur,* Québec, Louise Courteau éditrice, 1994, 146 p. (Offert aussi sous forme de cassette.)

Ce recueil de visualisations traite de divers sujets sur lesquels il est intéressant de travailler.

LOUDEN, JENNIFER. *The Woman's Comfort Book: A Self-Nurturing Guide for Restoring Balance in Your Life,* New York, Harper San Franscisco, 1992, 207 p.

Ce livre, unique en son genre, est comme un coffre rempli de trésors. Pour prendre soin de soi, on peut y choisir aussi bien un thème en fonction de ses besoins qu'une page au hasard. Un scénario nous est alors proposé.

SCHAEF, ANNE WILSON. Ces *femmes qui en font trop,* Laval, Les Éditions Modus Vivendi, 1990, 382 p.

Pour chaque jour, cet ouvrage offre une pensée qui incite à réfléchir sur l'habitude d'en faire trop. Un index des thèmes abordés permet aussi de choisir les pensées selon les besoins.

WILSON, PAUL. *Le petit livre des petits plaisirs*, Paris, Presses du Châtelet, 2000.

Dans ce livre de format minuscule, chaque page propose soit une courte pensée sur laquelle réfléchir, soit une activité toute simple à accomplir.

ZI, NANCY. *L'art de respirer: Maîtriser son souffle pour un équilibre parfait,* Paris, Éditions J'ai Lu, 2000, 333 p.

À l'aide d'exercices respiratoires, cette chanteuse classique et experte en chi kung guide la lectrice ou le lecteur vers un équilibre corps-esprit-âme.

Ouvrages consultés

AMERICAN COUNSELLING ASSOCIATION. « One Chuckle, Three Times Daily », *Le Régional*, 5 avril 2002.

BEAULIEU, DANIE. *La fatigue et l'épuisement*, Québec, Les Éditions Académie Impact, 12 p.

BLATNER, ADAM ET ALLEE BLATNER. *The Art of Play: An Adult's Guide to Reclaiming Imagination and Spontaneity*, New York, Human Sciences Press, 1988, 203 p.

BOUCHARD, SÉBASTIEN. *Le traitement non pharmacologique de l'insomnie : Une approche accessible et efficace pour les professionnels de la santé*, Montréal, Institut de formation continue du Québec, 2000, 224 p.

BRADDOCK, CAROLYN J. *Body Voices: Using the Power of Breath, Sound and Movement to Heal and Create New Bounderies*, Californie, PageMill Press, 1995, 275 p.

CORNELL, ANN WEISER. *The Power of Focusing: A Practical Guide to Emotional Self-Healing*, Californie, New Harbinger Publications, 1996, 113 p.

DAVIS, MARTHA, ELIZABETH ROBBINS ESHELMAN ET MATTHEW MCKAY. *The Relaxation & Stress Reduction Workbook*, Californie, New Harbinger Publications, 1988, 247 p.

DOLAN, YVONNE M. *Resolving Sexual Abuse: Solution-Focused Therapy and Ericksonian Hypnosis for Adult Survivors*, New York, W.W. Norton & Company, 1991, 237 p.

KARAS, CATHERINE CIANCI. *The Thought-a-Week Guides: How to Cope With Stress*, New York, Ballantine Books, 1987, 160 p.

LAROUCHE, GINETTE. *Agir contre la violence*, Montréal, Les éditions de la pleine lune, 1987, 549 p.

« L'humour au travail rend plus productif », *Le Canada Français Économique*, 13 décembre 1991.

LOWEN, ALEXANDER ET LESLIE LOWEN. *Pratique de la bio-énergie*, Montréal, Presses Sélect Ltée, 1978, 189 p.

MATHIEU, LUC. « La thérapie par le rire », *Médecines nouvelles*, vol. 5, n° 5.

METCALF, C.W. ET ROMA FELIBLE. *Lighten Up: Survival Skills for People Under Pressure*, Massachusetts, Addison-Wesley Publishing Company, 1992, 290 p.

OUIMETTE, JOHANNE. « Plutôt en rire », *Femmes d'Action*, vol. 21, n° 1, 1992.

« Pas que des bienfaits psychologiques : Le rire a des effets physiologiques sur le corps humain », *Le Canada Français Économique*, 13 décembre 1991.

SCHELL, ROBERT E. ET ELIZABETH HALL. *Psychologie génétique : Le développement humain,* Montréal, Éditions du Renouveau Pédagogique, 1980, 484 p.

SHONK, KENNETH. *The Healing Power of Humour,* cassette d'une conférence.

ZI, NANCY. *The Art of Breathing: Six Simple Lessons to Improve Performace, Health and Well-Being,* Californie, Vivi Company, 1997, 240 p.

Conclusion

Vous voici arrivée à destination. Vous avez dû passer par toute une gamme d'émotions et j'espère que vous êtes parvenue à trouver des réponses à vos questions tout en faisant du ménage dans votre passé.

Par contre, si la démarche vous a bloquée, ou si vous avez peur de l'entreprendre seule, une aide professionnelle, **spécialisée dans la violence faite aux femmes**, pourrait vous être utile. Si vous songez à cette éventualité, voici quelques conseils qui vous aideront à faire un bon choix.

AVANT DE FIXER UN RENDEZ-VOUS

La meilleure façon de trouver la personne qui vous convient est de vous fier à sa réputation. Si vous connaissez des femmes qui ont vécu ce que vous vivez et qui font une démarche thérapeutique avec quelqu'un en qui elles ont confiance, notez les coordonnées de ces thérapeutes. Vous pouvez aussi consulter les associations professionnelles, les maisons d'hébergement ou un Centre d'aide et de lutte aux agressions à caractère sexuel (CALACS). Ayez une idée claire de ce que vous souhaitez aborder. Assurez-vous qu'il y aura des recours si un problème survenait au cours de la thérapie. En d'autres termes, méfiez-vous des personnes qui s'improvisent psychothérapeutes.

LORS DU PREMIER CONTACT

Informez-vous sur les compétences de la thérapeute, sur ses années d'expérience, sur sa conception des problèmes dont vous souffrez, sur la confidentialité de la démarche, etc. Si elle vous répond hâtivement, en termes flous ou d'un air irrité, méfiez-vous. Prenez garde aussi aux « généralistes » qui disent pouvoir TOUT FAIRE. La violence faite aux femmes est un domaine très délicat et des erreurs causées par l'inexpérience ou par le manque de connaissances peuvent avoir de graves répercussions physiques, émotives et psychologiques.

À L'INTÉRIEUR DE VOUS-MÊME

Comment vous sentez-vous avec cette personne ? Êtes-vous à l'aise ? Vous sentez-vous comprise, et ce, sans jugement ? Vous sentez-vous respectée ? Avez-vous le contrôle de la démarche et du rythme ? Il s'agit d'éviter que la personne prenne le contrôle de votre situation et vous dise quoi faire. Est-ce que le travail est centré sur vous ? Des femmes m'ont déjà dit que, parfois, à certains endroits, elles connaissaient plus la vie du thérapeute que l'inverse ! Est-ce que la personne vous propose différents outils additionnels (des lectures, un groupe de soutien spécialisé, etc.) ? Lors d'une démarche thérapeutique, on veut briser l'isolement, et non pas l'aggraver.

Si quelque chose vous dérange, vous sentez-vous capable d'en parler sur-le-champ ? Vous devriez pouvoir tout dire. De plus, sauf pour les quelques exceptions juridiques dont vous devriez avoir discuté dès la première rencontre, la confidentialité est de rigueur en tout temps et vous avez accès à votre dossier. N'oubliez pas votre but : parvenir à vous sentir mieux. Tout au début de la thérapie, parfois à cause des émotions qui font surface, on ne se sent pas mieux, et on peut même se sentir encore plus mal, mais ces « désagréments » sont passagers. Si vous vous sentez en confiance avec cette personne malgré tout, c'est bon signe. Écoutez votre intuition !

Une porte s'est ouverte

Une porte s'est ouverte
Au moment où j'ai eu le courage
De demander de l'aide.

La thérapie m'a permis d'apprendre à croire en moi,
À exprimer mes idées et mes émotions
Même si ce n'est pas toujours facile.

J'ai appris à prendre soin de moi et à me respecter.
De cette façon, j'inspire le respect que je mérite.

J'ai commencé à prendre soin de moi.
La petite fille qui avait peur
A fait place à l'adulte qui peut s'épanouir.

Louise Landriault[158]

Notes

1. Organisation mondiale de la santé, *Santé publique et violence : Faits et chiffres pour l'Europe*, 3 octobre 2002, p. 2. (Ce document s'appuie sur le « Rapport mondial sur la violence et la santé ».)
2. Juristat : Centre canadien de la statistique juridique, *Résultats d'une enquête nationale sur l'agression contre la conjointe,* 1993, p. 2.
3. Statistique Canada, *La violence familiale au Canada,* profil statistique 1998, p. 3.
4. Étude des Nations unies sur les femmes dans le monde (2000).
5. Lobby européen des femmes, *Dévoiler les données cachées sur la violence domestique dans l'UE,* 1999.
6. Les ministres responsables de la condition féminine à l'échelle fédérale, provinciale et territoriale, *Évaluation de la violence contre les femmes : Un profil statistique,* 2002, p. 11.
7. Organisation mondiale de la santé, *op. cit.,* p. 3.
8. Claudia Black, *It's Never Too Late to Have a Happy Childhood: Inspirations for Adult Children,* 1989, pages non numérotées. (Traduction libre.)
9. Michele Weldon, *J'ai fermé les yeux : Révélations d'une femme battue par son mari. Reconstruire sa vie après la violence conjugale,* Montréal, Éditions Sciences et Culture, 2001, p. 240.
10. Rapporté par Rudolf Rausch, dans *Quand l'amour fait mal,* de Jacques Broué et Clément Guèvremont (Montréal, Éditions Saint-Martin, 1989, p. 112).
11. Ministère des Services sociaux et communautaires de l'Ontario, *La violence faite aux femmes : Accroître la sécurité des femmes maltraitées et de leurs enfants,* 2000, p. 31.
12. Patricia Evans, *The Verbally Abusive Relationship: How to Recognize It and How to Respond,* Massachusetts, Bob Adams Inc., 1992, p. 77-97.
13. Isabelle Nazare-Aga, *Les manipulateurs et l'amour,* Montréal, Les Éditions de l'Homme, 2000, p. 136.
14. Liste publiée dans *The Ottawa Citizen* le 4 décembre 1997. (Adaptation et traduction libre.)
15. Statistique Canada, 2000.
16. Organisation mondiale de la santé, 2002.
17. *Le Régional,* 10 mars 2000, p. 17.
18. Pamela Jayne, *Ditch That Jerk: Dealing with Men Who Control and Hurt Women,* Californie, Hunter House Publishers, 2000, 226 p.

19. Education Wife Assault, *Fact sheet on Wife Assault in Canada*, 1985.
20. Lundy Bancroft et Jay G Silverman, *The Batterer as Parent: Addressing the Impact of Domestic Violence on Family Dynamics*, Californie, Sage Publications, 2002, p. 5-19.
21. *Le Journal de Montréal*, mercredi 31 mai 2000, p. 12.
22. Statistique Canada, *La violence familiale au Canada : Un profil statistique*, 1998.
23. *Ibid.*
24. Centre canadien de la statistique juridique, *Résultats d'une enquête nationale sur l'agression contre la conjointe*, 1993.
25. Ginette Larouche, *Agir contre la violence*, Montréal, Les éditions de la pleine lune, 1987, p. 59-63.
26. Inspiré de *La violence faite aux femmes : Accroître la sécurité des femmes maltraitées et de leurs enfants*, Ministère des Services sociaux et communautaires de l'Ontario, 2000, p. 53.
27. Gabrielle Lavallée, conférence donnée à Hawkesbury, en Ontario, le 24 octobre 2002.
28. Jane Middelton-Moz, *Boiling Point: The Workbook*, Floride, Health Communications, 2002, p. 3. (Traduction libre.)
29. Howard M. Halpern, *Choisir qui on aime : De la dépendance à l'autonomie*, Montréal, Le Jour, 1994, p. 224.
30. Additional Needs Net, *Anger Management Course*, [En ligne], 2001. [www.additionalneeds.net] (Traduction libre.)
31. Jane Middelton-Moz, *Boiling Point: The High Cost of Unhealthy Anger to Individuals and Society*, Floride, Health Communications, 1999, p. 270. (Traduction libre.)
32. *Ibid.*, p. 38.
33. Ginette Larouche, *Agir contre la violence*, Montréal, Les éditions de la pleine lune, 1987, p. 167.
34. Gavin De Becker, *La peur qui vous sauve : Comment reconnaître et prévenir la violence*, Paris, J.-C. Lattès, 1998, p. 316.
35. *Ibid.*, p. 325.
36. *Ibid.*, p. 86.
37. *Ibid.*, p. 54.
38. *Ibid.*, p. 328.
39. Bill Borcherdt, *Think Straight! Feel Great! 21 Guides to Emotional Self-Control*, Floride, Professional Resource Exchange, 1989, p. 71. (Traduction libre.)
40. *Ibid.*
41. Sarah Famery, *Arrêter de culpabiliser*, Paris, Éditions d'Organisation, 2001, p. 82.
42. Robin Norwood, *Ces femmes qui aiment trop : La radioscopie des amours excessives*, Montréal, Les éditions internationales Alain Stanké, 1986, p. 23.
43. Inspiré de l'ouvrage de Stephanie Dowrick, *The Intimacy and Solitude Workbook: Self-Therapy for Lasting Change* (New York, W.W. Norton & Company, 1994, p. 77).
44. Inspiré de l'ouvrage de Bill Borcherdt, *Think Straight! Feel Great! 21 Guides to Emotional Self-Control* (Floride, Professional Resource Exchange, 1989, p. 77).
45. Françoise Breault. (Reproduit avec autorisation.)
46. Inspiré de l'ouvrage de Christine Evans Brautigam, *Breaking Free of the Shame Trap: How Women Get Into It, How Women Get Out Of It*, New York, Ballantine Books, 1994, p. 23-24.

47. ANTOINE DE SAINT-EXUPÉRY, *Le Petit Prince*, New York, Harbrace Paperbound Library, 1943, p. 50-52.
48. CHRISTINE EVANS BRAUTIGAM, *Breaking Free of the Shame Trap: How Women Get Into It, How Women Get Out Of It*, New York, Ballantine Books, 1994, p. 20-22. (Traduction libre.)
49. *Ibid.*, p. 284-286.
50. *Ibid.*, p. 268-279.
51. GABRIELLE LAVALLÉE, rescapée de la secte de Moïse, *L'Alliance de la brebis*, Chicoutimi, Les éditions JCL, 1993, 438 p.
52. GABRIELLE LAVALLÉE, conférence donnée à Hawkesbury, en Ontario, le 24 octobre 2002.
53. ISABELLE NAZARE-AGA, *Les manipulateurs et l'amour*, Montréal, Les Éditions de l'Homme, 2000, p. 147.
54. ROBIN NORWOOD, *Ces femmes qui aiment trop : La radioscopie des amours excessives*, Montréal, Les éditions internationales Alain Stanké, 1986, p. 17.
55. DOMINIQUE PELLAND. (Reproduit avec autorisation.)
56. GINNY NICARTHY, *Getting Free: You Can End Abuse and Take Back Your Life*, Washington, Seal Press, 1997, p. 53.
57. Inspiré de l'ouvrage d'Angelyn Miller, *The Enabler: When Helping Hurts The Ones You Love* (Californie, Hunter House, 1988, p. 11-17).
58. Inspiré de l'ouvrage de Sue Patton Thoele, *The Courage To Be Yourself: A Woman's Guide to Growing Beyond Emotional Dependence* (Californie, Conari Press, 1991, p. 33-40).
59. GILDA CARLE, *Ne misez pas sur le prince charmant : À trop rêver au prince charmant, on se réveille dans le lit d'un crapaud !*, Montréal, Les Éditions Logiques, 1999, p. 143.
60. SHARON WEGSCHEIDER-CRUSE, *Learning to Love Yourself: Finding Your Self-Worth*, Floride, Health Communications, 1987, p. 77. (Traduction libre.)
61. PENELOPE RUSSIANOFF, *Pourquoi certaines femmes ne peuvent s'imaginer vivre sans un homme ?*, Montréal, Les Éditions Transmonde, 1988, p. 192.
62. Inspiré de l'ouvrage de Penelope Russianoff (*op. cit.*, p. 27-32).
63. LINDSEY HALL ET LEIGH COHN, *L'estime de soi, un bien précieux*, Barret-le-Bas, Le Souffle d'or, 1994, p. 121.
64. CLAUDIA BLACK, *It's Never Too Late to Have a Happy Childhood: Inspirations for Adult Children*, Toronto, Random House, 1989, pages non numérotées. (Traduction libre.)
65. GILDA CARLE, *Ne misez pas sur le prince charmant : À trop rêver au prince charmant, on se réveille dans le lit d'un crapaud !*, Montréal, Les Éditions Logiques, 1999, p. 85.
66. ELLEN SUE STERN, *La femme indispensable*, Montréal, Les Éditions de l'Homme, 1989, p. 224.
67. LYNNE DANIS. (Reproduit avec autorisation.)
68. Tiré de l'ouvrage de Pierre Trépanier, *Nouvelles réflexions sur la Vie* (Saint-Sauveur, Éditions Publi-Loisirs, 1996, p. 104).
69. HOWARD M. HALPERN, *Adieu : Apprenez à rompre sans difficulté*, Montréal, Le Jour, 1983, p. 118-119. (Adaptation.)
70. BARBARA DEANGELIS, *Are You the One For Me? Knowing Who's Right & Avoiding Who's Wrong*, New York, Delacorte Press, 1992, p. 70. (Traduction libre.)
71. PAMELA JAYNE, *Ditch That Jerk: Dealing with Men Who Control and Hurt Women*, Californie, Hunter House Publishers, 2000, p. 124. (Traduction libre.)

72. *Ibid.*, p. 202.
73. *Ibid.*, p. 77.
74. GINNY NICARTHY, *Getting Free: You Can End Abuse and Take Back Your Life,* Washington, Seal Press, 1997, p. 224.
75. *Ibid.*, p. 222.
76. HOWARD M. HALPERN, *Choisir qui on aime : De la dépendance à l'autonomie,* Montréal, Le Jour, 1994, p. 63.
77. *Ibid.*, p. 13-14. (Adaptation de l'auteur.)
78. STEPHANIE DOWRICK, *The Intimacy and Solitude Workbook: Self-Therapy for Lasting Change,* New York, W.W. Norton, 1994, p. 99-100. (Adaptation.)
79. HOWARD M. HALPERN, *Choisir qui on aime : De la dépendance à l'autonomie,* p. 132-158.
80. *Ibid.*, p. 22-28.
81. GINNY NICARTHY, *op. cit.*, p. 227-228. (Traduction libre.)
82. DEBORAH SINCLAIR, *Pour comprendre le problème des femmes battues : Guide de formation pour les conseillers et les intervenants,* Toronto, Librairie du gouvernement de l'Ontario, 1985, p. 148.
83. HOWARD M. HALPERN, *Choisir qui on aime : De la dépendance à l'autonomie,* p. 118-127.
84. SANTÉ CANADA, *Les enfants exposés à la violence conjugale et familiale : Guide à l'intention des éducateurs et des intervenants en santé et en services sociaux,* 1999, p. 1-2.
85. PETER JAFFE ET COLLAB. « Similarities in Behavior and Social Maladjustment among Child Victims and Witnesses to Family Violence », *American Journal of Orthopsychiatry*, n° 56, 1985, p. 142-146.
86. MINISTÈRE DES SERVICES SOCIAUX ET COMMUNAUTAIRES DE L'ONTARIO, *La violence faite aux femmes : Accroître la sécurité des femmes maltraitées et de leurs enfants,* 2000, p. 76.
87. *Ibid.*
88. MARTHE LAURIN, PIERRE H. TREMBLAY ET COLLAB. *Quand ça gronde dans ma famille : Trousse de sensibilisation au dépistage des enfants témoins de violence conjugale,* Montréal, CECOM, Hôpital Rivière-des-Prairies, 1997, guide d'intervention (22 p.) et vidéocassette (28 min).
89. MINISTÈRE DES SERVICES SOCIAUX ET COMMUNAUTAIRES DE L'ONTARIO, *op. cit.*, p. 77.
90. DONALD G. DUTTON, *The Abusive Personality: Violence and Control in Intimate Relationships,* New York, The Guilford Press, 1998, 214 p.
91. *Ibid.*, p. 86.
92. DANIELLE DEGARIE, *Les stratégies du fonceur : Persévérez dans l'action et surmontez les difficultés,* Saint-Hubert, Les éditions Un monde différent, 2002, p. 45-46 (inspiré d'Isabelle Pauzé).
93. Je tiens à préciser ceci : lorsque je parle du profil d'une personne, c'est de façon très générale ; loin de moi l'idée de mettre les gens dans des petites cases. Ces profils sont seulement donnés pour servir de guides.
94. MINISTÈRE DES SERVICES SOCIAUX ET COMMUNAUTAIRES DE L'ONTARIO, *op. cit.*, p. 80.
95. LUNDY BANCROFT ET JAY G. SILVERMAN, *The Batterer as Parent: Addressing the Impact of Domestic Violence on Family Dynamics,* Californie, Sage Publications, 2002, p. 54. (Traduction libre.)
96. PETER JAFFE, *Annual Report,* London Court Clinic, 1987.

97. Marie Valiquette, *Le pouvoir sans abus*, Montréal, Les Éditions Logiques, 1997, p. 22.
98. *Ibid.*
99. *Ibid.*, p. 68.
100. Earnie Larsen, *Old Patterns, New Truths: Beyond the Adult Child Syndrome. A workbook,* San Francisco, A Harper/Hazelden Book, 1988, p. 12-14. (Adaptation.)
101. Susan Forward, *Parents toxiques : Comment échapper à leur emprise,* Alleur, Marabout, 2002, 344 p.
102. Inspiré de l'ouvrage de Janet G. Woititz, *Enfants adultes d'alcooliques : Pour les enfants de familles dysfonctionnelles rendus à l'âge adulte* (Montréal, Éditions Sciences et Culture, 2002, 208 p.).
103. Susan Forward, *op. cit.*, p. 196.
104. Inspiré de l'ouvrage de Susan Forward (*op. cit.*, p. 213 et 220).
105. Ken Finkel, *Canadian Medical Association Journal*, 1er février 1987, p. 245, cité dans *L'agression sexuelle d'enfants,* publié par Santé et Bien-être social Canada, Centre national d'information sur la violence dans la famille.
106. Organisation mondiale de la santé, *Santé publique et violence : Faits et chiffres pour l'Europe*, 3 octobre 2002, p. 3. (Ce document s'appuie sur le « Rapport mondial sur la violence et la santé ».)
107. Blanche Landry, *Le secret de Blanche : Témoignage,* Montréal, Les Éditions de l'Homme, 1999, 282 p.
108. Article 155 du *Code criminel* :
(1) Inceste - Commet un inceste quiconque, sachant qu'une autre personne est, par les liens du sang, son père ou sa mère, son enfant, son frère, sa sœur, son grand-père, sa grand-mère, son petit-fils ou sa petite-fille, selon le cas, a des rapports sexuels avec cette personne.
(4) Définition de « frère » et « sœur » - Au présent article, « frère » et « sœur » s'entendent notamment d'un demi-frère et d'une demi-sœur.
109. Blanche Landry, *op. cit.*, p. 238-239.
110. *Ibid.*, p. 240.
111. *Ibid.*, p. 242.
112. *Ibid.*, p. 243.
113. Carolyn J. Braddock, *Body Voices,* Californie, PageMill Press, 1995, quatrième de couverture.
114. Statistique Canada, *Le Quotidien,* 25 juillet 2003.
115. Regroupement provincial des maisons d'hébergement et de transition pour femmes victimes de violence, *La sexualité blessée : Étude sur la violence sexuelle en milieu conjugal,* Montréal, 1987, p. 74.
116. David Finkelhor et Kersti Yllo, *License to Rape: Sexual Abuse of Wives,* New York, Holt, Rinehart and Winston, 1985, p. 138.
117. Regroupement provincial des maisons d'hébergement et de transition pour femmes victimes de violence, *op. cit.*
118. *Ibid.*
119. Johanne Ouimette, « La sexualité forcée », *Femmes d'Action*, vol. 20, no 5, 1991.
120. Geneen Roth, *Why Weight? A Guide to Ending Compulsive Eating,* New York, Penguin Books, 1989, p. 133-135. (Traduction libre.)

121. *Ibid.*, p. 135-138. (Traduction libre.)
122. LOUIS GAGNON, *Notre corps et sa sexualité : Des croyances populaires à la réalité,* Montréal, Fédération des médecins omnipraticiens du Québec, 1987, p. 6.
123. CLAIRE BOUCHARD, *Le point G : Source méconnue du plaisir sexuel,* Montréal, Mini-Mag, 1990, p. 22.
124. W. H. MASTERS ET V. E. JOHNSON, *Les réactions sexuelles,* Paris, Robert Laffont, 1968, p. 147.
125. WENDY MALTZ ET BEVERLY HOLMAN, *Incest and Sexuality: A guide to Understanding and Healing,* Massachusetts, Lexington Books, 1987, p. 9. (Traduction libre.)
126. *Ibid.*, p. 83-84. (Adaptation.)
127. Tiré de l'ouvrage de François Gervais, *Réflexions sur la vie quotidienne* (Drummondville, Éditions trans-canadiennes, 1982, p. 18).
128. GILDA CARLE, *Ne misez pas sur le prince charmant : À trop rêver au prince charmant, on se réveille dans le lit d'un crapaud !,* Montréal, Les Éditions Logiques, 1999, p. 247.
129. JEFFREY KOTTLER, *Chère solitude : Profitez pleinement de vos moments intimes.* Montréal, Les Éditions de l'Homme, 1992, p. 73.
130. *Ibid.*, p. 219-220.
131. BARBARA POWELL, *Vivre seule et être bien dans sa peau,* Montréal, Les Éditions Quebecor, 1992, p. 36.
132. PENELOPE RUSSIANOFF, *Pourquoi certaines femmes ne peuvent s'imaginer vivre sans un homme ?,* Montréal, Les Éditions Transmonde, 1988, p. 124-126. (Adaptation.)
133. STEPHANIE DOWRICK, *Intimacy and Solitude: Balancing Closeness and Independence,* New York, W.W. Norton, 1994, p. 27. (Traduction libre.)
134. BEVERLY ENGEL, *The Emotionally Abused Woman: Overcoming Destructive Patterns and Reclaiming Yourself,* New York, Ballantine Books, 1990, p. 185.
135. Extrait de la chanson de Daniel Bélanger, *Intouchable et immortel* (album : *Rêver mieux*).
136. Inspiré de l'ouvrage de Ginette Larouche, *Agir contre la violence* (Montréal, Les éditions de la pleine lune, 1987, p. 153-160).
137. ALEXANDER LOWEN ET LESLIE LOWEN, *Pratique de la bio-énergie,* Montréal, Presses Sélect Ltée, 1978, p. 35.
138. *Ibid.*
139. NANCY ZI, *The Art of Breathing: Six Simple Lessons to Improve Performance, Health and Well-Being,* Californie, Vivi Company, 1997.
140. Une idée de Lyne Castonguay.
141. NANCY ZI, *op. cit.*, p. 12.
142. ALEXANDER LOWEN ET LESLIE LOWEN, *op. cit.*, p. 39.
143. CAROLYN J. BRADDOCK, *Body Voices: Using the Power of Breath, Sound and Movement to Heal and Create New Bounderies,* Californie, PageMill Press, 1995, p. 245.
144. Inspiré de l'ouvrage de Martha Davis, Elizabeth Robbins Eshelman et Matthew McKay, *The Relaxation & Stress Reduction Workbook* (Californie, New Harbinger Publications, 1988, p. 95-97).
145. Des idées de Francine Demers.
146. MARTHA DAVIS, ELIZABETH ROBBINS ESHELMAN ET MATTHEW MCKAY, *The Relaxation & Stress Reduction Workbook,* Californie, New Harbinger Publications, 1988, p. 123-125.

147. Expliquée par Yvonne Dolan durant l'une de ses conférences.

148. YVONNE M. DOLAN, *Resolving Sexual Abuse: Solution-Focused Therapy and Ericksonian Hypnosis for Adult Survivors,* New York, W.W. Norton & Company, 1991, p. 131. (Adaptation.)

149. JOHANNE OUIMETTE, « Plutôt en rire », *Femmes d'Action,* vol. 21, nº 1, 1992.

150. ANDRÉ DESCHENEAUX, conférence « Détente-Santé-Travail ».

151. LUC MATHIEU, « La thérapie par le rire », *Médecines nouvelles,* vol. 5, nº 5.

152. AMERICAN COUNSELLING ASSOCIATION, « One Chuckle, Three Times Daily », *Le Régional,* 5 avril 2002.

153. KENNETH SHONK, *The Healing Power of Humour,* cassette d'une conférence.

154. LUC MATHIEU, *op. cit.*

155. C.W. METCALF ET ROMA FELIBLE, *Lighten Up: Survival Skills for People Under Pressure,* Massachusetts, Addison-Wesley Publishing Company, 1992, p. 63-65.

156. KENNETH SHONK, *op. cit.*

157. Claude Villeneuve cité dans Danie Beaulieu, *La fatigue et l'épuisement,* Québec, Les Éditions Académie Impact, p. 6-7. (Adaptation.)

158. LOUISE LANDRIAULT. (Reproduit avec autorisation.)